高等学校交通运输类专业新工科教材

Theory of Traffic Flow Analysis
交通流分析理论

秦严严　主　编
刘小辉　唐热情　副主编
　　　　李淑庆　主　审

人民交通出版社股份有限公司
北京

内 容 提 要

本书根据"新工科"理念，采取校企合作的编写模式。本书主要聚焦道路交通流，从连续交通流和间断交通流两个维度，全面介绍了交通流运行规律的宏微观模型和分析交通流运行特性的理论方法。全书共 13 章，分为 5 个部分，第一部分介绍交通流基本特征，第二部分介绍交通流宏微观模型，第三部分介绍交通流运行特性分析方法，第四部分介绍现代交通流理论，第五部分介绍智慧交通案例。

本书可作为高等院校交通工程、智慧交通、交通设备与控制工程、交通运输专业及相近专业的本科生教材，也可作为交通运输规划与管理、交通信息工程及控制专业和相近专业的研究生教材，还可作为相关工程技术人员的参考用书。

图书在版编目(CIP)数据

交通流分析理论/秦严严主编. —北京：人民交通出版社股份有限公司，2023.5
ISBN 978-7-114-18701-8

Ⅰ.①交… Ⅱ.①秦… Ⅲ.①交通流—分析 Ⅳ.①U491.1

中国国家版本馆 CIP 数据核字(2023)第 047609 号

Jiaotong Liu Fenxi Lilun
书　　名：交通流分析理论
著 作 者：秦严严
责任编辑：李　晴
责任校对：孙国靖　卢　弦
责任印制：张　凯
出版发行：人民交通出版社股份有限公司
地　　址：(100011)北京市朝阳区安定门外外馆斜街 3 号
网　　址：http://www.ccpcl.com.cn
销售电话：(010)59757973
总 经 销：人民交通出版社股份有限公司发行部
经　　销：各地新华书店
印　　刷：北京虎彩文化传播有限公司
开　　本：787×1092　1/16
印　　张：16
字　　数：399 千
版　　次：2023 年 5 月　第 1 版
印　　次：2023 年 5 月　第 1 次印刷
书　　号：ISBN 978-7-114-18701-8
定　　价：48.00 元

(有印刷、装订质量问题的图书，由本公司负责调换)

前言

　　交通流分析理论是运用数学和物理学方法研究道路交通流运行规律的交通工程学基础理论,其目的是建立数学模型,描述道路交通流的运行规律,并应用构建的交通流模型及衍生的理论方法,对各类道路交通设施上的交通流运行质量进行定性与定量的科学分析。交通流分析理论在解释交通现象、分析交通问题和提升交通质量等方面应用广泛,可为交通规划、设计、管理、控制提供理论支撑。

　　随着现代科学技术的发展,交通流领域的内涵不断丰富,对交通流分析的理论方法和技术手段提出了新的要求。本书在总结与吸收国内外最新研究成果和实践经验的基础之上,按照"新工科"的教学培养模式,采取校企合作的方式编写而成。本书的主要特色包括:

　　(1)注重道路交通流分析的全面性。本书主要聚焦道路机动车交通流,从连续交通流和间断交通流两个维度,全面介绍了道路交通流的模型构建和分析方法。

　　(2)注重交通流分析理论的系统性。本书按照章节结构分成5个部分,分别为交通流基本特征(第1~2章)、交通流宏微观模型(第3~7章)、交通流运行特性分析方法(第8~11章)、现代交通流理论(第12章)和智慧交通案例(第13章)。

　　(3)注重现代交通流理论的前沿性。本书以传统交通流为基础,全面介绍了现代交通流理论的最新研究成果,包括智能网联交通流、数据驱动交通流和三相交通流理论等,同时尝试采用统一的分析体系,由地面道路交通流向城市立体交通流进行了展望。

　　(4)注重交通流分析理论的实践性。本书采取校企合作的编写模式,从科学研究、仿真技术以及工程应用三个方面介绍了智慧交通中的交通流分析案例,实现了理论分析与工程实践相结合的目的。

(5)注重教学内容的丰富性。本书在内容上涵盖了传统交通流宏微观模型、间断交通流理论、交通流仿真、通行能力分析、交通流动态特性分析、现代交通流理论以及交通流案例,可满足不同目标和不同层次的教学需求。

本书共 13 章,由秦严严(重庆交通大学)担任主编,刘小辉(中铁长江交通设计集团有限公司)、唐热情(中铁长江交通设计集团有限公司)担任副主编,全书由秦严严统稿。各章编者:秦严严编写第 1~6 章、第 8 章、第 11~13 章,刘小辉编写第 7 章、第 10 章、第 13 章,唐热情编写第 8 章、第 9 章、第 13 章(其中,第 8 章和第 13 章为共同编写)。本书的出版得到了人民交通出版社股份有限公司李晴编辑的大力支持和帮助,上海济达交通科技有限公司刘启远博士提供了 TESS NG 微观交通仿真软件的案例素材,重庆交通大学硕士研究生肖腾飞、罗钦中、姜强、朱立参与了资料收集、插图绘制和书稿校对工作,在此表示感谢。

在本书编写过程中,编者参阅了美国马萨诸塞大学倪代恒教授公开发表资料的中文素材,在此表示诚挚的谢意。同时,编者还参考了国内外大量书籍与文献等资料,在此谨向这些书籍与文献的作者们表示衷心的感谢。本书的出版得到了重庆交通大学校级规划教材立项和国家自然科学基金(52002044)的资助,在此表示诚挚的感谢。为更好呈现书中图片,本教材配有含彩图的电子书,读者可扫描封面二维码阅读。

限于编者水平,书中难免存在疏漏之处,敬请广大读者给予批评指正和意见反馈。编者邮箱为 qinyanyan@cqjtu.edu.cn,特此致谢!

编 者

2022 年 10 月

目录

第 1 章　绪论 ··· 1
　1.1　交通流分析理论的内容与意义 ································· 1
　1.2　交通流分析理论的发展历程 ······································ 2
　1.3　本书章节结构 ··· 4
　思考题与习题 ·· 5

第 2 章　交通流特征 ··· 6
　2.1　交通流特征的观测方法 ··· 6
　2.2　交通流特征及其关系 ··· 10
　2.3　交通流特征的广义定义 ··· 13
　2.4　交通流特征的三维描述 ··· 15
　思考题与习题 ·· 15

第 3 章　交通流基本图 ··· 17
　3.1　交通流基本图特性 ··· 17
　3.2　交通流基本图的平衡态模型 ··································· 19
　3.3　平衡态模型的应用 ··· 25
　3.4　平衡态模型的随机描述 ··· 28
　思考题与习题 ·· 29

第 4 章　宏观交通流模型 ··· 30
　4.1　LWR 模型的构建 ··· 30

4.2	LWR 模型的求解	32
4.3	LWR 模型的应用	35
4.4	高阶连续模型	40
4.5	宏观模型比较	41
	思考题与习题	42

第 5 章　微观跟驰模型　44

5.1	跟驰行为特性	44
5.2	GM 跟驰模型	46
5.3	Gipps 跟驰模型	50
5.4	Newell 跟驰模型	54
5.5	优化速度跟驰模型	57
5.6	全速度差跟驰模型	60
5.7	智能驾驶员跟驰模型	63
5.8	纵向控制跟驰模型	66
	思考题与习题	69

第 6 章　微观换道模型　70

6.1	换道行为特性	70
6.2	规则换道模型	71
6.3	离散选择换道模型	76
6.4	激励驱动换道模型	81
6.5	换道模型总结	86
	思考题与习题	88

第 7 章　间断交通流理论　89

7.1	车辆到达分布	89
7.2	车头时距分布	92
7.3	无信号交叉口间隙接受理论	94
7.4	信号交叉口排队理论	97
	思考题与习题	105

第 8 章　宏微观交通流仿真　106

8.1	宏观交通流仿真	106
8.2	微观交通流仿真	112

8.3　中观交通流仿真 ··· 119
　　思考题与习题 ··· 121

第9章　高速公路通行能力分析 ··· 122
9.1　基本路段通行能力分析 ··· 122
9.2　交织区通行能力分析 ··· 126
9.3　合流区通行能力分析 ··· 133
9.4　分流区通行能力分析 ··· 139
　　思考题与习题 ··· 142

第10章　城市交叉口通行能力分析 ··· 144
10.1　无信号交叉口通行能力分析 ··· 144
10.2　信号交叉口通行能力分析 ··· 156
10.3　环形交叉口通行能力分析 ··· 164
　　思考题与习题 ··· 169

第11章　交通流动态特性分析 ··· 170
11.1　交通流稳定性分析 ··· 170
11.2　交通流安全特性分析 ··· 176
11.3　交通流排放特性分析 ··· 185
11.4　交通流宏观动态特性分析 ··· 188
　　思考题与习题 ··· 191

第12章　现代交通流理论 ··· 192
12.1　智能网联交通流 ··· 192
12.2　数据驱动交通流 ··· 199
12.3　三相交通流 ··· 201
12.4　城市立体交通流 ··· 202
　　思考题与习题 ··· 207

第13章　智慧交通案例 ··· 209
13.1　科学研究案例 ··· 209
13.2　仿真技术案例 ··· 218
13.3　工程应用案例 ··· 228
　　思考题与习题 ··· 243

参考文献 ··· 244

第1章

绪论

1.1 交通流分析理论的内容与意义

交通流分析是指运用数学和物理学方法研究道路交通流的运行规律,并对各类道路设施上的交通流运行质量进行科学的分析。自20世纪30年代以来,交通流分析理论逐步得到发展与完善,已成为解释交通现象、分析交通问题和提升交通质量的交通工程学基础理论。

交通流分析理论目前尚无严格定义,可以从交通流分析的目的层面理解其意义。交通流分析的目的是建立数学模型描述道路交通流的运行规律,并应用建立的模型及衍生的方法分析各类道路设施在现有交通方案或未来交通方案条件下的交通流运行质量,如分析不同服务水平下的通行能力以及道路时空范围内的交通流演化特征等,从而为交通规划、设计、管理、控制提供理论支撑。

一般来讲,根据道路设施的不同,交通流可分为连续交通流和间断交通流两种。连续交通流是指在高速公路和城市快速路等连续流设施上运行的交通流。连续交通流具有明显的流体波动特性。间断交通流是指在平面交叉口和城市街道等间断流设施上运行的交通流。间断交通流受到道路交通环境的强制性阻断干扰,流体波动特性不明显。就连续交通流而言,交通流的分析内容又分为微观交通流和宏观交通流,二者分别从微观车辆之间相互作用和宏观流体波动特性两个方面开展交通流的分析。

进入21世纪,计算机技术和人工智能技术促使交通流分析发生深刻变革。智能网联车辆促使道路交通流从传统交通流迈向智能网联交通流,与此同时,地面道路交通流向城市立体交通流的发展需求日益明显。此外,交通流分析的理论方法也发生着前所未有的变化,三相交通流理论和数据驱动建模方法成为区别于以往交通流分析方法的新内容,交通流分析方法之间的对比,逐渐成为交通流分析中的重要课题。

1.2 交通流分析理论的发展历程

1.2.1 初始发展阶段

在交通流分析理论的初始发展阶段(20世纪30—40年代),机动车保有量较少,道路交通流中车辆之间的间距较大,相互影响作用较弱,车辆到达具有较强的随机性。因此,这一时期人们主要采用概率论对交通流进行分析,包括车辆到达分布和车头时距分布等交通流特征的统计分析。与此同时,Greenshields对观测到的交通流速度与密度数据进行量化分析,建立了首个交通流基本图的平衡态模型,称为Greenshields基本图平衡态模型,这一开创性的工作为后续交通流分析理论的发展奠定了基础。

1.2.2 快速发展阶段

在交通流分析理论的快速发展阶段(20世纪50—60年代),道路上的车辆逐渐增多,道路交通流中车辆之间的相互影响作用明显增强,后方车辆跟随前方车辆行驶的现象逐渐增多,道路上随之出现大量密集的交通流。因此,这一时期人们开始采用动力学方法进行交通流分析,在微观交通流层面,提出了多个经典跟驰模型,这些跟驰模型对后续跟驰理论的发展起到至关重要的作用;在宏观交通流层面,提出了一阶宏观连续模型(LWR模型),奠定了宏观交通流模型构建的理论基础。交通流宏微观动力学模型的发展是这一时期的标志性成果。

与此同时,受到Greenshields基本图平衡态模型的启发,这一发展时期形成了多个不同的基本图平衡态模型,基本图相关理论的发展进一步促进了道路通行能力的研究。1950年美国运输研究委员会(Transportation Research Board,TRB)出版了第一版《道路通行能力手册》,并在1965年第二版《道路通行能力手册》中,基于基本图平衡态模型首次提出了道路服务水平的概念。

在这一发展时期,间断交通流的分析理论也得到了长足发展,人们分别提出了排队论模型、交叉口延误与信号控制等经典理论和方法,它们与宏微观交通流动力学模型以及通行能力分析等方法共同构成了交通流分析的基本理论体系。1959年,在美国密歇根州沃伦市举办了首届交通流研究国际研讨会(International Symposium on Transportation and Traffic Theory,ISTTT),该国际研讨会已成为交通流及相关领域的著名国际会议,截至目前共举办了24届。历届ISTTT国际研讨会举办时间与地点见表1-1。

此外,一些交通流领域的重要刊物也在这一时期创办,包括*Transportation Science*和*Transportation Research*(后分成Part A~F共6个子刊)等著名期刊,对交通流研究乃至整个交通学科的后续发展产生了深远影响。

历届 ISTTT 国际研讨会举办时间与地点 表 1-1

届次	年份	会议地点	届次	年份	会议地点
1	1959 年	美国沃伦	13	1996 年	法国里昂
2	1963 年	英国伦敦	14	1999 年	以色列耶路撒冷
3	1965 年	美国纽约	15	2002 年	澳大利亚阿德莱德
4	1968 年	德国卡尔斯鲁厄	16	2005 年	美国帕克
5	1971 年	美国伯克利	17	2007 年	英国伦敦
6	1974 年	澳大利亚悉尼	18	2009 年	中国香港
7	1977 年	日本京都	19	2011 年	美国伯克利
8	1981 年	加拿大多伦多	20	2013 年	荷兰诺德韦克
9	1984 年	荷兰代尔夫特	21	2015 年	日本神户
10	1987 年	美国波士顿	22	2017 年	美国埃文斯顿
11	1990 年	日本横滨	23	2019 年	瑞士洛桑
12	1993 年	美国伯克利	24	2022 年	中国北京

1.2.3 稳步发展阶段

在交通流分析理论的稳步发展阶段(20 世纪 70—90 年代),道路交通流中车辆之间的相互作用进一步增强。在微观交通流层面,人们分别提出了基于安全间距和基于优化速度的跟驰模型,同时提出了首个换道模型;在宏观交通流方面,Payne 于 1971 年提出了首个高阶连续模型,高阶连续模型突破了 LWR 模型的平衡态限制,能够描述更加复杂的交通流非平衡态现象。随后,Daganzo 提出了元胞传输模型(Cell Transmission Model,CTM),使得宏观连续模型能够方便地应用于交通流的时空演化模拟,同时将路段交通流向路网交通流进行了拓展。

20 世纪 90 年代计算机技术的进步,促进了交通流仿真的发展,元胞自动机(Cellular Automation,CA)开始广泛地应用于交通流的仿真分析。相比于跟驰模型,CA 引入了随机慢化效应,能够较好地模拟交通流波动及通行能力下降等复杂交通现象。

1.2.4 现代发展阶段

自 21 世纪起,交通流分析理论进入现代发展阶段,智能网联交通流和数据驱动交通流成为新的研究热点。智能网联车辆的交通流特性区别于传统人工驾驶车辆的交通流特性,智能网联交通流必然经历由智能网联车辆和传统人工驾驶车辆构成的混合交通流,如何对智能网联混合交通流进行宏微观交通流模型描述,并分析智能网联混合交通流的运行特性,成为交通流领域的重要课题。同时,在交通大数据时代,大样本、高精度的交通流轨迹数据为数据驱动交通流模型的构建提供了基础数据支撑,人工智能算法为数据驱动交通流模型的构建提供了理论方法支撑,数据驱动交通流的分析方法与传统交通流分析方法之间的优势对比日渐引起研究人员的重视。

同时,Kerner 从 1997 年开始对德国高速公路交通流进行分析,并于 2004 年提出了三相交通流理论。三相交通流理论区别于以往以基本图理论为基础的交通流分析理论,是一种全新的观点,在三相交通流理论提出后不久,其支持者就与基本图理论的支持者进行了长达十几年的争论,始终未能达成一致。在智能网联交通流和数据驱动交通流的背景下,三相交通流理论仍将是交通流领域极具争议性的话题。

如今,日渐严重的城市交通拥堵和迫切需求的现代化城市交通系统,必将促进城市立体交通流体系的构建。如何针对城市地面道路交通流、城市空中交通流、城市轨道交通流和城市水运交通流形成统一的分析理论体系,并通过立体协同运行的方式实现现代化城市立体交通体系,是交通流分析的高层次愿景。

1.3 本书章节结构

本书共 13 章,分为 5 个部分,从连续交通流和间断交通流两个维度,全面介绍了交通流运行规律的宏微观模型和分析交通流运行特性的理论方法。本书章节结构图如图 1-1 所示。

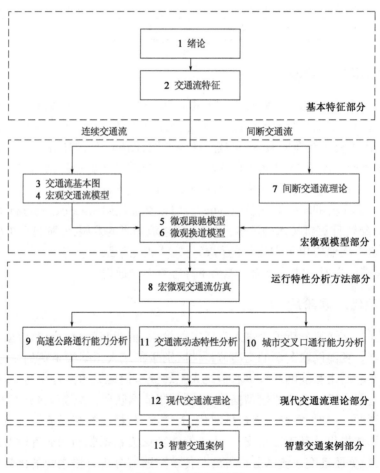

图 1-1 本书章节结构图

第一部分介绍交通流基本特征,该部分是其他章节的基础内容;第二部分介绍交通流宏微观模型,包括交通流基本图、宏观交通流模型、间断交通流理论、跟驰模型和换道模型;第三部分介绍交通流运行特性分析方法,包括宏微观交通流仿真、通行能力分析和交通流动态特性分析;第四部分介绍现代交通流理论,包括智能网联交通流、数据驱动交通流、三相交通流和城市立体交通流;第五部分介绍智慧交通中的交通流案例,包括科学研究案例、仿真技术案例和工程应用案例。

思考题与习题

1. 简述连续交通流和间断交通流的区别与联系。
2. 简述交通流发展历程及各阶段的主要特点。

第 2 章 交通流特征

交通流特征是交通流分析的基础。交通流是由大量个体车辆构成的系统,因此,交通流特征包括交通流宏观特征和交通流微观特征。其中,交通流宏观特征包括交通流流量、密度和速度等,交通流微观特征包括车头时距、车头间距和车速等。本章将对交通流特征的观测方法、交通流特征之间的关系以及一般意义上的交通流特征表述进行介绍。

2.1 交通流特征的观测方法

2.1.1 随车观测方法

随车观测方法是指交通流观测设备随着车辆一起运动,记录车辆自身行驶的时空轨迹。车载全球定位系统(GPS)观测仪是常见的随车观测设备。当车辆安装了 GPS 设备时,车载 GPS 可以随时间不断地记录这辆车的时空轨迹信息,如图 2-1 所示。车辆时空轨迹上某一点处的切线斜率为该点处车辆的瞬时车速,即

$$v_n(t) = \frac{\mathrm{d}[x_n(t)]}{\mathrm{d}t} \tag{2-1}$$

式中:$v_n(t)$——车辆 n 在 t 时刻的瞬时车速,m/s。

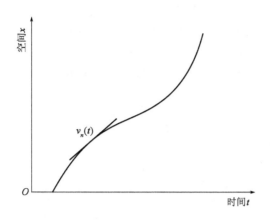

图 2-1　一辆车的时空轨迹曲线

2.1.2　断面观测方法

断面观测方法是指交通流观测设备固定在道路某一断面,对通过该断面的交通流数据进行观测。感应线圈和视频采集技术是常见的断面观测设备。二者不同之处在于,感应线圈埋设于道路断面的下方,通过电磁感应原理对通过的车辆进行信息采集;视频采集技术架设于道路断面上方,采集通过断面的交通流视频数据,并进一步从视频中提取车辆的行驶信息。

图 2-2 给出了基于断面观测方法的交通流特征,在观测断面位置,感应线圈或视频采集技术记录了在观测时间 T 内通过观测断面的车辆共有 N 辆(以下用 veh 表示单位"辆"),并且计算了每辆车在观测断面处的瞬时车速 $v_n(n=1,2,\cdots,N)$。

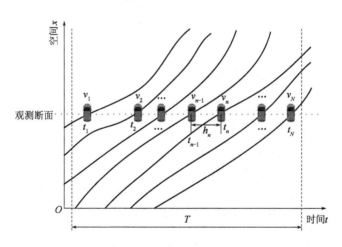

图 2-2　断面观测方法的交通流特征

在单位小时内,由断面观测方法观测到的车辆数量被定义为流量,即

$$q = \frac{N}{T} \tag{2-2}$$

式中:q——流量,veh/h;

T——时间,h。

在交通流分析中,有时会使用流率的概念来替换流量的概念。流率是指在给定不足 1h 的时间间隔内(通常为 15min),车辆通过观测断面的当量小时流率。流量和流率的区别见表 2-1。表中给出了 4 个连续 15min 时段内观测断面的交通量,那么,流量为 4 个 15min 观测断面交通量的总和,即 4300veh/h。然而,流率在每个 15min 时段内均是不同的。通常情况下,若无特殊说明,常使用流量进行表达。

流量和流率的区别 表 2-1

观测时间段	观测交通量(veh)	流率(veh/h)
8:00—8:15	1000	4000
8:15—8:30	1100	4400
8:30—8:45	1200	4800
8:45—9:00	1000	4000
8:00—9:00	4300	—

在已知高峰小时系数 PHF 的情况下,可由流量 q 计算流率 FL,即

$$\text{FL} = \frac{q}{\text{PHF}} \tag{2-3}$$

断面观测方法除了记录交通流的流量特征外,还记录了每辆车经过观测断面的时刻,因此,相邻两辆车通过观测断面的时间差被定义为交通流的车头时距,其计算公式为

$$h_n = t_n - t_{n-1} \tag{2-4}$$

式中:h_n——车辆 n 的车头时距,s;

t_n——车辆 n 经过观测断面的时刻;

t_{n-1}——前车 $n-1$ 经过观测断面的时刻。

在断面观测时间足够长且观测到的车辆足够多的情况下,若忽略第一辆车的车头时距,则:

$$T = \sum_{n=1}^{N} h_n \tag{2-5}$$

根据断面观测方法,记录通过观测断面的所有车辆瞬时车速,将通过同一观测断面的所有车辆的瞬时车速计算平均值,称为时间平均速度,即

$$v_t = \frac{1}{N} \sum_{n=1}^{N} v_n \tag{2-6}$$

式中:v_t——时间平均速度,m/s;

v_n——车辆 n 在观测断面的瞬时车速,m/s。

此外,断面观测方法还可计算占有率。占有率是指观测时间内观测设备被每辆车所占用的时间总和与观测时间的比值。占有率反映了交通流在时间层面的密集程度,其计算公式为

$$o = \frac{\sum_{n=1}^{N} \xi_n}{T} \tag{2-7}$$

式中:o——占有率;

ξ_n——车辆 n 占用断面观测设备的时间,s。

2.1.3 高空观测方法

高空观测方法是指利用飞行器从高空航拍道路交通流视频,并从视频中提出车辆轨迹,计

算相关的交通流特征。直升机或无人机属于典型的高空观测设备。高空观测方法与固定在道路断面的视频采集技术的区别在于,直升机或无人机高空观测方法是对道路的全路段范围进行观测,即高空拍摄某一时刻路段上所有车辆的瞬时状态,图 2-3 显示了某高空观测时刻的一张航拍照片,航拍照片中记录了路段上每一辆车的位置,由此可以定义基于高空观测方法的交通流特征。

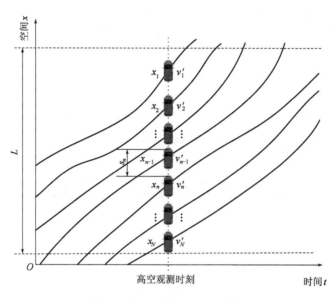

图 2-3 高空观测方法的交通流特征

在高空观测时刻,车辆 n 的车头与前车 $n-1$ 的车头之间的距离,被定义为车辆 n 的车头间距,即

$$s_n = x_{n-1} - x_n \tag{2-8}$$

式中:s_n——车辆 n 的车头间距,m;

x_n、x_{n-1}——车辆 n 和前车 $n-1$ 的车头位置。

此外,车辆 n 的车头与前车 $n-1$ 的车尾之间的距离,称为车辆 n 的车间距,即

$$g_n = s_n - l_{n-1} \tag{2-9}$$

式中:g_n——车辆 n 的车间距,m;

l_{n-1}——前车 $n-1$ 的车长,m。

在图 2-3 中,高空观测的路段长度为 $L(\mathrm{km})$,在观测时刻,路段 L 上共有 N 辆车,则将该时刻下单位长度上的车辆数定义为交通流密度,即

$$k = \frac{N}{L} \tag{2-10}$$

式中:k——交通流密度,veh/km。

在高空观测时间足够长且观测到的车辆足够多的情况下,忽略第一辆车的车头间距,观测路段的长度 L 可表达为

$$L = \sum_{n=1}^{N} s_n \tag{2-11}$$

在高空观测方法中,利用相邻两个高空观测时刻获取的车辆位置信息,可计算得到各车辆

在高空观测下的瞬时车速,即

$$v'_n = \frac{\Delta x_n}{\Delta t} \tag{2-12}$$

式中:v'_n——高空观测下的车辆瞬时车速,m/s;
Δx_n——相邻高空观测时刻中车辆 n 的位移差,m;
Δt——相邻高空观测时刻的时间差,s。

对连续高空观测中得到的各车辆的瞬时车速求平均,可得到空间平均速度,即

$$v_s = \frac{1}{N}\sum_{n=1}^{N} v'_n \tag{2-13}$$

式中:v_s——空间平均速度,m/s。

值得注意的是,公式(2-6)和公式(2-13)中的车辆瞬时车速分别是通过断面观测和高空观测得到的,对二者进行平均计算分别得到的是时间平均速度和空间平均速度。

2.2 交通流特征及其关系

2.2.1 宏微观交通流特征

根据 2.1 小节的内容,将三种交通流观测方法能够观测到的交通流特征进行汇总,共含有三个类别的交通流特征,分别反映了交通流的数量特征、速度特征和密集度特征,见表 2-2。从宏微观的角度来看,微观交通流特征包括车头时距 h_n、断面观测瞬时车速 v_n、空间观测瞬时车速 v'_n 和车头间距 s_n,宏观交通流特征包括车辆数 N、流量 q、时间平均速度 v_t、空间平均速度 v_s、占有率 o 和交通流密度 k。

宏微观交通流特征　　　　　表 2-2

特征类别	观测方法	微观特征	宏观特征
数量特征	随车观测	—	—
	断面观测	h_n	N、q
	高空观测	—	—
速度特征	随车观测	v_n	—
	断面观测	v_n	v_t
	高空观测	v'_n	v_s
密集度特征	随车观测	—	—
	断面观测	—	o
	高空观测	s_n	N、k

2.2.2 交通流特征之间的关系

1)交通流恒等式

交通流的流量 q、密度 k 和空间平均速度 v_s 之间存在以下恒等式关系:

$$q = kv_s \tag{2-14}$$

交通流恒等式广泛应用于交通流领域的分析。值得注意的是,交通流恒等式中的速度不是时间平均速度,而是空间平均速度。

2)流量和车头时距的关系

将公式(2-5)代入公式(2-2),计算得到:

$$q = \frac{N}{\sum_{n=1}^{N} h_n} = \frac{1}{\frac{1}{N}\sum_{n=1}^{N} h_n} = \frac{1}{h} \tag{2-15}$$

式中:h——平均车头时距,s。

因此,交通流的流量和平均车头时距呈倒数关系。

3)密度和车头间距的关系

将公式(2-11)代入公式(2-10),计算得到:

$$k = \frac{N}{\sum_{n=1}^{N} s_n} = \frac{1}{\frac{1}{N}\sum_{n=1}^{N} s_n} = \frac{1}{s} \tag{2-16}$$

式中:s——平均车头间距,m。

因此,交通流的密度和平均车头间距呈倒数关系。

4)时间平均速度和空间平均速度的关系

在理论上,可以证明时间平均速度和空间平均速度满足如下的关系:

$$v_t = v_s + \frac{\sigma^2}{v_s} \tag{2-17}$$

式中:σ——车辆速度的均方差,m/s。

可以看出,时间平均速度大于或等于空间平均速度,当且仅当所有的车辆都以同一车速匀速行驶时($\sigma = 0$),两者才相等。事实上,可以从数学层面证明,空间平均速度是车辆实际平均速度的无偏估计,而时间平均速度是车辆实际平均速度的有偏估计。

此外,空间平均速度可看作是断面观测瞬时车速的调和平均值,即

$$v_s = \frac{1}{\frac{1}{N}\sum_{n=1}^{N}\frac{1}{v_n}} \tag{2-18}$$

【例题 2-1】

在一条不可换道且单向行驶的双车道公路上,每条车道的流量均为 1200veh/h。在双车道公路的内车道上,每辆车都以 96km/h 的速度行驶;在双车道公路的外车道上,每辆车都以 48km/h 的速度行驶。计算双车道公路整体的空间平均速度和时间平均速度。

解:

(1)计算空间平均速度

①计算内车道和外车道的密度分别如下:

$k_1 = 1200 \div 96 = 12.5(\text{veh/km})$

$k_2 = 1200 \div 48 = 25(\text{veh/km})$

②计算空间平均速度如下:

$v_s = \dfrac{12.5 \times 96 + 25 \times 48}{12.5 + 25} = 64(\text{km/h})$

(2) 计算时间平均速度

时间平均速度计算如下：

$$v_\mathrm{t} = \frac{1200 \times 96 + 1200 \times 48}{1200 + 1200} = 72(\mathrm{km/h})$$

因此，空间平均速度为64km/h，时间平均速度为72km/h，时间平均速度大于空间平均速度。

5) 占有率和密度的关系

占有率和密度分别反映了交通流在时间和空间上的密集程度，在占有率的计算公式(2-7)中，ξ_n 的值等于断面观测设备长度与车长之和除以车辆的瞬时速度，即

$$\xi_n = \frac{D + l_n}{v_n} \tag{2-19}$$

式中：D——车辆经过的断面观测设备长度，m。

定义 l 为车辆平均车长，并将公式(2-19)代入公式(2-7)，计算得到：

$$o = \frac{D+l}{T}\sum_{n=1}^{N}\frac{1}{v_n} = \frac{(D+l)N}{T} \times \left(\frac{1}{N}\sum_{n=1}^{N}\frac{1}{v_n}\right) = (D+l)q\frac{1}{v_\mathrm{s}} = (D+l)k \tag{2-20}$$

因此，占有率和密度成比例关系，比值为 $D+l$。

2.2.3 期望的交通流特征

交通流的分析依赖于对交通流特征的准确观测，而交通流特征的观测依赖于不同的观测方法，交通流特征观测方法不同，观测到的交通流特征存在一定差异。

随车观测方法依赖于车载观测设备，往往针对实验车的运行数据进行观测，尚未应用至实际的大规模交通流特征采集中。高空观测方法存在观测费用昂贵和观测时间较短的缺点，难以适用于常规的交通流数据采集。在实际中应用最广泛的交通流特征观测方法是断面观测方法，如感应线圈和视频采集技术。

就交通流的分析而言，交通流特征之间是存在差异的。比如，高空观测的空间平均速度要优于断面观测的时间平均速度，一方面，空间平均速度是车辆实际平均速度的无偏估计量，另一方面，由空间平均速度构成的交通流恒等式 $q = kv_\mathrm{s}$ 广泛应用于交通流分析的各个方面。此外，在描述交通流密集程度时，高空观测的密度要优于断面观测的占用率，在通行能力分析中，通常使用密度及相关的空间量作为评价指标来衡量高速公路的服务水平。

因此，由高空观测方法观测得到的空间平均速度和交通流密度是交通工程人员所期望的交通流特征，然而，期望的交通流特征和交通流特征观测方法之间存在一定的矛盾。期望的交通流特征需要采用高空观测方法才能观测得到，而高空观测方法难以满足长期性采集任务的要求。相比之下，在实际交通工程中，应用广泛的断面观测方法可适用于大规模、长时间的交通流特征观测任务，但是断面观测方法得到时间平均速度和占有率并非交通工程人员所期望的交通流特征。鉴于此，在实际交通工程应用中，常常从断面观测方法观测到的数据中估算出期望的交通流特征。

空间平均速度的估算。基于断面观测方法获得各车辆的瞬时车速，则可通过公式(2-18)的调和平均，计算对应的空间平均速度。在有些情况下，断面观测设备因存储空间有限，在通过车速计算得到时间平均速度之后，这些瞬时车速的数据信息被覆盖，因此无法使用调和平均的方法来计算空间平均速度。此时，往往只能用时间平均速度近似替代空间平均速度，但需注

意二者是有差异的。

交通流密度的估算。基于断面观测方法获得占有率,则可根据公式(2-20)对交通流密度进行估算。在实际交通工程应用中。公式(2-20)中平均车长的误差将造成较大的密度估算误差。除了采用占有率估算交通流密度以外,还有两种常用的估算方法:一种方法是利用交通流密度与平均车头间距成倒数关系,由平均车头间距估算交通流密度;另一种方法是用时间平均速度替换空间平均速度,在得知流量的条件下,根据交通流恒等式估算交通流密度。

2.3 交通流特征的广义定义

在2.1小节,根据不同的交通流特征观测方法,定义了交通流的流量q、密度k、时间平均速度v_t和空间平均速度v_s等交通流特征。本小节根据车辆的时空轨迹特性,对交通流特征进行广义定义。

针对流量的计算公式(2-2)做如下变化:

$$q = \frac{N}{T} = \frac{N \times dx}{T \times dx} \tag{2-21}$$

式中:dx——无限小的距离,m。

在断面观测的车辆时空轨迹图中,将由观测时间T和观测路段dx围成的矩形记为区域A,则在长时间的大规模观测中,公式(2-21)分子的物理意义为在T时段内区域A中所有车辆行驶距离的总和$d(A)$:

$$d(A) = N \times dx \tag{2-22}$$

同时,公式(2-21)分母表示区域A的面积$|A|$,根据公式(2-21),可得到时空区域A内的流量q为

$$q = \frac{d(A)}{|A|} \tag{2-23}$$

此外,时空区域A内车辆总的行驶时间$t(A)$定义为

$$t(A) = \sum_{n=1}^{N} \frac{dx}{v_n} \tag{2-24}$$

则交通流的平均速度为

$$v = \frac{d(A)}{t(A)} = \frac{N \times dx}{\sum_{n=1}^{N} \frac{dx}{v_n}} = \frac{1}{\frac{1}{N}\sum_{n=1}^{N} \frac{1}{v_n}} \tag{2-25}$$

由此看出,公式(2-25)中交通流平均速度v是断面观测方法中所有车辆瞬时车速的调和平均值,即空间平均速度。

类似地,对于交通流密度k而言,密度k的计算公式(2-10)可变化为

$$k = \frac{N}{L} = \frac{N \times dt}{L \times dt} \tag{2-26}$$

式中:dt——无限小的时段,s。

同样地,在高空观测的车辆轨迹图中,将由L和dt构成的时空矩形记为区域A。公式(2-26)分子是所有车辆在区域A中行驶的总时间$t(A)$,分母是这个区域的面积$|A|$,则:

$$t(A) = N \times dt \tag{2-27}$$

$$|A| = L \times dt \tag{2-28}$$

因此,根据公式(2-26),得到时空区域 A 内的密度 k 为

$$k = \frac{t(A)}{|A|} \tag{2-29}$$

所有车辆在区域 A 内行驶的总距离 $d(A)$ 为

$$d(A) = \sum_{n=1}^{N} dt \times v_n \tag{2-30}$$

因此,交通流的平均速度为

$$v = \frac{\sum_{n=1}^{N} dt \times v_n}{N \times dt} = \frac{1}{N}\sum_{n=1}^{N} v_n \tag{2-31}$$

公式(2-31)中的算数平均值对应高空观测方法中的空间平均速度计算,即交通流速度仍然为空间平均速度。

以上内容表明,一个时空区域可以将断面观测方法与高空观测方法统一,针对流量 q、平均速度 v(空间平均速度 v_s)和密度 k 进行广义定义。在广义定义中,时空区域 A 并非一定是矩形等规则图形。事实上,任何一个闭合的时空区域均可用来定义广义的交通流特征,如图2-4所示。

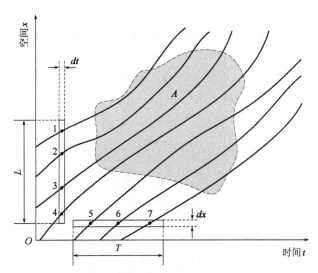

图 2-4 交通流特征广义定义的时空区域

基于以上内容,交通流特征的广义定义为

$$\begin{cases} q(A) = \dfrac{d(A)}{|A|} \\ k(A) = \dfrac{t(A)}{|A|} \\ v(A) = \dfrac{d(A)}{t(A)} \end{cases} \tag{2-32}$$

可以看出,交通流特征的广义定义,仍然满足交通流恒等式 $q = kv$,因此,将交通流的流量-密度-速度的传统定义扩展至时空区域上的广义定义,在理论上是自洽的。

2.4 交通流特征的三维描述

以上内容是从车辆时空轨迹的角度对交通流特征进行描述的,除了车辆时空轨迹以外,车辆累积曲线也是常用的交通流特征描述方法。车辆累积曲线主要关注交通流在宏观层面的特征,而车辆的时空轨迹则聚焦个体车辆的运动特征。

将车辆累积数表达成时空区域(t,x)上的二元函数$N(t,x)$,$N(t,x)$在时空图中是一个由若干个连续等高面组成的类似台阶的表面,如图2-5所示。图中,$N(t,x)$为不光滑曲面,因此,采用经过各条车辆轨迹的光滑曲面$M(t,x)$代替$N(t,x)$进行分析,且要求$M(t,x)$在时间t和空间x两个方向上均可导,则$M(t,x)$随时间t的增大而增大,随空间x的增大而减小。可以证明得到,$M(t,x)$关于时间t的变化率为交通流的流量,$M(t,x)$关于空间x的变化率为交通流的密度,即

$$q(t,x) = \frac{\partial M(t,x)}{\partial t} \tag{2-33}$$

$$k(t,x) = -\frac{\partial M(t,x)}{\partial x} \tag{2-34}$$

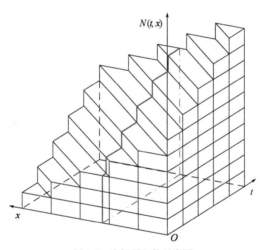

图2-5 车辆累积数示意图

思考题与习题

1. 选取高速公路或城市快速路的典型路段,对交通流的流量、密度、时间平均速度和空间平均速度进行观测。

2. 有一个观测者在公路某断面观测到4辆车连续驶过该公路断面,4辆车经过该断面时的瞬时车速分别为70km/h、75km/h、60km/h和55km/h,忽略第一辆车的车头时距,观测到后

3 辆车的车头时距分别为 2.5s、3s 和 3.5s,如图 2-6 所示。试计算该观测者观测过程中的流量、密度、时间平均速度和空间平均速度。

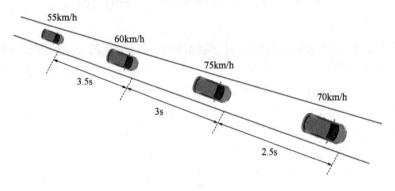

图 2-6 题 2 图

3. 假设有一条不可换道且单向行驶的双车道公路(图 2-7),在车道 1 上,所有车辆的速度为 30m/s,车头间距为 60m;在车道 2 上,所有车辆的速度为 20m/s,车头间距为 40m。试计算该双车道公路的空间平均速度和时间平均速度。

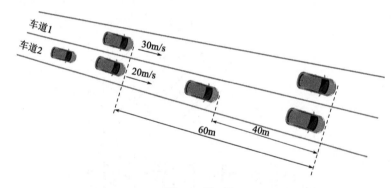

图 2-7 题 3 图

第3章
交通流基本图

交通流是由大量个体车辆自组织运动形成，具有类似流体的特征。交通流基本图是交通流区别于其他流体的独有特性，是宏微观交通流基本参数之间关系的图形描述。交通流基本图的平衡态模型是对交通流基本图的数学描述，在微观交通流和宏观交通流之间起纽带作用。本章将对交通流基本图及其平衡态模型的相关内容进行介绍。

3.1 交通流基本图特性

在第2章交通流特征中，介绍了交通流基本特征参数的观测方法。使用断面观测方法获取的交通流数据样本见表3-1，表中每行的数据为观测时间间隔内的相关交通流数据，包括小型车计数、大型车计数、占有率、时间平均速度、车辆平均长度以及车间距。

使用断面观测方法获取的交通流数据样本 表3-1

观测时间	小型车计数 （veh）	大型车计数 （veh）	占有率 （%）	时间平均速度 （m/s）	车辆平均长度 （m）	车间距 （m）
#1	28	1	0.28	29.65	5.82	49.32
#2	17	3	0.26	24.84	6.96	56.26

续上表

观测时间	小型车计数（veh）	大型车计数（veh）	占有率（%）	时间平均速度（m/s）	车辆平均长度（m）	车间距（m）
#3	22	2	0.24	28.13	6.35	60.52
#4	15	2	0.26	23.80	7.87	60.79
#5	26	1	0.27	29.60	5.75	51.81
#6	29	0	0.26	31.49	5.13	52.27
#7	22	2	0.33	22.39	6.08	42.55
#8	19	2	0.27	24.77	6.49	54.29
#9	26	1	0.28	28.21	6.02	49.65
#10	34	0	0.32	30.62	5.67	43.19

将大量长时间观测得到的交通流数据绘制在图 3-1 中，分别为宏观层面的速度-密度关系散点图、速度-流量关系散点图、流量-密度关系散点图以及微观层面的车速-车头间距关系散点图。需要注意的是，在速度-密度和速度-流量关系中，这些散点数据的速度表示的是空间平均速度，属于速度的宏观特性，可以通过原始数据计算得到，而在车速-车头间距关系中，散点的车速表示的是散点采集时刻车辆的瞬时速度，属于速度的微观特性，其单位往往采用 m/s，以示区分。图 3-1 中散点数据的形态反映的是该道路断面的交通流运行状况，观测地点不同，绘制出的散点图形态也不一样。

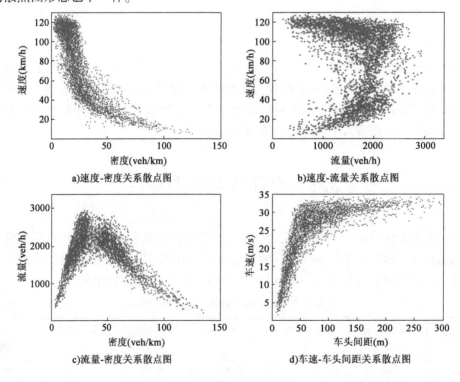

图 3-1 观测断面的散点图

交通流基本图的最大特性是其具备统计意义特性。交通流基本图中的散点来自观测断面的交通流运行状况,反映了交通流基本特征参数之间的相关性。交通流的运行存在随机性,这种随机性反映在交通流基本图上的结果是,各基本特征参数之间相关性趋势明显,但无法确定一一对应的具体参数值,仅能从图中看出大致的参数取值范围。

在交通流领域,进行宏微观交通流分析及仿真模拟时,一般情况下均会体现交通流的基本图特性,从而使得仿真模拟结果符合实际交通流运行的基本规律。从这个意义上,交通流基本图被认为是交通流的本质核心特性。

3.2 交通流基本图的平衡态模型

交通流基本图反映了交通流的运行规律,为了能够确定基本特征参数之间一一对应的取值关系,需要用数学函数来拟合这些散点,称为对交通流基本图散点的数学描述,即交通流基本图的平衡态模型。交通流平衡态是指车流中不存在扰动的状态,此时车辆可以按照相同的速度匀速运行,当交通流存在扰动时,交通流平衡态被打破,但当扰动消失后,交通流会恢复至扰动前的平衡态或形成新的平衡态。

3.2.1 连续型平衡态模型

3.2.1.1 Greenshields 模型

基本图平衡态模型的研究始于20世纪30年代,Greenshields对观测到的交通流速度-密度关系散点数据进行分析(图3-2),发现速度和密度呈现线性的相关性,即速度随着密度的增加而线性递减。

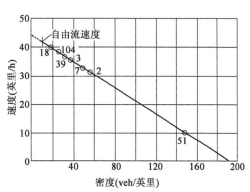

图 3-2 Greenshields 与基本图平衡态模型(摘自文献[5])

根据速度-密度的线性相关性,在自由流状态时,交通流速度趋近于自由流速度v_f,此时对应的交通流密度趋近于0,随着交通拥堵的加剧,交通流密度增加并且交通流速度降低,在密度达到堵塞密度k_j时,交通流速度降至0。根据这一特性,Greenshields 提出了第一个速度-密度的平衡态模型,即

$$v = v_f \left(1 - \frac{k}{k_j}\right) \tag{3-1}$$

根据公式(3-1)可以画出 Greenshields 速度-密度平衡态模型,如图 3-3a)所示。同时,将宏观的密度转变为微观的车头间距,并将宏观的速度转变为平衡态时的车速,可以得到 Greenshields 速度-密度模型所对应的车速-车头间距模型,即

$$v = v_f \left(1 - \frac{d}{s}\right) \tag{3-2}$$

式中:s——平衡态车头间距,m;
d——最小车头间距,m。

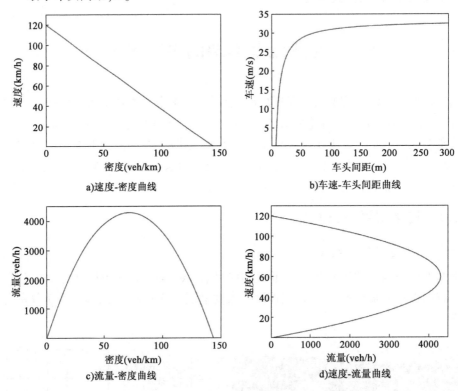

图 3-3　Greenshields 平衡态模型

由 Greenshields 车速-车头间距模型可以看出,车速随着平衡态车头间距的增大而增大,反映了驾驶员会在车头间距较大时选择相对较大的车速行驶,在车头间距达到一定程度后,驾驶员将保持自由流速度状态行驶,如图 3-3b)所示。实际上,动态的行车速度在平衡态下为空间平均速度,而车头间距与密度呈倒数关系,并且交通流基本图的散点源于大量个体车辆自组织微观行为的集聚性体现,因此,基本图的速度-密度关系是车速-车头间距关系从微观向宏观的集聚特征,二者本质上是一致的。

在通常情况下,在获得基本图速度-密度模型后,可通过交通流恒等式 $q = kv$ 进一步推导出对应的流量-密度模型以及速度-流量模型。就流量-密度模型而言,将公式(3-1)代入交通流恒等式,可得到 Greenshields 流量-密度平衡态模型,即

$$q = v_f \left(k - \frac{k^2}{k_j}\right) \tag{3-3}$$

可以看出,在 Greenshields 流量-密度平衡态模型中,流量 q 是关于密度 k 的抛物线函数,如图 3-3c)所示。在流量-密度模型的曲线上,在自由流状态下,流量 $q = 0$ 且密度 $k = 0$,随着密

度 k 的增大，流量 q 呈现先增大后减小的趋势，q 能达到的最大值 q_m 为通行能力，此时对应的密度 k_m 称为最佳密度。在密度达到最大堵塞密度 k_j 时，车辆处于静止状态，此时流量 $q=0$，并且，在公式(3-3)中两边对密度 k 求一阶倒数，可计算得到通行能力 q_m 为

$$q_m = \frac{v_f k_j}{4} \tag{3-4}$$

同理，将公式(3-1)中密度 k 表达成速度 v 的函数式，并代入交通流恒等式计算得到 Greenshields 速度-流量平衡态模型，即

$$q = k_j \left(v - \frac{v^2}{v_f} \right) \tag{3-5}$$

可以看出，在 Greenshields 速度-流量平衡态模型中，流量 q 是关于速度 v 的抛物线函数，如图 3-3d) 所示。在速度-流量平衡态模型的曲线上，在自由流状态下，由于密度 $k=0$，使得流量 $q=0$，即道路上几乎没有车辆，驾驶员能够以自由流速度行驶。随着道路上的车辆逐渐增多，交通流速度 v 开始下降，此时流量 q 将会上升，在 q 达到通行能力 q_m 时，对应的速度 v_m 称为最佳速度，这一过程为非拥堵状态。在拥堵状态，速度 v 继续降低，受到交通拥堵的影响，车辆运行缓慢，流量 q 将持续下降，在速度 v 降低至 0 时，表明交通流达到最大堵塞密度 k_j，车辆停滞不前，此时流量 $q=0$。

3.2.1.2 其他连续型模型

Greenshield 的速度-密度平衡态模型为线性函数，在很多情况下不能较好地拟合交通流基本图的散点形态，为此，学者们在 Greenshield 模型的基础之上，提出了各类非线性的速度-密度平衡态模型。比如，Greenberg 于 1959 年提出适用于高密度交通流的速度-密度平衡态模型，Underwood 于 1961 年提出适用于低密度交通流的速度-密度平衡态模型。早期的平衡态模型的表达式见表 3-2，其中 δ 为大于 0 的实数，由于这些模型的速度-密度函数式在整个密度范围内是一条连续光滑的曲线，因此称这些平衡态模型为连续型平衡态模型。

连续型平衡态模型　　　　表 3-2

模型提出者	模型表达式	模型提出者	模型表达式
Greenshield	$v = v_f \left(1 - \dfrac{k}{k_j} \right)$	Drake	$v = v_f e^{-\frac{1}{2}\left(\frac{k}{k_m}\right)^2}$
Greenberg	$v = v_m \ln \left(\dfrac{k_j}{k} \right)$	Drew	$v = v_f \left[1 - \left(\dfrac{k}{k_j} \right)^{\delta+\frac{1}{2}} \right]$
Underwood	$v = v_f e^{-\frac{k}{k_m}}$	Pipes-Munjal	$v = v_f \left[1 - \left(\dfrac{k}{k_j} \right)^{\delta} \right]$

各连续型平衡态模型的优势在于模型曲线在数学上具备可导性，便于相关的解析分析，而缺点在于用简单的一条曲线来拟合基本图散点的形态时，误差较大，并且往往与散点数据不符。各连续型平衡态模型的参数及取值见表 3-3。图 3-4 给出了各连续型平衡态模型与基本图散点数据的对比情况。

各连续型平衡态模型的参数及取值　　　表3-3

平衡态模型	参数及取值
Greenshields 模型	$v_f = 120\text{km/h}, k_j = 143\text{veh/km}$
Greenberg 模型	$v_m = 60\text{km/h}, k_j = 143\text{veh/km}$
Underwood 模型	$v_f = 120\text{km/h}, k_m = 25\text{veh/km}$
Drake 模型	$v_f = 120\text{km/h}, k_m = 40\text{veh/km}$
Drew 模型	$v_f = 120\text{km/h}, k_j = 143\text{veh/km}, \delta = 0.2$
Pipes-Munjal 模型	$v_f = 120\text{km/h}, k_j = 143\text{veh/km}, \delta = 0.5$

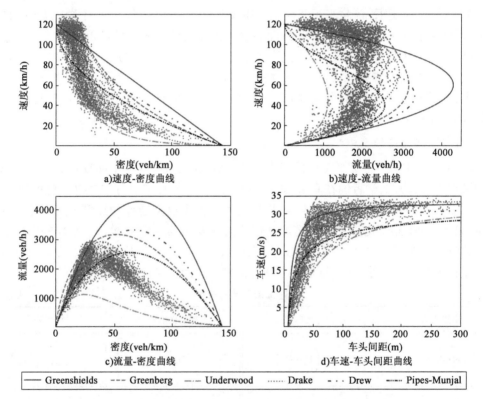

图 3-4　连续型平衡态模型和基本图散点的比较

由图 3-4 可以看出,连续型平衡态模型均只能在某一段密度区间上较好地拟合基本图散点,而在其他密度区间的拟合结果较差。以 Greenshield 平衡态模型为例,在流量-密度曲线上,Greenshield 平衡态模型的最佳密度 k_m 为堵塞密度 k_j 的 1/2,即 $k_m = k_j/2 = 143 \div 2 = 71.5$(veh/km),而从基本图散点中可以看出,通行能力最大处对应的最佳密度范围为 20~50veh/km,这与 Greenshield 平衡态模型计算的 71.5veh/km 存在明显差异,使得二者对应的通行能力值也存在较大差异。

【例题 3-1】

针对表 3-2 中 Greenberg 平衡态模型的速度-密度关系式,推导出它的流量-密度关系式,并计算通行能力 q_m 及相应的最佳密度 k_m。

解:

将 Greenberg 平衡态模型的速度-密度关系式代入交通流恒等式 $q = kv$, 得到相应的流量-密度关系式:

$$q = v_m k \ln\left(\frac{k_j}{k}\right)$$

针对 Greenberg 平衡态模型的流量-密度关系式, 令 q 对 k 的一阶导数为 0 来计算通行能力和最佳密度, 即

$$\frac{\mathrm{d}q}{\mathrm{d}t} = v_m \left[\ln\left(\frac{k_j}{k}\right) - 1\right] = 0$$

由上式计算得到 $k_m = k_j/\mathrm{e}$, 将 k_m 代入流量-密度关系式中, 计算得到 $q_m = v_m k_j/\mathrm{e}$。

3.2.2 间断型平衡态模型

鉴于连续型平衡态模型均有自身的适用性, 难以适用于整个密度区间, Edie 提出一种两段式组合模型, 用 Greenberg 平衡态模型描述高密度区间, 同时用 Underwood 平衡态模型描述低密度区间。将这种采用分段函数描述的平衡态模型称为间断型平衡态模型。

间断型平衡态模型的表达式为

$$\begin{cases} v = v_f \mathrm{e}^{-\frac{k}{k_m}} & (0 \leq k < k_c) \\ v = v_m \ln\left(\frac{k_j}{k}\right) & (k_c \leq k \leq k_j) \end{cases} \tag{3-6}$$

式中: k_c——密度的临界值, veh/km。

使用最佳密度 k_m 对 Greenberg 平衡态模型进行修正, 即在密度 $k < k_m$ 的低交通流密度区间, 假设交通流速度恒等于最佳速度 v_m, 则得到修正的 Greenberg 平衡态模型, 即

$$\begin{cases} v = v_m & (0 \leq k < k_m) \\ v = v_m \ln\left(\frac{k_j}{k}\right) & (k_m \leq k \leq k_j) \end{cases} \tag{3-7}$$

此外, 三角形平衡态模型是典型的间断型平衡态模型, 其凭借简单的数学表达, 在交通流分析中具有广泛应用。三角形平衡态模型的思想是, 以通行能力对应的最佳密度 k_m 为边界, 将交通流状态分为自由流状态和拥堵状态, 并且自由流状态的速度为自由流速度 v_f, 而在拥堵状态的流量 q 为密度 k 的线性函数, 且斜率为反向交通波的波速。这样, 三角形平衡态模型的流量-密度曲线为两条直线, 构成三角形形状, 其表达式为

$$\begin{cases} q = v_f k & (0 \leq k < k_m) \\ q = w(k_j - k) & (k_m \leq k \leq k_j) \end{cases} \tag{3-8}$$

式中: w——反向交通波的波速 ($w > 0$), km/h。

间断型平衡态模型由于考虑了不同交通流密度状态的情况, 在与交通流基本图散点的对比中, 准确性往往高于连续型平衡态模型, 如图 3-5 所示。虽然间断型平衡态模型的拟合效果有一定程度的提升, 但与基本图散点的分布仍有一定差异。在图 3-5 的对比中, 各间断型平衡态模型的参数及取值见表 3-4。

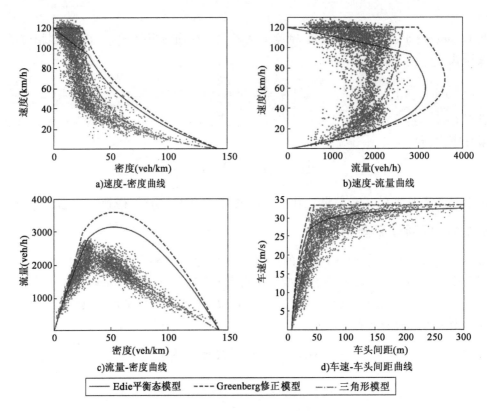

图 3-5 间断型平衡态模型和基本图散点的比较

间断型平衡态模型的参数及取值　　　　　　表 3-4

模 型 名 称	参数及取值
Edie 平衡态模型	$v_f = 120 \text{km/h}, k_j = 143 \text{veh/km}, v_m = 60 \text{km/h}, k_m = 121 \text{veh/km}, k_c = 30 \text{veh/km}$
Greenberg 修正模型	$v_f = 120 \text{km/h}, v_m = 68.72 \text{km/h}, k_j = 143 \text{veh/km}, k_m = 25 \text{veh/km}$
三角形平衡态模型	$v_t = 120 \text{km/h}, k_j = 143 \text{veh/km}, k_m = 22 \text{veh/km}, w = 21.78 \text{km/h}$

3.2.3 平衡态模型的研究进展

早期的连续型速度-密度平衡态模型的结构简单且参数较少，更重要的是，流量-密度平衡态模型曲线光滑可导，使得模型具有良好的数学特性，能够适用于宏观交通流分析，这部分内容将在第 4 章宏观交通流模型中介绍。就间断型平衡态模型而言，在拟合基本图散点的准确性方面有所提升，但是拟合准确性的提升是以模型复杂度为代价的，并且分段函数在间断点处的不可导特性，使得间断型平衡态模型在交通流解析分析中受到限制。

因此，在目前的平衡态模型领域，仍然以连续型平衡态模型为主，这些连续型平衡态模型往往与跟驰模型相对应，可由跟驰模型在平衡态推导而来，这部分内容将在第 5 章微观跟驰模型中介绍。值得关注的是，2021 年国内学者刘志远等提出 S3 平衡态模型，该模型具有 3 个模型参数，能够拟合出 S 形的速度-密度基本图散点分布，S3 平衡态模型所体现出来的性能在现有平衡态模型中具有优势，如图 3-6 所示。

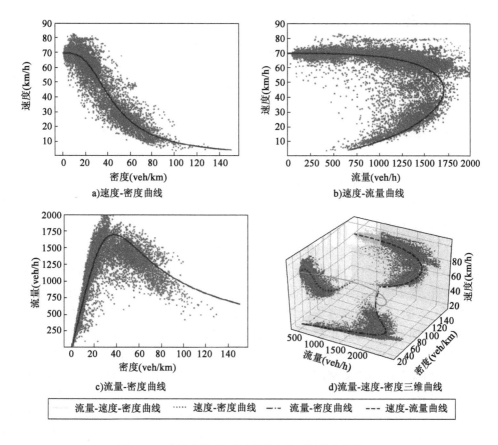

图 3-6 S3 平衡态模型与基本图散点的比较(摘自文献[7])

S3 平衡态模型的速度-密度函数表达式如下：

$$v = \frac{v_f}{\left[1 + \left(\frac{k}{k_m}\right)^m\right]^{\frac{2}{m}}} \tag{3-9}$$

式中：m——模型幂参数。

3.3 平衡态模型的应用

3.3.1 平衡态模型的参数标定

基本图散点是观测断面交通流实际运行的真实体现,平衡态模型是用数学函数拟合基本图散点,使得拟合后的平衡态模型能够分析交通流的运行规律。因此,平衡态模型对基本图散点的拟合准确性在很大程度上决定了平衡态模型的应用效果,而平衡态模型对基本图散点的拟合就是对平衡态模型的参数进行标定。

通常采用最小二乘法标定平衡态模型的参数,以速度-密度平衡态模型为例,假设速度-密度的基本图散点数量为 P,即存在速度-密度基本图散点的坐标记为 (k_i, v_i),其中 $i = 1, 2, \cdots, P$,

则平衡态模型参数标定是使得目标函数最小化,即

$$\min Z_1 = \sum_{i=1}^{P} [v_i - \hat{v}(k_i, \Omega)]^2 \tag{3-10}$$

式中:Z_1——目标函数;
　　　$\hat{v}$——在密度k_i处平衡态模型的速度估计值,km/h;
　　　Ω——平衡态模型的参数集。

因此,使得目标函数Z_1最小时的参数集Ω为平衡态模型的标定结果。此外,根据交通流恒等式$q=kv$,在各密度值条件下,可将速度和流量进行联合标定,此时目标函数为

$$\min Z_2 = \sum_{i=1}^{P} \{[v_i - \hat{v}(k_i, \Omega)]^2 + \zeta[q_i - \hat{q}(k_i, \Omega)]^2\} \tag{3-11}$$

式中:Z_2——调整后的目标函数;
　　　q_i——基本图散点的流量值,veh/h;
　　　ζ——权重,其值等于标定中速度方差与流量方差的比值。

上述最小二乘法是一种常用的平衡态模型参数标定方法,具有便于计算的优点,同时存在一些缺点。首先,为了满足数学计算上的需要,该方法做了一定的假设,如速度和流量的噪声分布不相关等。其次,在使用该方法标定平衡态模型之后,模型曲线将在基本图散点"中间"进行拟合,即曲线周围散点的分布数量会大致相同。然而,就流量-密度平衡态模型而言,模型曲线最大流量处的通行能力状态并不在基本图散点的最上方位置,这与通行能力的定义存在矛盾。同理,自由流速度和堵塞密度值的最小二乘法标定结果往往也会和基本图散点中对应的最大值存在差异。

因此,在进行平衡态模型标定时,需兼顾最小二乘法的标定结果和基本图散点中关键参数值的物理意义。这些关键参数值包括通行能力q_m、自由流速度v_f和堵塞密度k_j,往往可根据实际情况直接从基本图的散点中判别出结果。

3.3.2　模型优劣的评价标准

交通流建模是交通流研究中常用的一种手段,其目的是用平衡态模型等宏微观交通流模型来描述实际运行的交通流。比如,使用平衡态模型来描述基本图散点所反映的观测断面的交通流运行状况。因此,平衡态模型等交通流模型的优劣对于模型参数的标定以及模型描述结果的准确性至关重要。一般而言,对于任何一个交通流模型,可以从交通流模型的准确性和复杂性两个层面来进行评价。

1)交通流模型的准确性

针对交通流这一研究对象,提出一个模型来描述该对象的行为规律,那么该交通流模型的输出结果要符合实际的交通流运行规律,而实际交通流运行规律往往以观测到的交通流数据为依据。因此,需将交通流模型的输出与实际交通流数据进行比较,以确定最符合实际交通流数据特征的模型参数,这一过程即交通流模型的参数标定。标定后的交通流模型在与实际交通流数据进行验证后,则认为该模型具有了准确性,可用于指导人们对交通流进行分析、优化和控制,从而有效地评价交通流的运行质量。因此,在相同的条件下,与实际交通流数据的误差越小、准确性越高的模型就越好。

2)交通流模型的复杂性

一般而言,在模型的数学表达式中,交通流模型的复杂性体现为两个方面:一方面,交通流

模型的数学表达式越复杂,则模型越复杂。比如,间断型平衡态模型使用多段式函数,就要比连续型平衡态模型复杂,且带来不可导间断点的问题。另一方面,交通流模型的参数越多、参数物理意义越不明确,则模型越复杂。较多的模型参数将增大参数标定工作的难度,同时模型参数的物理意义不明确,则会降低模型的可解释性。因此,在相同条件下,交通流模型结构越简单、模型参数物理意义越明确,说明模型越好。

然而,上述两条评价标准在实际应用中往往是相互制约的。为了更准确地描述复杂的交通流现象,就需要提出相对复杂的交通流模型,简单的模型结构往往无法满足准确性的要求。但是,复杂的交通流模型在模型参数标定等方面计算量较大,降低了其在交通流分析领域中的便捷性与实用性。因此,在构建与选择交通流模型时,应当以实际问题为导向,在满足准确性要求的条件下,尽可能构建与选择模型结构简单、参数物理意义明确的模型。从模型结构及参数物理意义层面,对本章所介绍的交通流平衡态模型进行比较,见表3-5。

交通流平衡态模型的复杂性评价 表3-5

模 型 名 称	具有物理意义的参数	不具有物理意义的参数
Greenshield 平衡态模型	$v_f 、 k_j$	—
Greenberg 平衡态模型	$v_m 、 k_j$	—
Underwood 平衡态模型	$v_f 、 k_m$	—
Drake 平衡态模型	$v_f 、 k_m$	—
S3 平衡态模型	$v_f 、 k_m$	m
Drew 平衡态模型	$v_f 、 k_j$	δ
Pipes-Munjal 平衡态模型	$v_f 、 k_j$	δ
Greenberg 修正模型	$v_m 、 k_j 、 k_m$	—
三角形平衡态模型	$v_f 、 k_j 、 k_m 、 w$	—
Edie 平衡态模型	$v_f 、 k_j 、 v_m 、 k_m$	k_c

3.3.3 交通流状态的反映

在交通流基本图的平衡态模型中,流量、密度和速度都可以用来反映交通流状态,但它们对交通流状态的反映效果是不一样的。下面以图3-3中Greenshields平衡态模型为例进行分析。

首先,就交通流流量而言,在流量-密度曲线中,除通行能力以外,任意一个流量值均对应两个密度值,记为k_1和$k_2(k_1<k_2)$。这样,在对道路断面进行观测时,观测到相同流量的情况下,交通流的实际运行存在两种状态,即低密度k_1的畅通状态和高密度k_2的拥堵状态。因此,仅依据流量难以准确地反映真实的交通流状态。

其次,就交通流速度而言,在速度-密度和速度-流量曲线中,可以看出,任意一个速度值均对应一个密度值和流量值,能够确定流量-密度-速度的一一对应关系。然而,进一步分析速度-流量曲线,可以发现,在曲线上半部分,速度随着流量的增加而下降的趋势并不显著,只有当流量增大到一定程度时,才能明显分辨出速度的下降。因此,虽然速度能够唯一确定与之相应的密度和流量,但是用速度来反映交通流状态存在辨识度不高的缺点。

最后,就交通流密度而言,从速度-密度和流量-密度曲线中均可以看出,任意一个密度值均可确定唯一的速度值和流量值。同时,相比于速度而言,采用密度来反映交通流状态具有较好的辨识度。因此,实际中常选用密度来反映交通流状态,并进行交通流分析。

3.3.4 模型应用场景

基本图作为交通流的核心特性,在交通流分析中应用广泛,基本图平衡态模型有4个,即速度-密度模型、速度-流量模型、流量-密度模型和车速-车头间距模型,它们的应用场景不同,下面给予简单介绍。

1) 速度-密度模型的应用场景

速度-密度模型能够起到微观交通流与宏观交通流的桥梁作用。基本图平衡态模型是微观车辆跟驰行为在宏观层面的集聚体现,是评价微观跟驰模型特性的有效手段,因此,可以通过速度-密度模型进行微观跟驰模型与宏观平衡态模型之间的转换。需要说明的是,跟驰模型及其与平衡态模型的关系内容将在第5章微观跟驰模型中详细介绍。

2) 速度-流量模型的应用场景

通行能力分析是交通流分析的重要内容,而通行能力分析往往与道路服务水平紧密相关,根据交通流运行状态将道路服务水平划分为若干等级,实现对通行能力分析的评价。在这一过程中,速度-流量模型将起到重要作用,即依据速度-流量曲线的上半部分进行道路服务水平的划分。

3) 流量-密度模型的应用场景

流量-密度模型在交通流分析中的应用最为广泛。在交通流动态特性分析方面,在流量-密度模型中,流量对密度的导数能够较好地反映交通波的速度特性,因而可使用流量-密度模型构建宏观交通流模型,通过密度对交通流时空动态进行分析,这部分内容将在第4章宏观交通流模型中详细介绍。此外,还可根据流量-密度曲线中通行能力状态对匝道等瓶颈区域的交通流进行控制,即对匝道流量进行准入控制,并将控制结果以匝道信号配时来体现。

4) 车速-车头间距模型的应用场景

相比于前面三个平衡态模型,车速-车头间距模型属于微观层面,其本质含义是车辆根据车头间距来调节自身的行驶速度,以确保车速-车头间距关系所隐含的安全性。因此,车速-车头间距模型可应用于根据车头间距调整车速的场景,如在网联自动驾驶领域,网联自动驾驶车辆在一些场景中需要根据前方障碍物的距离来调整速度以规避碰撞,此时车速-车头间距模型可为网联自动驾驶技术的开发提供参考。

3.4 平衡态模型的随机描述

与传统基本图的观点不同,随机型基本图认为交通流的速度并非密度的确定性函数。在同一交通流密度下,交通流的速度可以在一定范围内随机分布,即速度不再是一个固定值,而是在一定范围内变化并形成一定的分布。因此,在随机型基本图的平衡态模型中,使用数学分布代替确定性函数表达式。以速度-密度关系为例,在传统基本图平衡态模型中,速度表达为密度的函数,即 $v=V(k)$,而在随机型基本图平衡态模型中,速度服从含有方差和均值的数学分布,并且方差和均值随密度变化而改变,则 $v=f(V(k),\omega(k))$,其中 ω 为与密度 k 相关的概率分布参数,如图3-7所示。

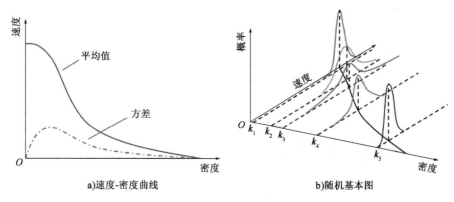

图 3-7 速度-密度关系的随机特征(摘自文献[8])

思考题与习题

1. 在对一条公路某断面的交通流进行观测之后,得到如下的流量-密度平衡态模型:$q = 60k - 0.5k^2$。试计算该平衡态模型的最佳速度、最佳密度和通行能力。

2. 根据 Underwood 平衡态模型推导出它的通行能力 q_m,并计算相应的最佳密度 k_m。

3. 假设道路的自由流速度是 120km/h,通行能力为 2100veh/h。在一段观测时间内,空间平均速度为 70km/h。根据 Underwood 平衡态模型,计算这段观测时间内的流量。

4. 已知:速度-密度平衡态模型为 $v = v_f[1 - (k/k_j)^{1.5}]$,通行能力为 2500veh/h,堵塞密度为 143veh/km。试计算对应的自由流速度和最佳速度。

5. 已知:速度-密度平衡态模型为 $v = \min\{88.5, (172 - 3.72k + 0.0346k^2 - 0.00119k^3)\}$,速度单位是 km/h,密度单位是 veh/km。

(1) 画出上述速度-密度关系的曲线。

(2) 找出速度-密度关系曲线中的自由流速度。

(3) 找出这个模型的密度取值范围以及堵塞密度 k_j。

(4) 确定通行能力 q_m、最佳速度 v_m 和最佳密度 k_m。

第4章
宏观交通流模型

在宏观层面,交通流被视为由大量车辆构成的可压缩连续流体。宏观交通流模型是在基本图平衡态模型的基础之上,对交通流状态的动态变化进行建模。首个交通流宏观动力学模型为著名的 LWR(Lighthill-Whitham-Richards)模型,是由 Lighthill、Whitham 和 Richards 三位学者提出,因此,称之为 LWR 模型。LWR 模型与随后发展的高阶宏观模型共同构成宏观交通流的模型体系。本章将对宏观交通流模型进行介绍。

4.1 LWR 模型的构建

在前面章节中,已经建立了两种交通流特征之间的关系:第一种是交通流的恒等式,即

$$q = kv \tag{4-1}$$

式中:q——流量;

k——密度;

v——空间平均速度。

对于交通流恒等式而言,将流量、密度和速度看作是时间和空间的函数,则:

$$q(t,x) = k(t,x)v(t,x) \tag{4-2}$$

式中:t——时间;

x——空间。

第二种交通流特征之间的关系为基本图的平衡态模型,即

$$\begin{cases} v(t,x) = V(k(t,x)) \\ q(t,x) = Q(k(t,x)) \\ v(t,x) = U(q(t,x)) \end{cases} \quad (4\text{-}3)$$

式中:V、Q、U——平衡态模型中速度-密度、流量-密度和速度-流量的函数式。

根据第 3 章交通流基本图的内容,平衡态模型使用函数曲线拟合具有统计意义特性的基本图,能够用于描述交通流的某一状态。然而,在实际交通工程应用中,往往需要分析交通流状态在时间和空间上的动态变化,为了解决这一问题,需要进一步构建交通流动态模型。

通过建立交通流动态方程来构建交通流的动态模型。假设一段道路有两个观测地点 x_1 和 x_2,道路路段车流进出示意图如图 4-1 所示。用 $\Delta x = x_2 - x_1$ 来表示该路段的长度,假设 t_1 时刻该路段上有 N_1 辆车,t_2 时刻该路段上的车辆数为 N_2,并且在 t_1 和 t_2 时刻该路段上的密度分别为 k_1 和 k_2。同时,在 $\Delta t = t_2 - t_1$ 时间段内,驶入该路段的流量为 q_1、驶出该路段的流量为 q_2。

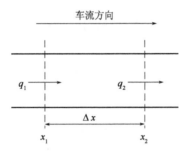

图 4-1 道路路段车流进出示意图

根据车辆守恒定律可知,t_2 时刻的车辆数等于 t_1 时刻的车辆数与 Δt 时段内驶入的车辆数之和,再减去 Δt 时段内驶出的车辆数,即

$$N_2 = N_1 + q_1 \Delta t - q_2 \Delta t \quad (4\text{-}4)$$

根据密度的定义,有 $N_1 = k_1 \Delta x$ 和 $N_2 = k_2 \Delta x$,因此公式(4-4)可改写为

$$k_2 \Delta x - k_1 \Delta x = q_1 \Delta t - q_2 \Delta t \quad (4\text{-}5)$$

公式(4-5)两边同时除以 $\Delta x \Delta t$,化简得到:

$$\frac{\Delta q}{\Delta x} + \frac{\Delta k}{\Delta t} = 0 \quad (4\text{-}6)$$

令 $\Delta x \to 0$ 且 $\Delta t \to 0$,上述差分方程就变成了一个偏微分方程:

$$\frac{\partial q}{\partial x} + \frac{\partial k}{\partial t} = 0 \quad (4\text{-}7)$$

公式(4-7)为交通流守恒方程,是物质守恒定律在交通流中的车辆守恒体现。鉴于交通流在宏观层面往往表现出流体特性,因此,该方程又称为连续性方程。

交通流状态的时空动态变化依赖于交通流的初始条件和边界条件,交通流初始条件是指在时间 $t=0$ 时,道路各空间处的交通流状态,即 $q(0,x)$、$k(0,x)$ 和 $v(0,x)$。交通流边界条件是指在空间 $x=0$ 处,道路各时间的交通流状态,即 $q(t,0)$、$k(t,0)$ 和 $v(t,0)$。交通流状态随时空的动态变化是指在已知交通流初始条件和边界条件的情况下,求解交通流在任意时间与空间处的交通流状态,即 $q(t,x)$、$k(t,x)$ 和 $v(t,x)$。显然,在交通流状态的时空动态分析中,

时间和空间是自变量,交通流的时空状态是因变量,因此,联立公式(4-2)、公式(4-3)和公式(4-7)方可求解交通流的三个时空状态量,即

$$\begin{cases} q_x + k_t = 0 \\ q = kv \\ v = V(k) \end{cases} \tag{4-8}$$

式中:$q_x = \dfrac{\partial q(t,x)}{\partial x}$,$k_t = \dfrac{\partial k(t,x)}{\partial t}$。

公式(4-8)就是著名的 LWR 模型。

4.2 LWR 模型的求解

4.2.1 求解特征线

在 LWR 模型中,将 $v = V(k)$ 代入交通流恒等式 $q = kv$,得到流量-密度平衡态模型 $q = Q(k)$,可计算得到:

$$\frac{\partial q(t,x)}{\partial x} = \frac{\mathrm{d}q(t,x)}{\mathrm{d}k} \times \frac{\partial k(t,x)}{\partial x} = \frac{\mathrm{d}Q(k)}{\mathrm{d}k} k_x = Q'(k) k_x \tag{4-9}$$

式中:$k_x = \dfrac{\partial k(t,x)}{\partial x}$。

将公式(4-9)代入连续性守恒方程 $q_x + k_t = 0$,则 LWR 模型转化为

$$k_t + Q'(k) k_x = 0 \tag{4-10}$$

式中:$Q'(k)$——在流量-密度平衡态模型的曲线上,流量对密度的切线斜率,即该密度处交通波的波速,km/h。

根据偏微分方程的性质,公式(4-10)是一阶齐次线性偏微分方程,是关于交通流密度的一维波动方程,波动方程中的行波具有在特征线上波振幅不变的性质。这一性质在交通流中即为交通流密度在特征线上不随时间发生变化:

$$\frac{\mathrm{d}k(t,x(t))}{\mathrm{d}t} = 0 \tag{4-11}$$

式中:$x(t)$——交通流密度波在道路车流中传播的时空特征线函数。

根据公式(4-11)推导特征线方程:

$$\frac{\mathrm{d}k(t,x(t))}{\mathrm{d}t} = \frac{\partial k(t,x)}{\partial t} + \frac{\partial k(t,x)}{\partial x} \times \frac{\mathrm{d}x(t)}{\mathrm{d}t} = 0 \tag{4-12}$$

对比公式(4-12)和公式(4-10),若交通流密度不随时间变化,即公式(4-12)成立,则需满足以下条件:

$$\frac{\mathrm{d}x(t)}{\mathrm{d}t} = Q'(k) \tag{4-13}$$

因此,交通流密度波的特征线方程为

$$x = Q'(k)t + C_0 \tag{4-14}$$

式中:C_0——积分常数。

根据特征线的性质,时空曲线 $x=x(t)$ 是一条斜率为 $Q'(k)$ 的直线,由于交通流密度在特征线上不随时间发生变化,因此,在该直线上交通流的密度等于初始条件处的密度值,即直线 $x=x(t)$ 与空间 x 轴交点 x_0 处的密度 $k(0,x_0)$。如果已知道路交通流时空状态下的初始条件 $k(0,x_0)$,则从该初始条件出发,斜率为 $Q'(k)$ 的直线上的交通流密度均可求解得到。

4.2.2 求解冲击波

在上述分析中,时空点 x_0 出发的特征线是一条直线,直线的斜率为初始密度 $k(0,x_0)$ 在流量-密度平衡态模型曲线的切线斜率。在道路交通流中,初始时刻,不同道路空间地点的密度值存在不相同的情况,在这种情况下,各道路空间点的特征线分别传播各自初始密度值,即交通流密度波的传播,传播速度为特征线的斜率,称为交通流密度波的波速。波速值分别为各空间点的初始密度在基本图流量-密度平衡态模型曲线处的斜率。交通流密度波的波速如图 4-2 所示。图 4-2 给出了道路空间 A 点和 B 点的交通流状态,A 点的流量、密度和速度分别为 q_A、k_A 和 v_A,B 点的流量、密度和速度分别为 q_B、k_B 和 v_B,并且 A 点和 B 点的交通流密度波的波速分别为 w_A 和 w_B,分别传播各自的交通流密度 k_A 和 k_B。可以发现,波速 w_A 和 w_B 并不相等,使得 A 点和 B 点的密度波特征线在时空中存在相交的可能。交通流密度波的特征线如图 4-3 所示。

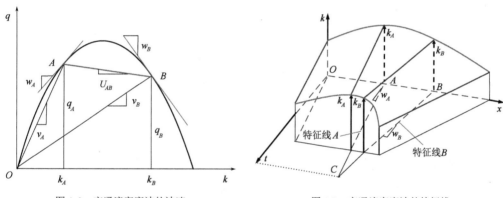

图 4-2 交通流密度波的波速　　　图 4-3 交通流密度波的特征线

从图 4-3 中可以看出,A 点的密度 k_A 在其斜率为 w_A 的特征线上处处相等,同样地,B 点的密度 k_B 在其斜率为 w_B 的特征线上处处相等,即特征线 A 和特征线 B 携带着各自的密度值在时空中传播。当特征线 A 和特征线 B 在 C 点相交时,即产生交通流冲击波(用 U_{AB} 表示),如图 4-4 所示。

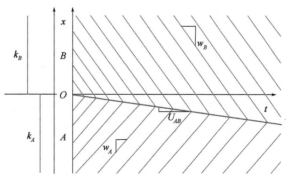

图 4-4 交通流冲击波示意图

在图4-4中，低密度 A 点的交通波以波速 w_A 正向传播，而高密度 B 点的交通波以波速 w_B 反向传播，当二者的特征线相遇时，交通流密度并不会融合。从高空观测时，不同密度的交通流之间存在泾渭分明的界面，该界面两侧的交通流保持各自的密度状态，并且该界面本身随交通流在时空中运动，该界面的运动轨迹称为交通流的冲击波路径。

在图4-4中，两组特征线之间的交点有无数个，连接这些交点将得到多条曲线，这些曲线理论上都可以是交通流冲击波形成的路径。但是，在实际交通工程应用中，交通流的冲击波路径是唯一的，即所有特征线交叉形成的路径中只有一条是有效的冲击波路径。根据Rankine-Hugonoit跃变条件可以证明得到有效冲击波路径的运动速度，即冲击波的波速为

$$U_{AB} = \frac{q_B(t,x) - q_A(t,x)}{k_B(t,x) - k_A(t,x)} \tag{4-15}$$

式中：U_{AB}——交通流状态 A 和状态 B 相遇时的冲击波波速，km/h。

可以发现，交通流状态 A 和 B 的冲击波波速在图4-2中为连接 A 点和 B 点的弦的斜率。因此，在基本图的流量-密度曲线中，根据不同交通流状态之间弦的斜率即可确定交通流冲击波的路径。

【例题4-1】
根据以下LWR模型，画出冲击波路径的示意图。

$$\begin{cases} q_x + k_t = 0 \\ q = \frac{1}{3}k^2 \\ k(0,x) = \begin{cases} 2 & (x \leq 0) \\ 0 & (x > 0) \end{cases} \\ -\infty < x < \infty \\ t > 0 \end{cases}$$

解：

根据题目条件可知，以道路原点 $x = 0$km 为参考点，在道路参考点的前方下游交通流初始密度为 $k_1 = 0$veh/km；根据流量 q 与 k 的平衡态模型函数式，计算 $q_1 = 0$veh/h，即参考点下游为自由流状态，该交通流状态的特征线斜率计算为

$$Q'(k)|_{k=k(0,x>0)} = \frac{\mathrm{d}\left(\frac{1}{3}k^2\right)}{\mathrm{d}k} = \frac{2k}{3} = \frac{0}{3} = 0$$

同理，道路参考点后方上游的交通流初始密度为 $k_2 = 2$veh/km，计算得到 $q_2 = 4/3$veh/h，对应的交通流速度 $v_2 = 2/3$km/h，即参考点下游交通流状态为以一定速度运行的交通流，该状态的特征线斜率计算为

$$Q'(k)|_{k=k(0,x\leq 0)} = \frac{\mathrm{d}\left(\frac{1}{3}k^2\right)}{\mathrm{d}k} = \frac{2k}{3} = \frac{4}{3}$$

随着时间的推移，上游交通流将进入下游自由流状态，即两种交通流相遇，形成交通流冲击波与冲击波路径。根据公式(4-15)计算冲击波路径的斜率 U 为

$$U = \frac{q_2 - q_1}{k_2 - k_1} = \frac{4/3 - 0}{2 - 0} = \frac{2}{3}(\text{km/h})$$

根据上述计算结果，画出冲击波路径，如图4-5所示。

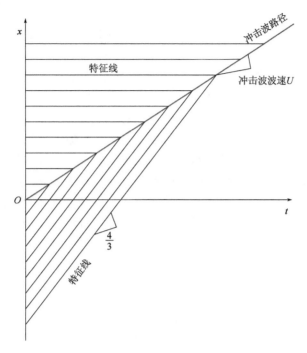

图 4-5　例题 4-1 解答示意图

在上述例题中,由于道路下游是自由流状态,即道路空间内没有车辆运行,因此,计算得到的冲击波波速与上游交通流状态的速度相同,即上游交通流车队头车的运动轨迹为冲击波的路径,这是一种特殊情形。一般情况下,行驶速度快的车队追赶上行驶速度慢的车队时,快车队头车的行驶轨迹要越过两车队冲击波路径并继续向前方下游移动。

4.3　LWR 模型的应用

4.3.1　基于 Greenshields 平衡态模型的 LWR 模型

LWR 模型需要根据基本图的平衡态模型计算交通流密度波以及冲击波的速度,根据第 3 章交通流基本图的内容,最早的基本图平衡态模型为 Greenshields 平衡态模型,因此,将 Greenshields 平衡态模型融入 LWR 模型,进行相关的应用分析。

根据 Greenshields 流量-密度平衡态模型[公式(3-3)],可得:

$$Q'(k) = v_f - 2\frac{v_f}{k_j}k \tag{4-16}$$

式中：v_f——自由流速度,km/h;

k_j——堵塞密度,veh/km。

为了讨论的方便,在公式(4-16)中,设定 $v_f = 120$km/h, $k_j = 143$veh/km。则融入上述 Greenshields 平衡态模型的 LWR 模型为

$$k_t + (120 - 1.68k)k_x = 0 \tag{4-17}$$

同时,考虑如下的初始条件:

$$k(0,x)=\begin{cases}10 & (x\leq 2)\\ 30 & (x>2)\end{cases} \quad (4\text{-}18)$$

根据公式(4-18)中的初始条件可知,距离原点2km的地点为参考地点,在参考地点的前方下游路段,交通流的密度 $k_1 = 30\text{veh/km}$,代入公式(3-3)中,计算得到对应的交通流流量 $q_1 = 2845\text{veh/h}$,则交通流的速度 $v_1 = 94.8\text{km/h}$,并根据公式(4-16)计算下游交通流密度波的速度 $w_1 = 69.6\text{km/h}$。同理,在参考点的后方上游路段,交通流的密度 $k_2 = 10\text{veh/km}$,计算得到相应的流量 $q_2 = 1116\text{veh/h}$、速度 $v_2 = 111.6\text{km/h}$、波速 $w_2 = 103.2\text{km/h}$。因此,下游交通流的密度由速度为 $w_1 = 69.6\text{km/h}$ 的交通波传播,上游交通流的密度由速度为 $w_2 = 103.2\text{km/h}$ 的交通波传播。在此过程中,上游交通波速度快于下游交通波速度,随着时间的推移,上游交通波将追赶上下游交通波,形成交通流的冲击波以及冲击波路径,如图4-6所示。

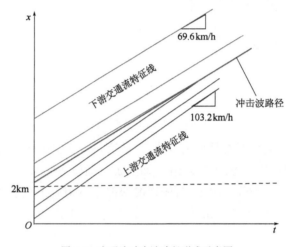

图4-6 交通流冲击波路径形成示意图

若是将公式(4-18)中的初始条件反置,即参考地点2km的前方下游的交通流密度为10veh/km,而参考地点后方上游的交通流密度为30veh/km。在这种情况下,下游交通流的速度快于上游交通流的速度,同时下游交通流特征线的波速大于上游交通流特征线的波速,两股车流的特征线渐行渐远,特征线之间存在空白区域。在实际交通流中,这些空白区域是下游交通流快速移动后而上游交通流行驶缓慢尚未到达所形成的,即空白区域中实际上没有车辆,对于交通流分析而言,可不必探究。

4.3.2 通用性的LWR模型

含有一般意义上流量-密度平衡态模型函数式的LWR模型称为通用性LWR模型,它不受具体流量-密度函数式的限制,具有通用性的分析特性。通用性LWR模型的表达式可写为

$$\begin{cases}q_x + k_t = 0\\ q = Q(k)\end{cases} \quad (4\text{-}19)$$

对于通用性LWR模型而言,通用性体现在基本图的流量-密度曲线具有一般意义,而不受具体函数式的约束。因此,以图4-2中的基本图流量-密度曲线为例进行介绍,此时通用性LWR模型的初始条件可以表达为

$$k(0,x) = \begin{cases} A & (x \leqslant 0) \\ B & (x > 0) \end{cases} \qquad (4\text{-}20)$$

上述表明,在以原点为参考点的道路空间中,上游交通流状态为 A 点状态,下游交通流状态为 B 点状态。由前文可知,上游 A 点状态为非拥堵区域,下游 B 点状态为拥堵区域,即上游 A 点状态的交通流速度大于下游 B 点状态的交通流速度,并且上游 A 点状态的交通波为正向交通波,将沿着车流运行的方向传播,而下游 B 点状态的交通波为反向交通波,其传播方向与车流运行方向相反。因此,上游 A 点状态的正向交通波将与下游 B 点状态的反向交通波相遇,形成冲击波,相遇之时表示上游交通流车队的头车与下游交通流车队的尾车相遇,上游车队头车被迫减速以适应下游车队尾车的速度,随后上游车队的头车加入下游车队尾车的运动状态,即在冲击波的影响下由快车变为慢车,并以慢车的速度继续行驶,该上游车队的头车行驶轨迹如图 4-7 中的虚线所示。在此之后,不断有上游交通流车队的新头车加入下游交通流车队的新尾车,即上游交通流车队的队头在不断消散,而下游交通流车队的队尾在不断增加,形成冲击波路径,而且冲击波速度 U_{AB} 为负值,使得冲击波路径随时间往交通流上游蔓延,如图 4-7 中斜率为 U_{AB} 的右下斜线所示。此外,在图 4-7 中,两组平行的直线分别为上游交通流和下游交通流的特征线,二者特征线的斜率分别为正向交通波波速和反向交通波波速。

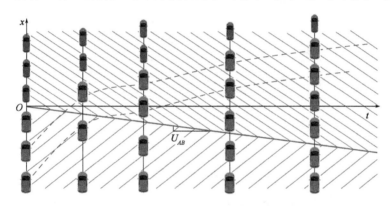

图 4-7 交通流冲击波路径传播示意图

【例题 4-2】

假设一条高速公路的通行能力为 2200veh/h,初始交通流运行状态为 A 状态,见表 4-1。在 15:00 有一辆以 13.3km/h 速度行驶的货车驶入高速公路,该缓慢行驶的货车将在前方 6.67km 处驶出这条高速公路。试计算这辆货车对其上游交通流状态的影响时间。

例题 4-2 中的交通流状态　　　　　　表 4-1

交通流状态	状态描述	q(veh/h)	k(veh/km)	v(km/h)
A	初始状态	700	10	70
B	货车状态	1600	120	13.3
C	通行能力	2200	60	36.7
O	自由流状态	0	0	120

解:

由已知条件作图解如图 4-8 所示,图中,ae 为货车驶离高速公路需要的时间,在这一过程中,货车上游交通流逐渐变为货车的行驶状态,紧跟其后形成排队,即状态 B。当货车驶出高速公路时,状态 B 的下游是真空路段(状态 C),而状态 B 的上游为到达车辆(状态 A),因此,在货车驶出高速公路后,状态 B 的交通流同时存在两个动态变化过程:状态 B 逐渐加速至状态 C 进行消散、状态 A 继续追赶上状态 B 进行排队,并且状态 B 前方消散的速度快于后方排队的速度。这两个动态变化过程持续时间为图中的 ef,f 时刻以后,状态 B 消失,高速公路恢复初始 A 状态,即货车影响结束。因此,可通过以下步骤求得货车的影响时间 af。

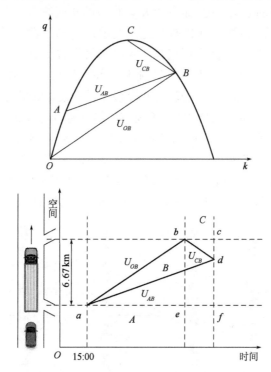

图 4-8 例题 4-2 中移动瓶颈问题的图解

$$U_{OB} = \frac{q_B - q_O}{k_B - k_O} = \frac{1600 - 0}{120 - 0} = 13.30 (\text{km/h})$$

$$U_{AB} = \frac{q_B - q_A}{k_B - k_A} = \frac{1600 - 700}{120 - 10} = 8.18 (\text{km/h})$$

$$U_{CB} = \frac{q_B - q_C}{k_B - k_C} = \frac{1600 - 2200}{120 - 60} = -10.00 (\text{km/h})$$

$$\frac{be}{ae} = U_{OB} \rightarrow ae = \frac{be}{U_{OB}} = \frac{6.67}{13.3} = 0.5 (\text{h})$$

$$\frac{cd}{bc} = U_{CB} \rightarrow cd = U_{CB} \times bc = 10bc$$

$$\frac{df}{af} = U_{AB} \rightarrow df = U_{AB} \times af = 8.18af$$

$$\begin{cases} 10bc + 8.18af = 6.67 \\ af - bc = 0.5 \end{cases}$$

$$af = 0.64\text{h}$$

因此,这辆货车的影响时间 af 为 0.64h。

【例题 4-3】

假设某一高速公路发生事故,需完全关闭高速公路进行事故现场的清理工作,事故清理需要 20min,事故清理完毕后,再次开放高速公路并保持正常运行。高速公路上游交通需求为 A 状态,见表 4-2。试计算事故造成的最大排队长度。

例题 4-3 中的交通流状态　　　　　　表 4-2

交通流状态	状态描述	$q(\text{veh/h})$	$k(\text{veh/km})$	$v(\text{km/h})$
A	上游到达	1400	20	70
B	通行能力	1800	45	40
C	排队	0	150	0

解:

由已知条件作图解如图 4-9 所示,在高速公路关闭的 20min 内,上游状态 A 的交通流在事故地点前形成排队,事故清理结束后,排队状态 C 的前方为真空路段(状态 B),因此,排队车辆将加速驶离事故地点,即状态 C 向状态 B 的消散过程。与此同时,上游到达车辆继续在未消散完的车队尾车处进行排队,即状态 A 向状态 C 的排队过程。两个过程呈现动态的变化,当状态 C 的排队消散完毕后,交通流恢复至事故前的状态 A。因此,整个过程的排队长度为图中的 x,可通过以下步骤求得。

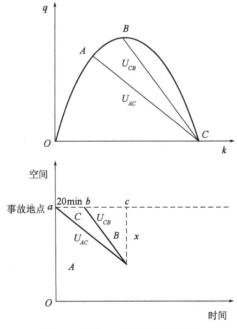

图 4-9　例题 4-3 中排队问题的图解

$$U_{AC} = \frac{q_C - q_A}{k_C - k_A} = \frac{0 - 1400}{150 - 20} = -10.77(\text{km/h})$$

$$ac = \frac{x}{|U_{AC}|} = \frac{x}{10.77}$$

$$U_{CB} = \frac{q_B - q_C}{k_B - k_C} = \frac{1800 - 0}{45 - 150} = -17.14(\text{km/h})$$

$$bc = \frac{x}{|U_{CB}|} = \frac{x}{17.14}$$

$20\min = 0.33\text{h} = ac - bc$

$x = 9.56\text{km}$

因此,事故造成的排队长度 x 为 9.56km。

4.4 高阶连续模型

LWR 模型认为交通流速度与密度的关系符合基本图的平衡态关系,即交通流速度始终为平衡态速度,难以描述诸多非平衡态交通现象。为了解决这一问题,学者提出高阶模型,鉴于连续性方程的特征,高阶模型常被称为高阶连续模型。

1971 年,Payne 提出了第一个高阶模型,该模型应用关于速度的动力学方程取代基本图的速度-密度平衡态关系,使得速度能够偏离平衡态,Payne 模型的速度动力学方程如下:

$$\frac{\partial v}{\partial t} + v\frac{\partial v}{\partial x} = \frac{V_e(k) - v}{\tau} + \frac{V'_e(k)}{2k\tau}\frac{\partial k}{\partial x} \tag{4-21}$$

式中:$V_e(k)$——平衡态速度,km/h;

τ——车辆速度调整的延迟时间,又称为松弛时间,s。

Payne 模型速度动力学方程左边为加速度项,即 $\frac{\mathrm{d}v}{\mathrm{d}t} = \frac{\partial v}{\partial t} + v\frac{\partial v}{\partial x}$;方程右边第一项为期望项,用来描述驾驶员对下游交通情况的反应,下游交通流密度大则减速,下游交通流密度小则加速;方程右边第二项为松弛项,表示驾驶员调节车辆速度以适应平衡态速度。

Papageorgiou 在 Payne 模型动力学方程中添加一项 $\frac{-\delta vs}{k}$,使得模型能够考虑出入匝道车辆对动力学方程的影响,Papageorgiou 模型的动力学方程为

$$\frac{\partial v}{\partial t} + v\frac{\partial v}{\partial x} = \frac{V_e(k) - v}{\tau} + \frac{V'_e(k)}{2k\tau}\frac{\partial k}{\partial x} - \frac{\delta vs}{k} \tag{4-22}$$

式中:s——通过出入匝道进入或离开路段的流量;

δ——可调参数。

Kühne 在 Payne 模型动力学方程中引入了黏性项 $\mu\frac{\partial^2 v}{\partial x^2}$,并用 $-c_0^2$ 代替 Payne 模型中的 $\frac{V'_e(k)}{2k\tau}$,其动力学方程为

$$\frac{\partial v}{\partial t} + v\frac{\partial v}{\partial x} = \frac{V_e(k) - v}{\tau} - c_0^2\frac{\partial k}{\partial x} + \mu\frac{\partial^2 v}{\partial x^2} \tag{4-23}$$

式中:μ——黏性系数。

Kerner 和 Konhäuser 同样应用黏性项扩展 Payne 模型动力学方程,但又和 Kühne 略有不同,其动力学方程为

$$\frac{\partial v}{\partial t} + v\frac{\partial v}{\partial x} = \frac{V_e(k) - v}{\tau} - \frac{c_0^2}{k}\frac{\partial k}{\partial x} + \frac{\mu}{k}\frac{\partial^2 v}{\partial x^2} \tag{4-24}$$

H. M. Zhang 在基本图的速度-密度平衡态模型中考虑扰动传播的速度,提出非平衡态的高阶连续模型,使得 LWR 模型是所提高阶模型的一个特例,该高阶模型的动力学方程为

$$\frac{\partial v}{\partial t} + v\frac{\partial v}{\partial x} = \frac{V_e(k) - v}{\tau} - k[V'_e(k)]^2 \frac{\partial k}{\partial x} \quad (4-25)$$

国内学者姜锐等从 FVD 跟驰模型出发,通过宏微观交通流模型之间的联系,推导得到了 Jiang-Wu-Zhu 的高阶连续模型,其动力学方程为

$$\frac{\partial v}{\partial t} + v\frac{\partial v}{\partial x} = \frac{V_e(k) - v}{\tau} + c_0 \frac{\partial v}{\partial x} \quad (4-26)$$

4.5 宏观模型比较

4.5.1 模型间的联系

基于车辆守恒定律,通过考虑各种非平衡态特性,得到诸多宏观交通流模型。从一般意义上讲,宏观交通流模型可表达为如下的广义形式:

$$\begin{cases} \frac{\partial k}{\partial t} + \frac{\partial q}{\partial x} = g(t,x) \\ \frac{\partial v}{\partial t} + v\frac{\partial v}{\partial x} = \frac{1}{\tau}[V_e(k) - v] + \frac{1}{k} \cdot \frac{\partial P}{\partial x} \end{cases} \quad (4-27)$$

式中:$g(t,x)$——匝道驶入与驶出流量差,veh/h,对于高速公路基本路段而言,$g(t,x) = 0$;

P——交通流压力参数;

其余符号意义同前。

以上宏观交通流模型可以表述为公式(4-27)的特殊情形,分别以 P、τ 和平衡态速度 V_e 的不同取值来体现,包括如下:

(1) 当 $\tau = 0$ 且 $P = 0$ 时,公式(4-27)转变为 LWR 模型。

(2) 当 $P = -\frac{V_e(k)}{2\tau}$ 且 $V_e(k,v) = V_e(k)$ 时,公式(4-27)转变为 Payne 模型。

(3) 当 $P = kc_0 - \mu\frac{\partial v}{\partial x}$ 时,公式(4-27)转变为 Kerner 和 Konhäuser 模型。

(4) 当 $P = \frac{1}{3}k^3[V'_e(k)]^2$ 时,公式(4-27)转变为 H. M. Zhang 模型。

4.5.2 模型的优缺点

一阶连续 LWR 模型和高阶连续模型之间,各有优点与缺点。Daganzo 指出,LWR 模型的构建依赖于基本图的平衡态模型,因此,LWR 模型适用于交通流密度较大时的平衡态,而不适用于交通流密度较低时的交通流场景。在交通流密度较低时,车辆存在频繁的换道行为,车辆各自的期望速度不再统一,随着时间的推移,交通流车队中的车辆会根据自身的期望速度逐渐散开,使得 LWR 模型难以准确描述该情况下的交通流速度。因此,在允许超车的低交通流密度场景下,LWR 模型存在以下三个缺点:首先,在 LWR 模型中,当车辆越过交通流冲击波时,

车辆的速度会存在突变,这种情形并不符合实际交通流运行中的物理约束;其次,LWR 模型难以预测走走停停交通流状态下的不稳定现象;最后,在 LWR 模型中,本质上假设了驾驶员不存在反应延时,这与实际也不相符合。

学者提出诸多高阶连续模型,以解决 LWR 模型存在的上述缺点,这些高阶连续模型往往将动量守恒方程考虑到模型表达式中。高阶连续模型具有能够描述交通流非平衡态特性的优势,然而,同样存在诸多的缺点。首先,在 Payne 模型中,车辆会根据其后方交通流状态调整自身车速,而在实际交通流运行中,驾驶员往往根据前方交通流状态来调整车速。其次,在 Payne 模型以及其他高阶连续模型的分析中,常常得到交通波的速度大于交通流的运行速度,在该情况下,交通流存在"倒退"现象,即车辆的时空运动受到时空倒退的影响,同时这些高阶连续模型还会预测出负的速度值,不符合物理世界中交通流的运行规律。最后,为了达到描述复杂交通流现象的目的,高阶连续模型往往含有更加复杂的模型表达式,使得模型的应用性受到限制。

考虑到上述的模型优缺点,许多学者认为,虽然高阶连续模型能够描述交通流的非平衡态特性,但是由于模型过于复杂,难以在实际交通工程中应用,使得这些高阶连续模型未必优于 LWR 模型。

思考题与习题

1. 简述一阶连续模型和高阶连续模型的相同点与不同点。

2. 根据实际交通工程应用中高速公路上遇到的冲击波场景,画出该场景中的特征线及冲击波示意图。

3. 如图 4-10 所示,某一高速公路因交通事故造成一条车道被堵塞,因事故的影响,另外一条车道的通行能力降为 1500veh/h。高速公路主路与匝道的上游交通需求分别为 2200veh/h 和 300veh/h,事故地点距离入口匝道 1.5km,并假设事故地点前的交通流排队密度为 143veh/km。试计算交通事故排队蔓延至入口匝道处的时间。

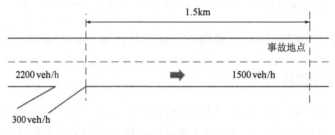

图 4-10 题 3 图

4. 在交通需求稳定的信号交叉口,车流到达路口的流量是 800veh/h,交叉口由两相位信号控制,信号周期为 60s,有效绿灯时间为 30s,交叉口各状态参数见表 4-3。试计算该交叉口的最大排队长度。

题 4 表　　　　　　　　　　　表 4-3

交 通 状 态	状 态 描 述	$q(\text{veh/h})$	$k(\text{veh/km})$	$v(\text{km/h})$
A	上游到达需求	800	25	32
C	绿灯通行能力	1600	80	20
D	红灯排队	0	140	0
O	自由流状态	0	0	40

5. 在例题 4-3 中，若不完全关闭车道，而是边清理交通事故边放行车辆，在事故清理期间，道路通行能力减半。试计算此时的最大排队长度，并与例题 4-3 中的结果进行比较。

第5章
微观跟驰模型

跟驰模型是对单车道车辆跟驰行为的建模描述,与宏观交通流的流体特性不同,跟驰模型属于微观交通流模型,反映的是车辆的个体行为以及车辆之间的相互作用。微观跟驰模型在交通流仿真、通行能力分析以及交通流动态特性分析等方面应用广泛。不同跟驰模型的建模原理不同,本章将对典型跟驰模型进行介绍。

5.1 跟驰行为特性

5.1.1 概述

跟驰行为描述的是在不可超车的单车道上,后方车辆跟随前方车辆过程中的加速与减速行为,体现了驾驶员在跟随前车运动时的跟驰特性。在跟驰行为中影响驾驶员加减速等运动状态的因素包括后车与前车之间的车头间距以及行驶速度等。其中,将车辆 n 的前车记为车辆 $n-1$,跟驰行为中各物理量含义见表5-1,跟驰行为示意图如图5-1 所示。

跟驰行为中各物理量含义 表5-1

物理量	含义	单位
n	车辆编号	—

续上表

物理量	含 义	单 位
$x_n(t)$	车辆 n 在 t 时刻的位置	m
$x_{n-1}(t)$	前车 $n-1$ 在 t 时刻的位置	m
$v_n(t)$	车辆 n 在 t 时刻的速度	m/s
$v_{n-1}(t)$	前车 $n-1$ 在 t 时刻的速度	m/s
$a_n(t)$	车辆 n 在 t 时刻的加速度	m/s²
$a_{n-1}(t)$	前车 $n-1$ 在 t 时刻的加速度	m/s²
$s_n(t)$	在 t 时刻，车辆 n 与前车 $n-1$ 之间的车头间距	m
l_n	车辆 n 的车长	m
l_{n-1}	前车 $n-1$ 的车长	m

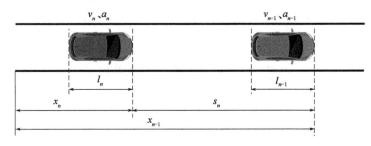

图 5-1　跟驰行为示意图

5.1.2　宏微观分析场景

不同跟驰模型的建模原理和数学表达形式均不同，为了能够对本章所介绍的各类跟驰模型进行统一的对比分析，分别从宏微观层面设置统一的微观分析场景和宏观分析场景。

1) 微观分析场景

跟驰模型属于微观交通流纵向运动模型，对其评价往往需要考察其在各类场景下的跟驰特性，考虑如下的微观分析场景。

针对单车道的跟驰行为场景，前车 $n-1$ 按照设定好的行驶轨迹行驶，车辆 n 遵循各跟驰模型行驶。在车辆 n 的跟驰行为中，设定自由流速度为 33.3m/s，最大加速度为 4m/s²，最大减速度为 -6m/s²。在初始时刻，前车 $n-1$ 距原点 4500m 处静止不动，随后，车辆 n 在跟驰模型的驱动下开始行驶；在 100s 时，距原点 3165m 处有一辆以 25m/s 速度行驶车辆换道驶入，称为车辆 n 的新前车，从此之后，车辆 n 在跟驰模型的驱动下跟随该新前车（仍然记为 $n-1$）行驶。新前车 $n-1$ 在 100~200s 期间，以 25m/s 的速度匀速行驶；在 200s 时，以减速度 -2.5m/s² 减速至停车；在 300s 时，以加速度 3m/s² 从静止状态启动并加速至 36m/s 的匀速行驶状态；在 400s 时，以 -4m/s² 的减速度减速至静止状态，之后不再启动。需注意的是，由于各跟驰模型的动力学特性不同，为了使得 100s 时新前车 $n-1$ 与车辆 n 存在合适的距离，即车辆 n 对于加塞而来的前车存在明显的反应，初始时刻车辆 n 的启动位置将根据各跟驰模型进行适当调整，并在各跟驰模型仿真时加以补充说明。

在上述过程中，包含了如下基本的跟驰场景：

(1) 启动:车辆 n 在跟驰模型的驱动下从静止状态开始启动。

(2) 加速:在启动之后,车辆 n 不断加速。

(3) 自由行驶:距离前车足够远时,车辆 n 加速至自由流速度行驶。

(4) 加塞:由于新前车的加塞,导致车辆 n 的车头间距突然变短,在跟驰模型的驱动下做出必要的反应。

(5) 跟随:车辆 n 跟随前车的运动做出适应性调整。

(6) 停车起步:由于前车 $n-1$ 短暂停车,车辆 n 被迫停车后再起步。

(7) 接近:车辆 n 逐渐接近慢速或静止的前车 $n-1$。

(8) 停止:车辆 n 在前车 $n-1$ 之后停车,并与前车 $n-1$ 之间保持最小安全距离。

2) 宏观分析场景

根据第 3 章交通流基本图的内容,跟驰模型在平衡态描述的车速-车头间距关系式可进一步推导得到流量-密度-速度的平衡态关系式。因此,宏观分析场景是考察跟驰模型与平衡态模型之间的关系,以分析跟驰模型所描述的跟驰行为在宏观集聚层面的特征。

5.2　GM 跟驰模型

5.2.1　GM 跟驰模型的建立

20 世纪 50 年代,通用汽车(General Motors)公司实验室的一批学者提出了 GM 跟驰模型(以下简称 GM 模型)。从 20 世纪 60 年代起,GM 模型在交通流仿真领域得到了广泛的应用。GM 模型认为,驾驶员的跟驰行为是一种对刺激-反应的响应过程,即将前车运行状态的影响描述为外部刺激,将驾驶员的反应能力描述为对外部刺激的敏感系数,将驾驶员的响应描述为后车的跟驰行为,并用车辆的加速度来表示。

1) 第一代模型 GM1

GM1 模型考虑本车与前车的速度差作为外部刺激,模型公式如下:

$$a_n(t+\tau) = \alpha [v_{n-1}(t) - v_n(t)] \tag{5-1}$$

式中:α——驾驶员反应敏感系数,$\alpha > 0$;

τ——驾驶员反应时间,s。

GM1 模型假设后车加速度源于相邻车辆速度差在反应时间后的响应,并且加速度与速度差成正比关系。GM1 模型是最早的 GM 模型,描述了在前车速度大于后车速度时,GM1 模型计算得到的加速度为正值,表明后车会加速行驶,反之,则减速行驶,并且会在前后车速度相同时,采取匀速运行。GM1 模型结构简单,并能反映基本的跟驰行为特征,然而,GM1 模型中没有考虑后车与前车的距离,使得在相同速度差但不同车头间距时,无法输出与实际相符合的跟驰特性。

2) 第二代模型 GM2

考虑到车头间距对于跟驰行为的影响,通过反应敏感系数 α 取值不同,来表征不同车头间距的影响,并提出第二代模型 GM2:

$$a_n(t+\tau) = \binom{\alpha_1}{\alpha_2}[v_{n-1}(t) - v_n(t)] \tag{5-2}$$

式中：α_1、α_2——不同车头间距下的驾驶员反应敏感系数（$\alpha_1 > \alpha_2$），实测数据表明，它们的取值范围在$(0.17, 0.74)$。

在 GM2 模型中，当车头间距较小时，驾驶员对前车运动状态的响应较大，因此，驾驶员反应敏感系数选用较大值 α_1；当车头间距较大时，前车的运动状态对本车的影响较小，则驾驶员反应敏感系数选用较小值 α_2。

3）第三代模型 GM3

GM2 模型对车头间距影响的描述并不完备，需要不断地调整敏感系数以适应不同车头间距的影响，并且 GM2 模型在数学表达式上并不连续。鉴于此，GM3 模型将车头间距作为独立变量，即

$$a_n(t+\tau) = \alpha \frac{v_{n-1}(t) - v_n(t)}{x_{n-1}(t) - x_n(t)} \tag{5-3}$$

GM3 模型解决了车头间距的影响问题，但仍然存在不足。在车头间距和速度差分别一致的两种情形下，高速行驶场景与低速行驶场景的跟驰行为应当有所区别，然而在 GM3 模型中无法体现。

4）第四代模型 GM4

GM4 模型进一步考虑将速度项作为模型中的独立变量，即

$$a_n(t+\tau) = \alpha \frac{v_n(t+\tau)}{x_{n-1}(t) - x_n(t)}[v_{n-1}(t) - v_n(t)] \tag{5-4}$$

5）第五代模型 GM5

GM5 模型将上述 GM 模型进行统一表达，建立一般性的 GM 模型表达式，即

$$a_n(t+\tau) = \alpha \frac{[v_n(t+\tau)]^m}{[x_{n-1}(t) - x_n(t)]^l}[v_{n-1}(t) - v_n(t)] \tag{5-5}$$

式中：m、l——指数系数，$m \geq 0$，$l \geq 0$。

GM5 模型是通用性的 GM 模型，当 $m=0$ 且 $l=1$ 时，GM5 模型变为 GM3 模型；当 $m=1$ 且 $l=1$ 时，GM5 模型变为 GM4 模型。

5.2.2 GM 模型微观特性分析

目前，GM4 模型在交通流仿真中的应用最为广泛，因此，应用 GM4 模型进行微观特性分析。应用 5.1.2 小节的微观分析场景开展 GM4 模型的微观特性分析，在 GM4 模型仿真中，车辆 n 在初始时刻从距原点 750m 处以 33.3m/s 的速度匀速启动。GM4 模型微观特性分析的参数及取值见表 5-2，GM4 模型的微观特性分析结果如图 5-2 所示。

GM4 模型微观特性分析的参数及取值 表 5-2

参　数	取　值
τ	1.0s
α	0.8

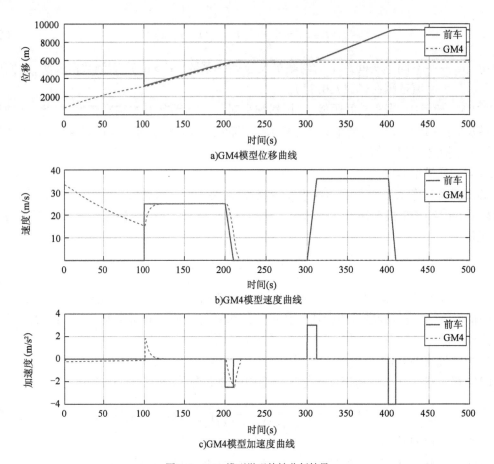

图 5-2　GM4 模型微观特性分析结果

针对 GM4 模型的微观特性分析如下：

(1) 启动：GM4 模型无法使得车辆从静止启动。因此，在微观场景的仿真中对 GM4 模型设定了初始速度，以实现启动，初始速度设定为自由流速度 33.3m/s。

(2) 加速：在实际交通流中，当前车很远并且静止时，车辆会根据自身速度与自由流速度的差异，选择加速行驶或匀速行驶。然而，在 GM4 模型驱动下，车辆会减速，与实际交通流的运行状况不符。

(3) 自由行驶：在 GM4 模型驱动下，车辆的速度趋向于接近前车的速度，因此，当前车静止在前方较远距离时，GM4 模型驱动车辆从初始时刻的自由流速度状态持续减速，无法保持自由流状态行驶。

(4) 加塞：当仿真中出现加塞车辆并成为新的前车时，GM4 模型驱动车辆采取加速行为，然而在实际交通流中，加塞车辆导致车头间距突然变小，驾驶员往往会采取减速行为，因此，使得 GM4 模型对于该过程的仿真结果与实际不符。

(5) 跟随：GM4 模型能够驱动车辆速度趋于前车速度，实现跟随行驶。

(6) 停车起步：在前车减速停车后，GM4 模型能够驱动车辆减速并停车，但在减速过程中存在与前车碰撞的可能，并且，一旦车辆停车，GM4 模型无法驱动车辆跟随前车从静止状态再次启动。

(7) 接近:由于车辆在停车后无法再次启动,GM4 模型无法实现该过程。
(8) 停止:由于车辆在停车后无法再次启动,GM4 模型无法实现该过程。

5.2.3 GM 模型宏观特性分析

将 GM 模型转变为对应的平衡态模型,从而进行 GM 模型的宏观特性分析。针对通用性的 GM5 模型,当 $m=0$ 且 $l=2$ 时,GM5 模型表达式变为

$$a_n(t+\tau) = \alpha \frac{v_{n-1}(t) - v_n(t)}{[x_{n-1}(t) - x_n(t)]^2} \quad (5\text{-}6)$$

在交通流处于平衡态时,公式(5-6)化简为

$$a(t) = \alpha \frac{\dfrac{\mathrm{d}[s(t)]}{\mathrm{d}t}}{[s(t)]^2} \quad (5\text{-}7)$$

针对公式(5-7),等号两边分别对 t 求积分,可得:

$$v(t) = -\alpha \frac{1}{s(t)} + C \quad (5\text{-}8)$$

式中:C——积分常量。

将微观交通流参数转换为宏观交通流参数,并略去时间因子,得到:

$$v = -\alpha k + C \quad (5\text{-}9)$$

式中:v——交通流速度,km/h;

k——交通流密度,veh/km。

根据自由流状态的特性,即 $v = v_f$ 且 $k = 0$,代入公式(5-9),得到 $C = v_f$,则:

$$v = -\alpha k + v_f \quad (5\text{-}10)$$

式中:v_f——自由流速度,km/h。

根据堵塞状态的交通流特性,即 $v = 0$ 且 $k = k_j$,代入公式(5-10),得到 $\alpha = v_f / k_j$,则:

$$v = v_f \left(1 - \frac{k}{k_j}\right) \quad (5\text{-}11)$$

公式(5-11)为 Greenshields 速度-密度平衡态模型[公式(3-1)],因此,建立起 GM 模型与基本图平衡态模型之间的联系,见表 5-3。表中各基本图平衡态模型的表达式见第 3 章表 3-2,其中 δ 为 Drew 模型和 Pipes-Munjal 模型参数中大于 0 的实数。

GM 模型与基本图平衡态模型的联系　　表 5-3

GM 模型中 l 取值	基本图平衡态模型
GM 模型中 $m = 0$	
1	Greenberg 模型
2	Greenshields 模型
$\delta + 1/2$	Drew 模型
$\delta + 1$	Pipes-Munjal 模型
GM 模型中 $m = 1$	
2	Underwood 模型
3	Drake 模型

GM 模型对应的各平衡态模型曲线如第 3 章图 3-4 所示。可以看出,各平衡态模型的曲线走势不尽相同,在速度-密度曲线中,Greenshield 模型为线性曲线,其他模型均为非线性曲线;在速度-流量曲线和流量-密度曲线中,Greenshield 模型的通行能力最大,Underwood 模型的通行能力最小,其他模型的通行能力基本趋于一定的范围;在车速-车头间距曲线中,Greenberg 模型车速随车头间距的增大而急剧加速,其他模型车速随车头间距的增大而加速的趋势较为一致,同时 Underwood 的车速增加相对较慢。

5.3 Gipps 跟驰模型

5.3.1 Gipps 跟驰模型的建立

Gipps 跟驰模型(以下简称 Gipps 模型)是基于安全间距的跟驰模型,其源于驾驶安全准则:后车驾驶员任何时刻必须与前车保持充足的距离,确保前车突然停止时后车能够安全停止,避免与前车碰撞。Gipps 模型是由此推导而来的,其示意图如图 5-3 所示。在 t 时刻,车辆 n 位于 $x_n(t)$,行驶速度为 $v_n(t)$,并且前车 $n-1$ 以 $v_{n-1}(t)$ 的速度行驶至 $x_{n-1}(t)$。此时,前车 $n-1$ 突然以 $b_{n-1}(b_{n-1}<0)$ 的减速度紧急制动,直至停车,而车辆 n 在经历一个反应时间 τ 之后,速度变为 $v_n(t+\tau)$,然后以减速度 $b_n(b_n<0)$ 制动至停止。在这一过程中,要求车辆 n 不与前车 $n-1$ 发生碰撞。

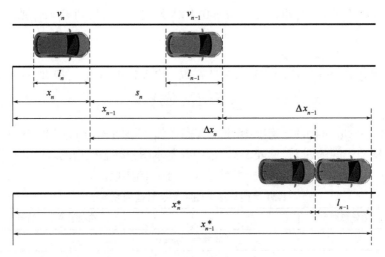

图 5-3 Gipps 模型示意图

当前时刻,前车 $n-1$ 的位置为 $x_{n-1}(t)$,根据运动学定律,前车 $n-1$ 在匀减速制动停车后的位置为

$$x_{n-1}^{*}=x_{n-1}(t)-\frac{v_{n-1}^{2}(t)}{2b_{n-1}} \tag{5-12}$$

在前车 $n-1$ 减速制动过程中,车辆 n 经历了 τ 时间的匀速运动以及从速度 $v_n(t+\tau)$ 开始的匀减速制动运动,因此,车辆 n 停车后的位置为

$$x_n^* = x_n(t) + \frac{v_n(t) + v_n(t+\tau)}{2}\tau - \frac{v_n^2(t+\tau)}{2b_n} \quad (5\text{-}13)$$

Gipps 模型在反应延时 τ 时间之后，附加了缓冲反应时间 θ，目的是进一步确保制动过程的安全性，即

$$x_n^* = x_n(t) + \frac{v_n(t) + v_n(t+\tau)}{2}\tau + v_n(t+\tau)\theta - \frac{v_n^2(t+\tau)}{2b_n} \quad (5\text{-}14)$$

在公式(5-14)中，Gipps 模型定义 $\theta = \tau/2$。为了确保上述制动过程中的安全性，需满足以下条件：

$$x_{n-1}^* - l_{n-1} \geq x_n^* \quad (5\text{-}15)$$

计算得到：

$$-\frac{1}{2b_n}v_n^2(t+\tau) + \tau v_n(t+\tau) + \frac{v_n(t)\tau}{2} + \frac{v_{n-1}^2(t)}{2b_{n-1}} - [x_{n-1}(t) - x_n(t) - l_{n-1}] \leq 0 \quad (5\text{-}16)$$

将公式(5-16)看作关于 $v_n(t+\tau)$ 的二次不等式，在 $v_n(t+\tau) \geq 0$ 的前提下，使用求根公式计算得到：

$$v_n(t+\tau) \leq b_n\tau + \sqrt{b_n^2\tau^2 - b_n\left\{2[x_{n-1}(t) - x_n(t) - l_{n-1}] - v_n(t)\tau - \frac{v_{n-1}^2(t)}{b_{n-1}}\right\}} \quad (5\text{-}17)$$

通常情况下，驾驶员总是采用安全许可的最大速度行驶，因此，对公式(5-17)中取等号，即得到 Gipps 模型表达式。同时，在自由流状态，不存在前车的紧急制动状况，根据对实际数据的分析，Gipps 建议采用如下表达式描述自由流状态的跟驰行为

$$v_n(t+\tau) = v_n(t) + 2.5A\tau\left[1 - \frac{v_n(t)}{v_f}\right]\sqrt{0.025 + \frac{v_n(t)}{v_f}} \quad (5\text{-}18)$$

式中：A——最大加速度，m/s^2；

其余符号意义同前。

综上所述，Gipps 模型表达式如下：

$$v_n(t+\tau) = \min\begin{cases} v_n(t) + 2.5A\tau\left[1 - \frac{v_n(t)}{v_f}\right]\sqrt{0.025 + \frac{v_n(t)}{v_f}} \\ b_n\tau + \sqrt{b_n^2\tau^2 - b_n\left\{2[s_n(t) - l_{n-1}] - v_n(t)\tau - \frac{v_{n-1}^2(t)}{b_{n-1}}\right\}} \end{cases} \quad (5\text{-}19)$$

式中：$s_n(t)$——车头间距，m，$s_n(t) = x_{n-1}(t) - x_n(t)$。

5.3.2 Gipps 模型微观特性分析

根据 5.1.2 小节的微观分析场景开展 Gipps 模型的微观特性分析，在 Gipps 模型的仿真中，车辆 n 在初始时刻从距原点 $-9m$ 处以静止状态开始启动。Gipps 模型微观特性分析参数及取值见表5-4，Gipps 模型微观特性分析结果如图5-4所示。

Gipps 模型微观特性分析参数及取值 表5-4

参　　数	取　　值
τ	1.0s
A	4m/s²

续上表

参　数	取　值
v_f	33.3m/s
b_n	-6m/s^2
b_{n-1}	-6m/s^2
l_{n-1}	5m

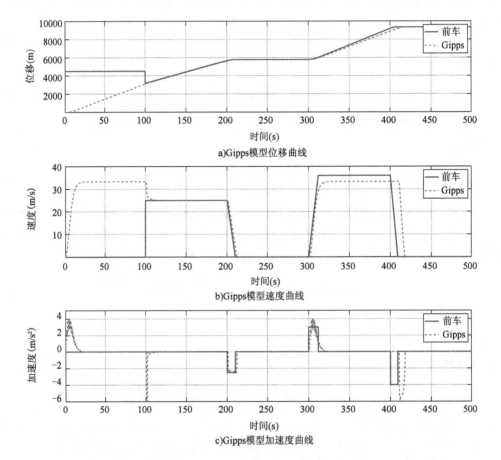

a)Gipps模型位移曲线

b)Gipps模型速度曲线

c)Gipps模型加速度曲线

图 5-4　Gipps 模型微观特性分析结果

针对 Gipps 模型的微观特性分析如下：

(1)启动：Gipps 模型能够驱动车辆从静止状态启动。

(2)加速：当前车相距较远时，Gipps 模型能够驱动车辆启动后正常加速。

(3)自由行驶：在自由流状态下，Gipps 模型能够驱动车辆加速至自由流速度，并保持自由流速度匀速运行。

(4)加塞：当微观场景的仿真中出现加塞车辆并成为新的前车时，Gipps 模型将驱动车辆以最大减速度减速至加塞车辆的速度状态，整体反应较为合理。

(5)跟随：Gipps 模型能够驱动车辆跟随前车行驶速度行驶，并保持合理车间距。

(6)停车起步：在前车减速停车后，Gipps 模型能够驱动车辆减速并保持一定的安全距离停车，同时，Gipps 模型能够驱动车辆跟随前车从静止状态再次启动。

(7) 接近：当前车再次减速停车时，Gipps 模型能够驱动车辆以减速状态接近前车。

(8) 停止：在前车最终停止后，Gipps 模型以最大减速度驱动车辆停止于前车后方，并保持一定的安全距离。

5.3.3 Gipps 模型宏观特性分析

将 Gipps 模型转变为对应的平衡态模型，从而进行 Gipps 模型的宏观特性分析。在平衡态中，由公式(5-19)计算得到：

$$s = \frac{b_2 - b_1}{2b_1 b_2}v^2 + \frac{3\tau}{2}v + d \tag{5-20}$$

式中：s——平衡态车头间距，m；

b_1、b_2——前车和后车的制动减速度，m/s²；

d——有效车长，m，其含义是堵塞密度下的最小车头间距。

进一步地，根据车头间距与密度的倒数关系，计算平衡态速度-密度函数式：

$$k = \frac{1}{\dfrac{b_2 - b_1}{2b_1 b_2}v^2 + \dfrac{3\tau}{2}v + d} \tag{5-21}$$

特殊情况下，若前车与后车的制动减速度相同，即 $b_1 = b_2$，则平衡态车头间距是关于速度的线性函数，即

$$\begin{cases} s = \dfrac{3\tau}{2}v + d \\ k = \dfrac{1}{\dfrac{3\tau}{2}v + d} \end{cases} \tag{5-22}$$

根据交通流恒等式，画出 Gipps 模型对应的各平衡态模型的曲线，Gipps 模型宏观特性分析结果如图 5-5 所示，Gipps 模型宏观特性分析参数及取值见表 5-5。可以看出，Gipps 模型平衡态曲线能够反映各变量的正确变化趋势。需要注意的是，在表 5-5 中，当参数 b_1 和 b_2 取值相同时，平衡态车头间距是车速的线性函数，使得流量-密度曲线为三角形形状；当参数 b_1 和 b_2 取值不同时，则在流量-密度曲线中，拥堵态右侧将不再是直线，而是一条具有一定弧度的曲线，该曲线与自由态左侧直线在通行能力处相交。此外，当参数 τ 取值增大时，通行能力将呈现降低的趋势。

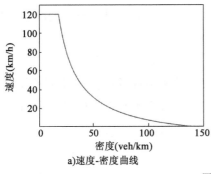
a) 速度-密度曲线

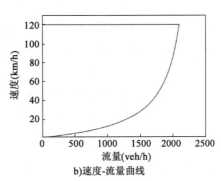
b) 速度-流量曲线

图 5-5

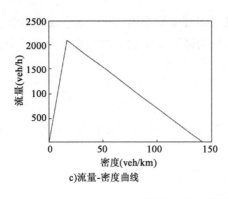
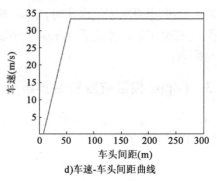

c)流量-密度曲线　　　　　　　　　d)车速-车头间距曲线

图 5-5　Gipps 模型宏观特性分析结果

Gipps 模型宏观特性分析参数及取值　　　　　　　　表 5-5

参　　数	取　　值
b_1	-6m/s^2
b_2	-6m/s^2
τ	1.0s
d	7m

5.4　Newell 跟驰模型

5.4.1　Newell 跟驰模型的建立

Newell 于 1961 年提出了一个重要的跟驰模型,该模型被认为是最早的优化速度思想模型,称为 Newell 跟驰模型(以下简称 Newell 模型)。Newell 模型认为,驾驶员对于各种跟驰距离都存在与之唯一对应的优化速度,即优化速度是一个关于跟驰距离的单值函数,其表达式为

$$V(s_n(t)) = v_f \left\{ 1 - e^{-\frac{\lambda}{v_f}[s_n(t) - d]} \right\} \tag{5-23}$$

式中:$V(s_n(t))$——优化速度函数;

　　　λ——优化速度函数在速度为零处关于车头间距的导数,s^{-1};

其余符号意义同前。

优化速度是驾驶员追求的目标状态,而实际车辆速度往往与优化速度并不一致,Newell 模型假设驾驶员总是不断地调整车速以逼近优化速度。然而,驾驶员对车速的调整存在滞后性,即速度的调整需要通过反应延时 τ 之后才能实现:

$$v_n(t+\tau) = V(s_n(t)) = v_f \left\{ 1 - e^{-\frac{\lambda}{v_f}[s_n(t) - d]} \right\} \tag{5-24}$$

由此可见,Newell 模型本质上是调整车辆速度以达到最优的速度-车头间距关系。当跟驰车辆与前车速度一致,并且速度-车头间距关系满足优化速度函数关系时,跟驰车辆的速度不再发生改变。

5.4.2　Newell 模型微观特性分析

根据 5.1.2 小节的微观分析场景进行 Newell 模型的微观特性分析,在 Newell 模型的微观仿真中,车辆 n 在初始时刻从距原点 -80m 处以静止状态开始启动。Newell 模型微观特性分析参数及取值见表 5-6,Newell 模型微观特性分析结果如图 5-6 所示。

Newell 模型微观特性分析参数及取值　　　　　　　表 5-6

参　　数	取　　值
τ	1.0s
v_f	33.3m/s
λ	1.2s^{-1}
d	7m

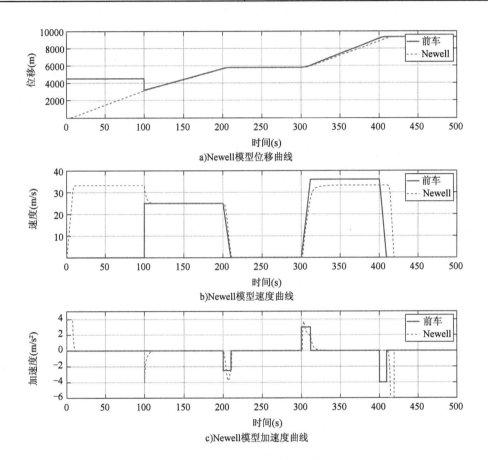

图 5-6　Newell 模型微观特性分析结果

针对 Newell 模型的微观特性分析如下:

(1)启动:Newell 模型能够驱动车辆从静止状态启动。

(2)加速:当前车相距较远时,Newell 模型能够驱动车辆启动后正常加速。初始时以最大加速度加速,随着速度逐渐接近自由流速度,加速度逐渐减小至 0。

(3)自由行驶:在自由流状态下,Newell 模型能够驱动车辆加速至自由流速度,并保持自由流速度匀速运行。

(4)加塞:当微观场景的仿真中出现加塞车辆并成为新的前车时,Newell 模型将驱动车辆正常减速,并且可与前车避免碰撞。

(5)跟随:Newell 模型能够驱动车辆跟随前车行驶速度行驶,并保持合理车间距。

(6)停车起步:在前车减速停车后,Newell 模型能够驱动车辆减速并保持一定的安全距离停车;同时,Newell 模型能够驱动车辆跟随前车从静止状态再次启动。

(7)接近:当前车再次减速停车时,Newell 模型能够驱动车辆以减速状态接近前车。

(8)停止:在前车最终停止后,Newell 模型将以最大减速度,驱动车辆保持安全距离停止于前车后方。

5.4.3 Newell 模型宏观特性分析

将 Newell 模型转变为对应的平衡态模型,从而进行 Newell 模型的宏观特性分析。Newell 模型中的优化速度函数本质上为平衡态时车辆速度与跟驰间距的函数关系,因此容易转换为平衡态模型。根据平衡态交通流的特性,得到 Newell 模型的平衡态车头间距为

$$v = v_f \left[1 - e^{-\frac{\lambda}{v_f}(s-d)} \right] \tag{5-25}$$

根据车头间距与密度的倒数关系,得到 Newell 模型对应的速度-密度平衡态模型为

$$v = v_f \left[1 - e^{-\frac{\lambda}{v_f}\left(\frac{1}{k}-d\right)} \right] \tag{5-26}$$

根据交通流恒等式,画出 Newell 模型对应的各平衡态模型的曲线。Newell 模型宏观特性分析结果如图 5-7 所示,Newell 模型宏观特性分析参数及取值见表 5-7。可以看出,Newell 模型平衡态曲线能够反映各变量的正确变化趋势,并且各曲线的光滑性较好。此外,参数 λ 的物理含义为优化速度函数在车速为零处关于车头间距的导数。因此,当 λ 取值变大时,车速随车头间距增大的速率加快,同时通行能力呈现上升的趋势;当 λ 取值变小时,车速随车头间距增大的速率变慢,并且通行能力呈现下降的趋势。

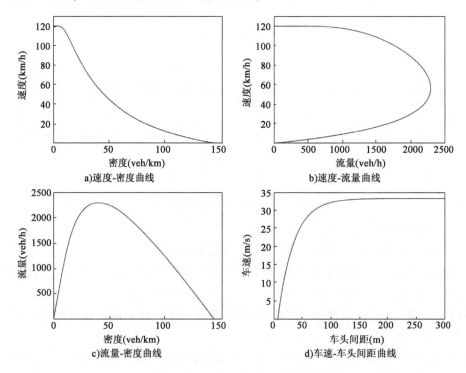

图 5-7 Newell 模型宏观特性分析结果

Newell 模型宏观特性分析参数及取值 表 5-7

参　　数	取　　值
v_f	120km/h
λ	1.2s^{-1}
d	7m

5.5　优化速度跟驰模型

5.5.1　优化速度跟驰模型的建立

在 Newell 模型的基础之上,各学者提出了不同的具有优化速度思想的跟驰模型。Bando 等于 1995 年提出优化速度跟驰模型(Optimal Velocity Model,OVM)(以下简称 OVM 模型)。OVM 模型认为,驾驶员根据当前车辆速度与优化速度的差异来调整车辆的加速度值,使车速不断地逼近优化速度。OVM 模型表达式如下:

$$\begin{cases} a_n(t) = \alpha[V(s_n(t)) - v_n(t)] \\ V(s_n(t)) = \dfrac{v_f}{2}\{\tanh[s_n(t) - h_c] + \tanh(h_c)\} \end{cases} \quad (5-27)$$

式中:α——敏感系数;

　　　h_c——平衡态的形态系数;

　　　其余符号意义同前。

OVM 模型的结构十分简单,是一个关于加速度的表达式,且不含反应延时项,这使得 OVM 模型在进行解析分析时非常方便。因此,OVM 模型一经提出便受到了广泛关注。不难发现,OVM 模型与 Newell 模型有许多相似之处,它们都含有优化速度函数,驾驶目标都是调整车速以逼近优化速度。事实上,OVM 模型可以由 Newell 模型推导得到,针对 Newell 模型的公式(5-24),进行一阶泰勒展开,得到:

$$v_n(t) + \tau a_n(t) = V(s_n(t)) \quad (5-28)$$

整理可得:

$$a_n(t) = \frac{1}{\tau}[V(s_n(t)) - v_n(t)] \quad (5-29)$$

对比公式(5-27)和公式(5-29),可以发现 $\alpha = 1/\tau$,因此,OVM 模型和 Newell 模型本质上是一致的。

5.5.2　OVM 模型微观特性分析

根据 5.1.2 小节的微观分析场景进行 OVM 模型的微观特性分析,在 OVM 模型的微观仿真中,车辆 n 在初始时刻从距原点 -25m 处以静止状态开始启动。OVM 模型微观特性分析参数及取值见表 5-8,OVM 模型微观特性分析结果如图 5-8 所示。

OVM 模型微观特性分析参数及取值 表5-8

参　数	取　值
α	$1.0s^{-1}$
v_f	33.3m/s
h_c	2m

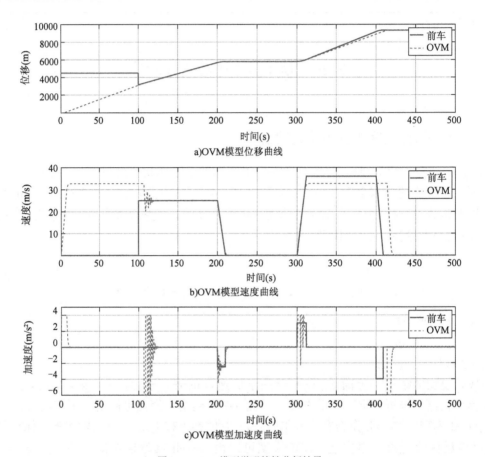

a)OVM模型位移曲线

b)OVM模型速度曲线

c)OVM模型加速度曲线

图 5-8　OVM 模型微观特性分析结果

针对 OVM 模型的微观特性分析如下：

(1)启动:OVM 模型能够驱动车辆从静止状态启动。

(2)加速:当前车相距较远时,OVM 模型能够驱动车辆在启动后以最大加速度加速,当速度接近自由流速度时,加速度逐渐减小至 0。

(3)自由行驶:在自由流状态下,OVM 模型能够驱动车辆加速至自由流速度,并保持自由流速度匀速运行。

(4)加塞:当微观场景的仿真中出现加塞车辆并成为新的前车时,OVM 模型将驱动车辆反复加减速,造成速度存在一定的波动。

(5)跟随:OVM 模型能够驱动车辆跟随前车行驶速度行驶,并保持合理车间距。

(6)停车起步:在前车减速停车后,OVM 模型能够驱动车辆减速并停车,同时,OVM 模型能够驱动车辆跟随前车从静止状态再次启动。

(7) 接近:当前车再次减速停车时,OVM 模型能够驱动车辆以减速状态接近前车。

(8) 停止:在前车最终停止后,OVM 模型将以最大减速度实施停车,但不能确保车辆以安全距离停止于前车后方,存在与前车碰撞的可能性。

5.5.3 OVM 模型宏观特性分析

将 OVM 模型转变为对应的平衡态模型,进行 OVM 模型的宏观特性分析。在交通流平衡态,根据 OVM 模型表达式,计算如下:

$$v = \frac{v_f}{2}\left[\tanh(s - h_c) + \tanh(h_c)\right] \quad (5\text{-}30)$$

考虑交通流中有效车长 d 在平衡态的影响,得到 OVM 模型的速度-密度平衡态模型为

$$v = \frac{v_f}{2}\left[\tanh\left(\frac{1}{k} - d - h_c\right) + \tanh(h_c)\right] \quad (5\text{-}31)$$

根据交通流恒等式,画出 OVM 模型对应的各平衡态模型的曲线。OVM 模型宏观特性分析结果如图 5-9 所示,OVM 模型宏观特性分析参数及取值见表 5-9。可以看出,OVM 模型平衡态曲线并不能较好地反映各变量的正常变化趋势,特别是速度-密度曲线、流量-密度曲线和车速-车头间距曲线,它们的共同问题在于拥有较小的最佳密度,并且车流在小于最佳密度时基本处于自由流状态,而车流在大于最佳密度时又基本处于堵塞状态,使得堵塞密度过小,这与实际的交通流运行状况不相符合。此外,OVM 模型的形态系数 h_c 对平衡态曲线的影响较大,当 h_c 取值减小时,能够形成较大的最佳密度并且有利于拥堵区曲线向正常走势转变,从而能够相对地增大堵塞密度,但是,较小的 h_c 值将导致过大的不切实际的通行能力值。事实上,OVM 模型的优化速度函数可根据实际情况替换,形成不同的平衡态模型曲线。

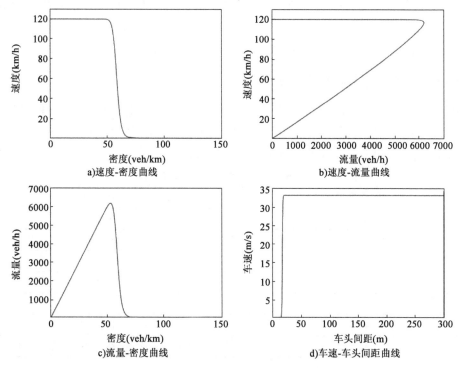

图 5-9 OVM 模型宏观特性分析结果

OVM 模型宏观特性分析参数及取值　　　　　　　　表 5-9

参　　数	取　　值
v_f	120km/h
d	7m
h_c	10m

5.6　全速度差跟驰模型

5.6.1　全速度差跟驰模型的建立

国内学者姜锐等于 2001 年提出全速度差跟驰模型(Full Velocity Difference,FVD)(以下简称 FVD 模型)。FVD 模型认为,跟驰行为存在两个主要目标:第一个目标是将车头间距调整到合适的状态,第二个目标是尽量减少与前车的速度差,以保持车头间距稳定。第一个目标由类似的 OVM 模型项解决,第二个目标由类似的 GM 模型项解决。FVD 模型的表达式为

$$\begin{cases} a_n(t) = \alpha [V(s_n(t)) - v_n(t)] + \lambda [v_{n-1}(t) - v_n(t)] \\ V(s_n(t)) = V_1 + V_2 \tanh\{C_1 [s_n(t) - d] - C_2\} \end{cases} \quad (5\text{-}32)$$

式中：　α、λ——FVD 模型敏感系数；

V_1、V_2、C_1、C_2、d——优化速度函数的参数；

其余符号意义同前。

与 OVM 模型相比,FVD 模型增加了速度差项,因此对前车速度变化的响应更加灵敏;与 GM 模型相比,FVD 模型增加了优化速度函数项,因此能够控制车辆从非平衡态向平衡态调整。Newell 模型、OVM 模型和 FVD 模型共同构成了优化速度类的跟驰模型。

5.6.2　FVD 模型微观特性分析

根据 5.1.2 小节的微观分析场景开展 FVD 模型的微观特性分析,在 FVD 模型的微观仿真中,车辆 n 在初始时刻从距原点 −70m 处以静止状态开始启动。FVD 模型微观特性分析参数及取值见表 5-10,FVD 模型微观特性分析结果如图 5-10 所示。

FVD 模型微观特性分析参数及取值　　　　　　　　表 5-10

参　　数	取　　值
α	0.41s^{-1}
V_1	16.588m/s
V_2	16.712m/s
C_1	0.13m^{-1}
C_2	2.79
d	7m
λ	$0.5\text{s}^{-1}[s_n(t) \leq 100\text{m}]$；$0\text{s}^{-1}[s_n(t) > 100\text{m}]$

第5章 微观跟驰模型

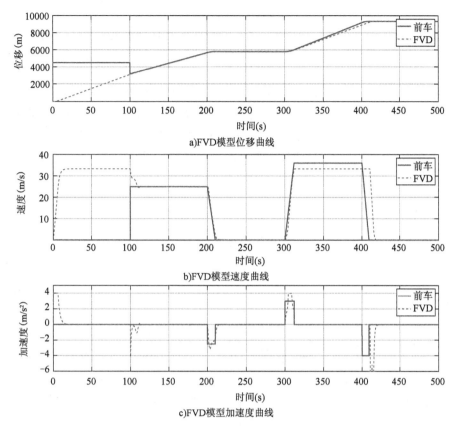

图 5-10　FVD 模型微观特性分析结果

针对 FVD 模型的微观特性分析如下：

(1) 启动：FVD 模型能够驱动车辆从静止状态启动。

(2) 加速：当前车相距较远时，FVD 模型能够驱动车辆启动后正常加速。

(3) 自由行驶：在自由流状态下，FVD 模型能够驱动车辆加速至自由流速度，并保持自由流速度匀速运行。

(4) 加塞：当微观场景的仿真中出现加塞车辆并成为新的前车时，FVD 模型能够驱动车辆合理正常减速，并且可避免与前车碰撞。

(5) 跟随：FVD 模型能够驱动车辆跟随前车行驶速度行驶，并保持合理车间距。

(6) 停车起步：在前车减速停车后，FVD 模型能够驱动车辆减速并停车；同时，FVD 模型能够驱动车辆跟随前车从静止状态再次启动。

(7) 接近：当前车再次减速停车时，FVD 模型能够驱动车辆以减速状态接近前车。

(8) 停止：在前车最终停止后，FVD 模型将以最大减速度驱动车辆停车，但不能确保车辆以安全距离停止于前车后方，存在与前车碰撞的可能性。

5.6.3　FVD 模型宏观特性分析

将 FVD 模型转变为对应的平衡态模型，进行 FVD 模型的宏观特性分析。在交通流平衡态，计算 FVD 模型的车头间距：

61

$$v = V_1 + V_2 \tanh\left[C_1(s-d) - C_2 \right] \tag{5-33}$$

根据交通流密度与车头间距的倒数关系,计算得到 FVD 模型的速度-密度平衡态模型为

$$v = V_1 + V_2 \tanh\left[C_1\left(\frac{1}{k} - d\right) - C_2 \right] \tag{5-34}$$

根据交通流恒等式,画出 FVD 模型对应的各平衡态模型的曲线。FVD 模型宏观特性分析结果如图 5-11 所示,FVD 模型宏观特性分析参数及取值应尽可能满足平衡态模型的相关特性,见表 5-11。可以看出,FVD 模型的平衡态曲线能够反映各变量的正确变化趋势,在流量-密度曲线中,当交通流密度达到最佳密度之后,流量的下降速度较快,该曲线走势是由 FVD 模型的优化速度函数所决定的,FVD 模型的优化速度函数也可根据实际情况替换,形成不同的平衡态模型曲线。

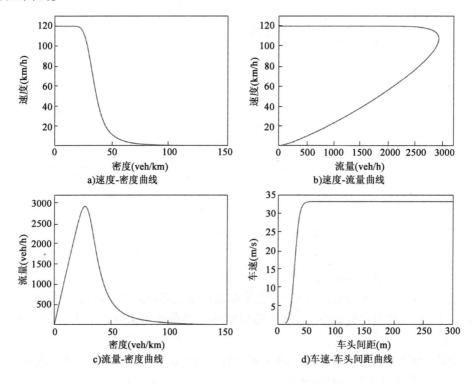

图 5-11　FVD 模型宏观特性分析结果

FVD 模型宏观特性分析参数及取值　　　　　　　表 5-11

参　　数	取　　值
V_1	16.588m/s
V_2	16.712m/s
C_1	0.13m^{-1}
C_2	2.79
d	7m

5.7 智能驾驶员跟驰模型

5.7.1 智能驾驶员跟驰模型的建立

Treiber 等于 2000 年提出智能驾驶员跟驰模型(Intelligent Driver Model, IDM)(以下简称 IDM 模型)。IDM 模型将车辆跟驰运动类比为在多种社会力作用下产生的加速度,包含驱动力和阻力。驱动力源于驾驶员追求期望车速的心理需求,阻力源于前车运动对跟驰车辆构成的约束,IDM 模型表达式如下:

$$a_n(t) = A\left\{1 - \left[\frac{v_n(t)}{v_f}\right]^\delta - \left[\frac{s_n^*(t)}{s_n(t) - l_{n-1}}\right]^2\right\} \quad (5\text{-}35)$$

式中:A——最大加速度,m/s²;
δ——指数参数,常取值为 4;
$s_n^*(t)$——期望车间距,m,其表达式如下:

$$s_n^*(t) = s_0 + s_1\sqrt{\frac{v_n(t)}{v_f}} + Tv_n(t) + \frac{v_n(t)[v_n(t) - v_{n-1}(t)]}{2\sqrt{AB}} \quad (5\text{-}36)$$

式中:s_0——静止安全距离,m;
s_1——系数,一般取值为 0;
T——安全时间间隔,s;
B——舒适减速度($B > 0$),m/s²;
其余符号意义同前。

在 IDM 模型的跟驰行为中,在交通流密度非常小的自由流场景中,车辆的车间距非常大,IDM 模型由加速项起作用,并且加速的快慢由指数参数 δ 决定,即

$$\begin{cases} a_n(t) \approx A\left\{1 - \left[\dfrac{v_n(t)}{v_f}\right]^\delta\right\} \\ \dfrac{s_n^*(t)}{s_n(t) - l_{n-1}} \to 0 \end{cases} \quad (5\text{-}37)$$

在后车速度明显大于前车速度或者车间距明显小于期望车间距时,IDM 模型由减速项起作用,即

$$a_n(t) \approx -A\left[\frac{s_n^*(t)}{s_n(t) - l_{n-1}}\right]^2 \quad (5\text{-}38)$$

5.7.2 IDM 模型微观特性分析

根据 5.1.2 小节的微观分析场景开展 IDM 模型的微观特性分析,在 IDM 模型的微观仿真中,车辆 n 在初始时刻从距原点 -60m 处以静止状态开始启动。IDM 模型微观特性分析参数及取值见表 5-12,IDM 模型微观特性分析结果如图 5-12 所示。

IDM 模型微观特性分析参数及取值　　　　表 5-12

参　　数	取　　值
A	4m/s^2
B	4m/s^2
δ	4
v_f	33.3m/s
l_{n-1}	5m
s_0	2m
s_1	0
T	1.3s

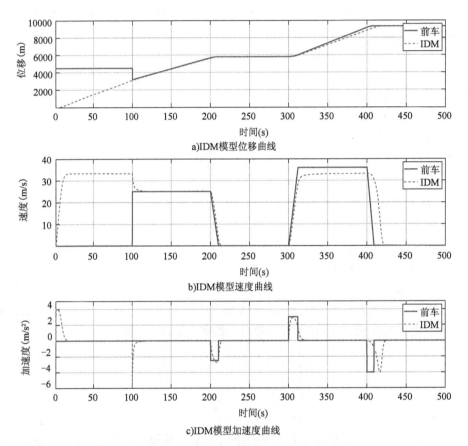

图 5-12　IDM 模型微观特性分析结果

针对 IDM 模型的微观特性分析如下：

(1)启动：IDM 模型能够驱动车辆从静止状态启动。

(2)加速：当前车相距较远时，IDM 模型能够驱动车辆启动后正常加速。

(3)自由行驶：在自由流状态下，IDM 模型能够驱动车辆加速至自由流速度，并保持自由流速度匀速运行。

(4)加塞：当微观场景的仿真中出现加塞车辆并成为新的前车时，IDM 模型将驱动车辆以较大减速度进行减速，并能够避免与前车碰撞。

(5)跟随：IDM 模型能够驱动车辆跟随前车行驶速度行驶，并保持合理车间距。

(6)停车起步：在前车减速停车后，IDM 模型能够驱动车辆减速并保持一定的安全距离停车;同时,IDM 模型能够驱动车辆跟随前车从静止状态再次启动。

(7) 接近:当前车再次减速停车时,IDM 模型能够驱动车辆以减速状态接近前车。

(8) 停止:在前车最终停止后,IDM 模型能够驱动车辆以适当的减速度停车,并保持安全距离停止于前车后方。

5.7.3 IDM 模型宏观特性分析

将 IDM 模型转变为对应的平衡态模型,从而进行 IDM 模型的宏观特性分析。在交通流平衡态,计算 IDM 模型车头间距为

$$s = \frac{s_0 + Tv}{\sqrt{1 - \left(\frac{v}{v_f}\right)^\delta}} + l \tag{5-39}$$

式中:l——平均车长,m。

根据交通流密度与车头间距的倒数关系,计算得到 IDM 模型的速度-密度平衡态模型为

$$k = \frac{1}{\dfrac{s_0 + Tv}{\sqrt{1 - \left(\dfrac{v}{v_f}\right)^\delta}} + l} \tag{5-40}$$

根据交通流恒等式,画出 IDM 模型对应的各平衡态模型的曲线。IDM 模型宏观特性分析结果如图 5-13 所示,IDM 模型宏观特性分析参数及取值见表 5-13。可以看出,IDM 模型平衡态曲线能够反映各变量的正确变化趋势,并且各曲线的光滑性较好。此外,当 IDM 模型参数 T 变小时,流量-密度曲线和速度-流量曲线中的通行能力将变大;反之,流量-密度曲线和速度-流量曲线中的通行能力将变小,在此过程中并不改变其他曲线的正常趋势。

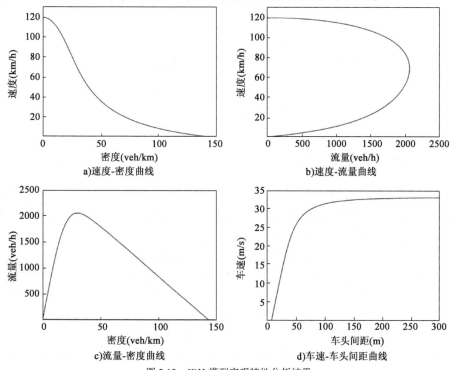

图 5-13　IDM 模型宏观特性分析结果

IDM 模型宏观特性分析参数及取值   表 5-13

参　　数	取　　值
v_f	120km/h
δ	4
T	1.3s
s_0	2m
l	5m

5.8 纵向控制跟驰模型

5.8.1 纵向控制跟驰模型的建立

Ni 等于 2015 年提出纵向控制跟驰模型(Longitudinal Control Model,LCM)(以下简称 LCM 的模型)。LCM 模型的建模思想源于场论,它将道路环境类比为一个交通场,车辆在道路上受到来自前方交通场的吸引力 G_n,这个吸引力本质上是源于驾驶员对期望车速的追求。车辆除了受到交通场的吸引力,还受到两个阻力的作用:一个是车辆当前速度产生的阻力 R_n,另一个是与其他车辆相互作用的阻力 F_n。车辆在跟驰行为中的驱动力可表达为

$$F = G_n - R_n - F_n \tag{5-41}$$

式中:F——车辆在驱动力作用下的结果。

基于场论的 LCM 模型表达式为

$$a_n(t+\tau) = A\left[1 - \frac{v_n(t)}{v_f} - e^{1-\frac{s_n(t)}{s_n^*(t)}}\right] \tag{5-42}$$

LCM 模型中的期望车头间距 $s_n^*(t)$ 采用类似 Gipps 模型的表达式,即

$$s_n^*(t) = \gamma v_n^2(t) + \tau v_n(t) + d \tag{5-43}$$

式中:γ——驾驶员激进程度的参数,s^2/m;

其余符号意义同前。

5.8.2 LCM 模型微观特性分析

根据 5.1.2 小节的微观分析场景开展 LCM 模型的微观特性分析,在 LCM 模型的微观仿真中,车辆 n 在初始时刻从距原点 50m 处以静止状态开始启动。LCM 模型微观特性分析参数及取值见表 5-14,LCM 模型微观特性分析结果如图 5-14 所示。

LCM 模型微观特性分析参数及取值   表 5-14

参　　数	取　　值
τ	1.0s
A	4m/s²
v_f	33.3m/s

续上表

参　数	取　值
γ	$0s^2/m$
d	$7m$

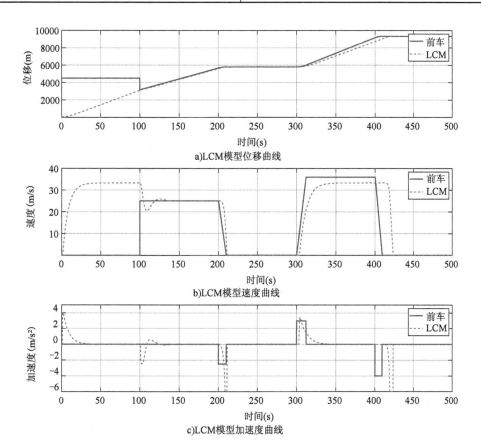

图 5-14　LCM 模型微观特性分析结果

针对 LCM 模型的微观特性分析如下：

(1) 启动：LCM 模型能够驱动车辆从静止状态启动。

(2) 加速：当前车相距较远时，LCM 模型能够驱动车辆启动后正常加速。

(3) 自由行驶：在自由流状态下，LCM 模型能够驱动车辆加速至自由流速度，并保持自由流速度匀速运行。

(4) 加塞：当微观仿真中出现加塞车辆并成为新的前车时，LCM 模型将驱动车辆减速行驶，在减速过程中存在轻微的速度波动，但可避免与前车碰撞。

(5) 跟随：LCM 模型能够驱动车辆跟随前车行驶速度行驶，并保持合理车间距。

(6) 停车起步：在前车减速停车后，LCM 模型能够驱动车辆减速并保持一定的安全距离停车，同时，LCM 模型能够驱动车辆跟随前车从静止状态再次启动。

(7) 接近：当前车再次减速停车时，LCM 模型能够驱动车辆以减速状态接近前车。

(8) 停止：在前车最终停止后，LCM 模型将以最大减速度驱动车辆保持安全距离停止于前车后方。

5.8.3 LCM 模型宏观特性分析

将 LCM 模型转变为对应的平衡态模型,从而进行 LCM 模型的宏观特性分析。在交通流平衡态,计算 LCM 模型的车头间距为

$$s = (\gamma v^2 + \tau v + d)\left[1 - \ln\left(1 - \frac{v}{v_f}\right)\right] \tag{5-44}$$

根据交通流密度与车头间距的倒数关系,计算得到 LCM 模型的速度-密度平衡态模型为

$$k = \frac{1}{(\gamma v^2 + \tau v + d)\left[1 - \ln\left(1 - \frac{v}{v_f}\right)\right]} \tag{5-45}$$

根据交通流恒等式,画出 LCM 模型对应的各平衡态模型的曲线。LCM 模型宏观特性分析结果如图 5-15 所示,LCM 模型宏观特性分析参数及取值见表 5-15。可以看出,LCM 模型能够反映各变量的正确变化趋势,并且速度-流量曲线能够较好地保持速度不随流量增大而较早下降的状态,使得速度-流量曲线具有向右上方区域上挑的特性,同时,根据实际情况调整参数 γ 的取值,可以得到反 λ 形状的流量-密度曲线。

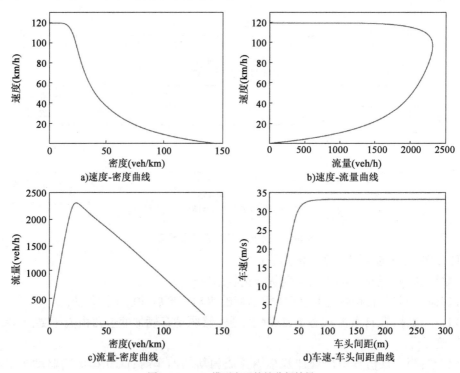

图 5-15 LCM 模型宏观特性分析结果

LCM 模型宏观特性分析参数及取值　　表 5-15

参　数	取　值
γ	$-0.025 \text{s}^2/\text{m}$
τ	1.0s
d	7m
v_f	120km/h

思考题与习题

1. 在 GM5 模型表达式中,证明当 $m=0$ 且 $l=1$ 时,GM5 模型可以转换为 Greenberg 平衡态模型。

2. 使用 GM4 模型进行如下的仿真,高速公路单车道上前后两车的车长均为 5m,在 t 时刻,前车的速度为 20m/s,后车的速度为 25m/s,车头间距为 50m,后车驾驶员的反应时间为 1.3s。试仿真此场景中后车的跟驰行为,并根据仿真结果分析 GM4 模型的优缺点。

3. 针对上述第 2 小题,使用 Gipps 模型进行仿真,并分析 Gipps 模型在上述场景中体现出来的模型优缺点,模型参数及取值参考表 5-4。

4. 使用 FVD 模型仿真一组车队的运行情况,车队规模为 10 辆车。车队按照初始速度 15m/s 匀速运行 20s,随后车队的第一辆车按照减速度 -1m/s^2 减速 2s,并维持速度 13m/s 行驶 10s,然后再以加速度 2m/s^2 加速 1s,恢复至初始速度,并保持 15m/s 的速度运行 20s。基于仿真结果,绘制该车队全过程的时空轨迹图,并分析 FVD 模型在该过程中体现出来的模型优缺点,模型参数及取值参考表 5-10。

5. 在 IDM 模型中,假设 $s_n^*(t) = s_0 + Tv_n(t)$,试用此变化后的 IDM 模型进行微观仿真,并进行模型特性分析。同时,推导其对应的平衡态模型,画出对应的平衡态模型曲线。

6. 计算本章各跟驰模型对应平衡态模型中的通行能力。

第 6 章
微观换道模型

换道模型与跟驰模型共同构成微观交通流模型,它们在交通流微观仿真以及驾驶行为分析等领域应用广泛。相比于单车道上的跟驰模型,换道模型描述的是车辆从一条车道换道至另一条车道的驾驶行为。本章将对换道行为特性以及各类典型换道模型进行介绍。

6.1 换道行为特性

相比于跟驰行为的纵向运动,交通流换道行为属于横向运动,是车辆从一条车道换道至另外一条车道的驾驶行为过程。研究发现,驾驶员的换道行为往往具有如下四个特征:

(1)速度特征。当本车道交通流运行速度不符合驾驶员期望速度时,驾驶员会选择换道至速度更快、驾驶舒适性更好的车道。

(2)超车特征。驾驶员换道的目的不是追求更快的车速,而是以超车为目标的换道行为。一般而言,一次超车行为可以由两次换道行为完成。

(3)车道特征。这类换道行为中,在计划路径与转向等约束下,驾驶员关注的是某一条期望的车道,而不是车速,驾驶员换道至期望车道后,以该车道当前所能允许的速度行驶。

(4)交通特征。这类换道行为是受到交通管制等外在约束而产生的,如当前车道前方施工,驾驶员根据施工交通组织方案,换道至相邻车道上继续行驶。

一般而言,换道行为可分为自由换道和强制换道。自由换道的目的是驾驶员追求更高的车速和更大的驾驶空间,往往具有速度特征和超车特征。自由换道常发生在高速公路基本路段。强制换道则是由于路径约束以及交通管制等因素,使得车辆不得不进行换道行为,方可正常行驶至目的地,往往具有车道特征和交通特征。强制换道常发生在高速公路上下匝道区、施工区以及事故地点。

无论是自由换道还是强制换道,换道行为在结构上一般可分为换道动机、换道条件和换道执行三个阶段。换道动机又称换道需求,是指驾驶员做出是否需要换道的判断。对于自由换道来讲,换道动机源于驾驶员期望车速与当前车速的差异;对于强制换道来讲,换道动机源于路径规划与交通管制等外在强制因素。换道条件是指在具备换道动机的前提下,是否具备客观的安全换道条件,往往是指目标车道的换道间隙能否满足安全性要求。换道执行是指车辆从本车道换道至目标车道的行驶过程。

6.2 规则换道模型

换道模型是对换道行为的数学描述,早期的换道模型主要为规则换道模型,如20世纪80年代提出的Gipps换道模型。这类换道模型的特点是根据当前交通条件进行多次判断,直至输出换道或不换道的决策结果。

6.2.1 Gipps换道模型

6.2.1.1 Gipps换道模型的决策因素

Gipps换道模型由Gipps提出,因此,称之为Gipps换道模型。Gipps换道模型依据换道的可能性、必要性以及期望性对城市道路进行换道行为描述。Gipps换道模型认为,影响驾驶员换道决策的因素包括以下几个方面。

1)换道行为是否安全可行

通常而言,驾驶员产生换道意图时,会观测目标车道的间隙,并调节自身车速,使其不能比目标车道前车速度快,也不能比目标车道后车速度慢。当目标车道间隙不足,换道过程存在车辆碰撞事故风险时,驾驶员往往选择不换道。目标车道安全间隙的大小因驾驶员而异,即使同一驾驶员,在不同的交通场景下,其可接受的目标车道安全间隙大小也不同。比如,在驾驶员逐渐接近本车道障碍物的场景下,驾驶员会接受更小的安全换道间隙,换道至相邻车道。

2)障碍物的位置

一般情况下,对路况熟悉的驾驶员,往往会选择规避道路中存在的障碍物,如城市道路上具有停车位的街道路段。当接近本车道障碍物时,驾驶员通常会驶离该车道。障碍物对换道行为的影响采用驾驶员距障碍物的距离来衡量,驾驶员越接近障碍物,障碍物对驾驶员换道行为的影响越大。

3)公交专用车道的存在

在Gipps换道模型中,公交专用车道被定义为仅供公交车行驶的车道,公交车同时可在普通车道上行驶。正常情况下,鉴于公交专用车道较低的流量和较高的车速,公交车从公交专用车道换道至普通车道往往是为了超越比其行驶缓慢的前车,而普通车辆往往不允许换道至公交专用车道。

4)驾驶员的预期转向行驶

Gipps换道模型最初针对的是城市道路环境,因此,驾驶员的换道意图往往与其在前方道路预期的转向地点和转向方向相关。当驾驶员预期转向行驶的地点距离驾驶员较远时,对驾驶员换道行为的影响较小;当驾驶员接近其预期转向地点时,根据其转向方向,驾驶员会调整车速并换道至满足其转向计划的期望车道。

5)重型车的存在

鉴于重型车的缓慢行驶特点,驾驶员往往不愿意跟随重型车行驶。重型车的前方往往具有较大的道路空间,此时,驾驶员可通过两次换道行为达到超越该重型车的目的。重型车的速度越低,驾驶员的超车意愿就越强烈。

6)车辆的运行速度

鉴于驾驶员期望追求更快的行驶速度,本车道和目标车道的车辆运行速度能否满足驾驶员对速度的期望值,是影响驾驶员是否换道的又一个因素。同时,本车道与目标车道的相对速度优势,是随时间和空间而动态变化的。

以上6个方面的影响因素,构成了Gipps换道模型的决策因素。这些决策因素之间是相互影响的,同时各决策因素的重要性与驾驶员在前方道路是否存在预期的转向行驶计划相关。

6.2.1.2 Gipps换道模型的决策过程

Gipps换道模型根据驾驶员与其预期转向地点之间的距离,将驾驶员的换道行为分成三种模式:第一种模式是指驾驶员距离其预期转向地点非常遥远,则驾驶员预期的转向地点不会对驾驶员换道行为产生影响,驾驶员在换道行为中更多的是追求更快的车速;第二种模式是指驾驶员认为距离预期的转向地点较近时,驾驶员逐渐开始放弃能够提升车速但会偏离预期转向地点的换道行为,而是尽可能地在能够顺利到达预期转向地点的车道上行驶;第三种模式是指驾驶员距离预期转向地点非常近时,驾驶员关心的是确保在正确的车道上行驶,此时车速的提升已经不再重要。

因涉及的决策影响因素较多,上述换道行为中的三种模式之间的界限难以清晰地表述。Gipps换道模型采用流程图的方式给出了换道决策过程,如图6-1所示。

各决策环节具体如下。

1)车道的选择

车道的选择包括期望车道和目标车道。其中,期望车道是驾驶员最终期望驶入的车道,而目标车道是当前时刻驾驶员换道进入的车道。在初始阶段,期望车道和目标车道为同一车道,均为本车道的相邻车道,此时如果不能或不便换道驶入期望车道,则将目标车道更改为与期望车道相对的另一侧相邻车道。

2)换道的可行性

驾驶员从本车道换道至目标车道的可行性,需考虑多方面的因素。首先,目标车道应是当前时刻允许车辆行驶的正常车道;其次,目标车道的换道区域应没有障碍物或其他车辆的阻碍;最后,还应考虑换道实施的安全性,即换道之后,驾驶员为了不与目标车道前车发生碰撞,驾驶员需要减速,同时目标车道后车为了不与驾驶员发生碰撞,也需要减速。因此,需计算两个减速度的值,应用第5章微观跟驰模型中的Gipps模型表达式[公式(5-19)],计算换道之后驾驶员的速度和目标车道后车的速度,然后根据速度与加速度的关系计算得到两个制动减速度的值。若两个制动减速度的值均在车辆允许的最大减速度范围以内,则认为换道可行,否则,换道不可行。在Gipps换道模型中,车辆允许的最大减速度为-4m/s^2。

第6章 微观换道模型

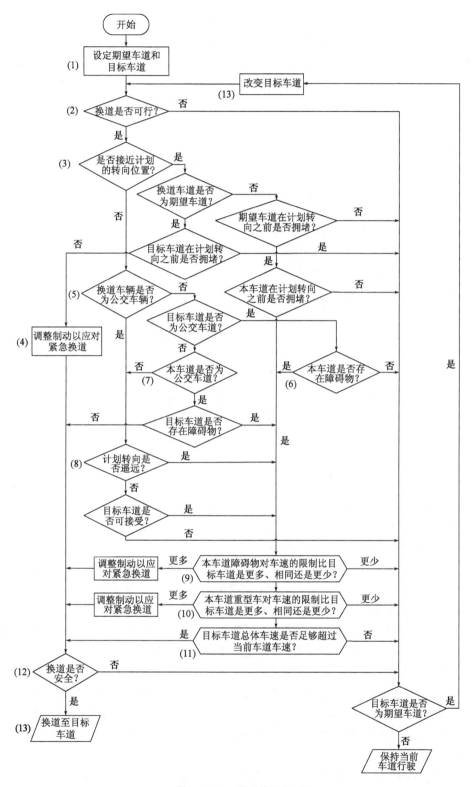

图 6-1 Gipps 换道模型流程图

3) 驾驶员是否接近预期的转向地点

在满足上述换道可行性条件之后，Gipps换道模型需判断驾驶员是否接近其预期的转向地点。当驾驶员接近其预期的转向地点时，驾驶员总是希望能够换道至期望车道，当本车道与期望车道在转向地点之前均存在拥堵的情况下，驾驶员才会考虑换道至其他车道。此外，在Gipps换道模型中，若驾驶员以其期望的车速在10s内可到达预期转向地点，则视为"接近"，否则，视为"不接近"。

4) 换道的紧迫性

当驾驶员接近预期转向地点，但是没有行驶在正确的车道上时，则驾驶员存在换道的紧迫性。此时，驾驶员会采取更大的减速制动并接受更小的换道间隙，以应对紧迫性换道。

5) 公交车与公交专用车道

该环节需要判断驾驶员的换道车辆是否是公交车、目标车道是否是公交专用车道。鉴于不同国家与地区在公交专用车道行驶规则方面的不同，Gipps换道模型将公交车定义为当前时刻能够允许驶入公交专用车道的所有车辆。

6) 非公交车驶入公交专用车道

正常情况下，非公交车不能驶入公交专用车道。特别情况下，当本车道存在固定不动的障碍物时，驾驶员在判断后，非公交车不得不换道驶入公交专用车道，以躲避前方障碍物。

7) 非公交车从公交专用车道驶离

Gipps换道模型允许非公交车为躲避前方障碍物而驶入公交专用车道，因此，也设置了非公交车驶离公交专用车道的环节。针对在公交专用车道行驶的非公交车辆，当障碍物的影响解除并且满足换道安全性时，非公交车辆必须驶离公交专用车道。

8) 预期转向地点是否遥远

当驾驶员距离预期转向地点较为遥远时，预期转向地点及转向方向基本不对驾驶员的换道行为产生影响；当驾驶员距离预期转向地点比较适中时（不遥远但未接近），驾驶员的换道行为开始受到预期转向地点及转向方向的影响。Gipps换道模型将驾驶员行驶至预期转向地点的时间在50s以上的情景定义为"遥远"。

9) 本车道与目标车道的相对速度优势

驾驶员考虑本车道与目标车道在行驶速度上的相对优势，驾驶员首先判断本车道与目标车道上的障碍物，然后选择障碍物对行车速度影响较小的车道，作为换道的决策环节。

10) 本车道与目标车道的重型车影响

在本车道与目标车道的障碍物影响基本一致时，驾驶员需考虑两个车道上重型车的影响，即驾驶员以重型车对行车速度影响较小为换道决策的判断环节。

11) 本车道与目标车道的行驶速度差异

当驾驶员无法依据本车道与目标车道的重型车影响而采取换道决策时，驾驶员需进一步考虑本车道与目标车道的行车速度影响，该影响因素与两条车道各自前方车辆类型等因素相关，驾驶员对本车道与目标车道的总体行车速度优势进行评估，进而完成该环节的换道决策。

12) 换道安全性

当驾驶员已经决定换道时，仅需考虑换道是否安全，换道安全性的需求与驾驶员决定换道的原因以及强制换道紧迫性相关。注意：在上述"2 换道的可行性"决策环节中，换道可行性主要是依据换道安全与否来判断的，不同的是，前者的换道可行性环节针对的是驾驶员在换道决策中对是否换道进行安全性判断,而后者的换道安全性针对的是驾驶员已经决定要换道,在换道实施过程中考虑是否符合自身换道安全性需求。

13) 更改目标车道

当驾驶员最终无法换道至期望车道时,Gipps 换道模型将更改目标车道,即将目标车道更改为与期望车道相对的另一侧相邻车道,然后进行新一轮的换道决策过程。

6.2.1.3 Gipps 换道模型的特点

Gipps 换道模型是针对城市道路环境的换道行为进行建模的,换道行为源于对预期转向和行车速度的驾驶需求。由于 Gipps 换道模型的确定性换道规则,无法描述驾驶员换道行为的随机性特征。此外,Gipps 换道模型在换道决策过程中考虑的因素较多,计算量较大,计算得到的接受换道可能性往往低于实际情况。与此同时,Gipps 换道模型给出了完整的换道决策过程,其建模思想对后续换道模型的构建具有积极促进作用。Gipps 换道模型在进行结构简化的基础之上,成功应用于多个交通仿真软件。

6.2.2 MITSIM 换道模型

MITSIM 换道模型是交通仿真软件(MIcroscopic Traffic SIMulator)中的换道模型,因此,称之为 MITSIM 换道模型。MITSIM 换道模型是在 Gipps 换道模型的基础之上构建的,其换道过程包括三个步骤,具体如下。

1) 考虑是否换道以及定义换道类型

MITSIM 换道模型区分自由换道和强制换道。针对强制换道,MITSIM 换道模型根据驾驶员与下游强制换道点之间的距离给出了换道概率:

$$p_n(t) = \begin{cases} \exp\left\{\dfrac{[d_n(t)-d_0]^2}{\sigma_n^2(t)}\right\} & (d_n > d_0) \\ 1 & (d_n \leq d_0) \end{cases} \quad (6\text{-}1)$$

式中:$p_n(t)$——驾驶员 n 在 t 时刻开始强制换道行为的概率;

$d_n(t)$——车辆 n 在 t 时刻距下游强制换道点的距离,km;

d_0——距离的临界值,km;

$\sigma_n(t)$——变量。

换道概率 $p_n(t)$ 中的临界距离 d_0 往往与特定的指示标志有关。比如,对于下匝道区域的强制换道而言,d_0 可以为最后一个出口指示牌到下匝道点的距离。此外,变量 $\sigma_n(t)$ 的表达式为

$$\sigma_n(t) = a_M + b_M m_n(t) + c_M k(t) \quad (6\text{-}2)$$

式中:$m_n(t)$——驾驶员 n 在 t 时刻从本车道换道至目标车道需要穿越的车道数;

$k(t)$——t 时刻路段上的交通流密度,veh/km;

a_M、b_M、c_M——模型参数。

当驾驶员判断需要进行强制换道时,则通过上述强制换道概率保持强制换道状态,直至强制换道行为实施完毕。

针对自由换道,MITSIM 换道模型根据本车道与目标车道的交通流运行状态进行换道决策。当本车道交通流速度低于驾驶员期望的行车速度时,驾驶员将观察相邻车道的交通流速度,并以提升行车速度为目标进行自由换道。在自由换道过程中的行车速度对比方面,

MITSIM换道模型使用本车道速度接受度以及目标车道速度优势等因素进行综合考量。

2) 选择目标车道

MITSIM换道模型根据多种准则进行目标车道的选择,包括车道使用属性、车道下游的连接性、信号控制状态、交通事故地点、当前交通流运行状况、驾驶员期望行车速度和车道最大限速等准则。

3) 判断可接受的换道间隙

在MITSIM换道模型做出需要换道的决策时,需进一步检查是否满足换道间隙的条件。换道间隙包括目标车道前车间隙以及目标车道后车间隙,如图6-2所示。只有当前车间隙与后车间隙这两类换道间隙均可接受时,方可实施换道行为。

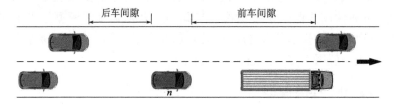

图6-2 换道间隙示意图

(1) 对于强制换道,MITSIM换道模型认为距离强制换道点越近,驾驶员可接受的换道间隙应越小,并定义了如下的可接受最小换道间隙为

$$g_n^j(t) = \varepsilon_n + \begin{cases} g_{max}^j & [d_n(t) \geq d_{max}] \\ g_{min}^j + (g_{max}^j - g_{min}^j) \times \dfrac{d_n(t) - d_{min}}{d_{max} - d_{min}} & [d_{min} < d_n(t) < d_{max}] \\ g_{min}^j & [d_n(t) \leq d_{min}] \end{cases} \quad (6-3)$$

式中:$g_n^j(t)$——驾驶员 n 在 t 时刻可接受的最小换道间隙,m;

g_{max}^j、g_{min}^j——可接受换道间隙的上下边界,m;

上标 j——目标车道的前车间隙或后车间隙,m;

d_{max}、d_{min}——可接受换道间隙上下边界对应的距强制换道点的临界距离,m;

ε_n——误差项。

(2) 对于自由换道,MITSIM换道模型的可接受最小换道间隙为

$$g_n^j(t) = g^j + \varepsilon_n \quad (6-4)$$

式中:g^j——两类换道间隙各自可接受的平均间隙,m。

MITSIM换道模型借鉴Gipps换道模型的换道规则,在换道决策过程中引入换道概率,能够用于描述驾驶员的随机换道特征,是微观交通仿真软件MITSIM中车辆换道行为的核心模型。

6.3 离散选择换道模型

离散选择换道模型是基于离散选择理论的换道模型。离散选择换道模型认为,驾驶员的换道动机源于对不同车道效用值的比较,通过构建车道的效用函数实现对车道选择概率的描

述。离散选择换道模型对换道条件的描述采用概率的形式而非确定性条件,并且考虑了随机误差项,将个体驾驶行为差异性以及驾驶员自身驾驶行为随机性融入模型。

6.3.1 Ahmed 换道模型

6.3.1.1 Ahmed 换道模型的决策结构

Ahmed 换道模型由 Ahmed 等提出,因此,称之为 Ahmed 换道模型。Ahmed 换道模型同样认为,换道决策过程包括考虑是否换道(换道类型)、目标车道选择和间隙接受三个阶段,其中,考虑是否换道阶段分成强制换道和自由换道两种类型。Ahmed 换道模型的决策结构共包含六行,如图 6-3 所示。

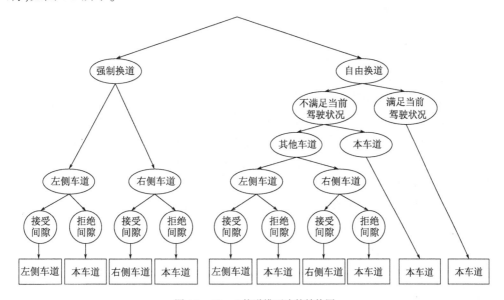

图 6-3 Ahmed 换道模型决策结构图

对于考虑强制换道(图 6-3 中左侧第一行),Ahmed 换道模型认为,影响强制换道决策的解释变量包括当前位置距强制换道地点的距离、完成强制换道过程需要穿越的车道数量以及换道车辆的类型等。在需要穿越多条车道方可实现强制换道的情况下,驾驶员往往会较早地响应强制换道。此外,重型车因其制动性能的局限性,也会相对较早地考虑强制换道。

对于考虑自由换道(图 6-3 中右侧第一行至第三行),Ahmed 换道模型认为,驾驶员需对是否满足本车道当前驾驶状况进行判断,影响驾驶员判断其是否满足本车道驾驶状况的因素包括期望行车速度以及本车道前方或后方的重型车影响等。若满足,则保持在本车道继续行驶;若不满足,则需要进一步对相邻车道的驾驶优势(包括相对速度、交通流密度以及重型车影响等方面)进行比较,以决定进行自由换道或继续保持本车道行驶。

Ahmed 换道模型认为,在决定换道并选择了目标车道后(图 6-3 中第四行),需判断换道间隙是否可接受(图 6-3 中第五行)。对于自由换道,可接受间隙的影响因素包括间隙的长度、换道车辆速度、目标车道前后车速度以及换道车辆类型等。一般而言,车流速度较快时的自由换道情形,需要较大的换道间隙,同时,重型车的换道行为同样需要较大的换道间隙。除了以上影响因素之外,强制换道下的可接受间隙影响因素还应包括当前位置距强制换道点的距离等因素。

6.3.1.2 Ahmed 换道模型的数学描述

1) Ahmed 换道模型的目标车道选择概率

Ahmed 换道模型在对目标车道选择进行概率描述时,是将图 6-3 中前四行的环节当作一个整体看待,即在强制换道或自由换道的前提下,应用二项 Logit 模型计算强制换道或自由换道过程中目标车道选择的概率,即

$$P_t(J|v_n) = \frac{1}{1 + \exp[-X_n^J(t)\beta^J - \alpha^J v_n]} \tag{6-5}$$

式中:$P_t(J|v_n)$——强制换道或自由换道下驾驶员 n 在当前时刻 t 选择某一车道的概率;

J——强制换道或自由换道决策下的目标车道;

v_n——驾驶员差异性的随机量;

$X_n^J(t)$——当前时刻影响该换道行为的解释变量向量;

β^J——$X_n^J(t)$ 的参数向量;

α^J——v_n 的参数。

2) Ahmed 换道模型的间隙接受概率

Ahmed 换道模型的间隙接受概率的计算,针对的是图 6-3 中第五行环节。Ahmed 换道模型中的换道间隙仅考虑相邻目标车道的前车间隙和后车间隙,并且定义了可接受最小间隙:

$$G_n^{cr,j}(t) = \exp[X_n^{cr,j}(t)\beta^j + \alpha^j v_n + \varepsilon_n^j(t)] \tag{6-6}$$

式中:$G_n^{cr,j}(t)$——驾驶员 n 在当前时刻 t 的临界间隙,m;

$X_n^{cr,j}(t)$——当前时刻影响该临界间隙的解释变量向量;

β^j——$X_n^{cr,j}(t)$ 的参数向量;

α^j——v_n 的参数;

$\varepsilon_n^j(t)$——随机项;

其余符号意义同前。

可接受最小间隙随不同驾驶员以及相同驾驶员的不同驾驶场景而变化,并非定值,Ahmed 换道模型假设只有在前车间隙和后车间隙的实际值均大于各自可接受最小间隙时,方可满足换道间隙条件。在 Ahmed 换道模型中,假设 $\varepsilon_n^j(t)$ 服从对数正态分布,则间隙接受的概率计算如下:

$$\begin{aligned}
&P_n(\text{gap acceptance}|v_n) \\
&= P_n[G_n^{ld}(t) > G_n^{cr,ld}(t)|v_n] \times P_n[G_n^{lg}(t) > G_n^{cr,lg}(t)|v_n] \\
&= P_n\{\ln[G_n^{ld}(t)] > \ln[G_n^{cr,ld}(t)]|v_n\} \times P_n\{\ln[G_n^{lg}(t)] > \ln[G_n^{cr,lg}(t)]|v_n\} \\
&= \Phi\left\{\frac{\ln[G_n^{ld}(t)] - X_n^{cr,ld}(t)\beta^{ld} - \alpha^{ld}v_n}{\sigma^{ld}}\right\} \times \Phi\left\{\frac{\ln[G_n^{lg}(t)] - X_n^{cr,lg}(t)\beta^{lg} - \alpha^{lg}v_n}{\sigma^{lg}}\right\}
\end{aligned} \tag{6-7}$$

式中:$G_n^{ld}(t)$、$G_n^{lg}(t)$——目标车道的前车间隙和后车间隙,m;

Φ——累积正态分布;

σ^{ld}、σ^{lg}——对数正态分布的标准差。

6.3.1.3 Ahmed 换道模型的特点

Ahmed 换道模型明确区分强制换道和自由换道,分别对两类换道决策进行了完整的模型构建,并运用交通仿真软件 MITSIM 进行了模型验证。同时,Ahmed 换道模型进一步将强制换

道决策拓展至上匝道拥堵区域的强行汇入情况,在该情况下,驾驶员受到向主路汇入的压力,不得不采取更小的换道间隙。然而,Ahmed换道模型无法有效兼顾强制换道与自由换道之间的决策权衡。比如,Ahmed换道模型在Gipps换道模型的思想基础之上,采用当前位置距强制换道点的距离,若将换道车辆锁定为强制换道情形,在此期间,该换道车辆无法实现正常超车行为。

6.3.2 Toledo换道模型

6.3.2.1 Toledo换道模型的决策结构

Toledo换道模型是Ahmed换道模型的进一步研究成果,由Toledo等提出,因此,称之为Toledo换道模型。Toledo换道模型使用统一的车道效用函数描述强制换道与自由换道场景,实现了强制换道与自由换道相统一的建模目标。

Toledo换道模型的决策结构包含两个部分,即目标车道选择和间隙接受。Toledo换道模型认为,目标车道选择不仅应考虑本车道的相邻车道,还应以车道效用为依据,从所有可能的车道中选择车道效用最高的车道作为目标车道。比如,在图6-4所示的4个车道场景中,从外侧到内侧依次为车道1、车道2、车道3和车道4,4个车道当前的平均速度分别为80km/h、75km/h、65km/h、110km/h,并假设仅以平均速度为车道的效用值,显然,车道4的效用最高、车道3的效用最低。若是在换道行为中仅考虑相邻车道,则位于车道2的目标车辆n将把车道1作为目标车道。然而,在Toledo换道模型中,从所有车道效用的全局性考虑,目标车辆n的换道目标应为车道4,目标车辆n为了完成向车道4换道的需求,应先向左临时换道至车道3。因此,Toledo换道模型是从全局性考虑出发,对目标车道以及换道方向进行综合考虑。在Toledo换道模型实际计算中,车道效用并非仅由车速决定,而是综合各类因素的结果值。

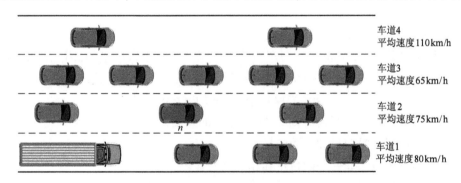

图6-4 Toledo换道模型目标车道选择示意图

Toledo换道模型决策结构图如图6-5所示。在图6-5中,共包含四层环节:第一层为目标车道的选择,第二层为根据目标车道而进行临时换道的方向选择,第三层为间隙接受判断环节,第四层为换道决策结果。仍然以图6-4中的目标车辆n为例,在车道效用的综合判断下,若车道2的车道效用最高,则目标车辆n不换道;若车道1的车道效用最高,则目标车辆n将车道1作为目标车道,同时需向右进行换道;若车道3或车道4的车道效用最高,则目标车辆n将车道3或车道4作为目标车道,并需向左进行换道。在目标车道和换道方向确定之后,目标车辆n需对换道方向上相邻车道的换道间隙进行判断,若满足换道间隙接受条件,则执行换道,否则不执行换道。

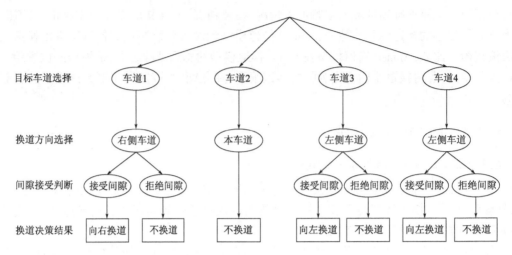

图 6-5　Toledo 换道模型决策结构图

6.3.2.2　Toledo 换道模型的数学描述

1) Toledo 换道模型的目标车道效用选择概率

为了描述不同驾驶员的驾驶行为差异性，Toledo 换道模型使用车道效用选择理论概率模型来选择目标车道。Toledo 换道模型在车道效用选择时考虑的解释变量包括如下：

（1）周边环境变量，包括邻近车辆位置、邻近车辆速度、道路几何要素、信号与标志和交警的存在等。

（2）计划路径变量，包括驾驶员的目的地、途经路径和预期行程时间等。

（3）路况获悉与驾驶经验变量，包括匝道、是否允许左转或掉头、公交车站、收费停车场等路况及驾驶经验。

（4）驾驶员特性与车辆性能变量，包括驾驶员的激进程度、车辆动力性能等。

在上述解释变量中，驾驶员特性与车辆性能变量往往是难以度量的，因此，Toledo 换道模型的车道效用引入随机误差项来捕获驾驶员的行为差异性，其概率表达式为

$$U_n^i(t) = \beta^i X_n^i(t) + \rho \delta_n^i(t-1) + \alpha^i v_n + \varepsilon_n^i(t) \tag{6-8}$$

式中：$U_n^i(t)$——驾驶员 n 在当前时刻 t 选择车道 i 的效用；

$X_n^i(t)$、β^i——解释变量向量和参数向量；

v_n、α^i——驾驶员差异性的随机量和相应的参数；

$\varepsilon_n^i(t)$——随机项；

$\delta_n^i(t-1)$——虚拟变量，若在上一时刻（$t-1$ 时刻）车道 i 为目标车道，则 $\delta_n^i(t-1) = 1$，否则 $\delta_n^i(t-1) = 0$；

ρ——参数。

Toledo 换道模型应用多项 Logit 模型计算驾驶员选择各车道的概率：

$$P[L_n(t) = i | v_n] = \frac{\exp[\beta^i X_n^i(t) + \rho \delta_n^i(t-1) | v_n]}{\sum_{j \in L} \exp[\beta^j X_n^j(t) + \rho \delta_n^j(t-1) | v_n]} \tag{6-9}$$

式中：$P[L_n(t) = i | v_n]$——驾驶员 n 在当前时刻 t 选择车道 i 为目标车道的概率；

L——所有车道集。

在 Toledo 换道模型中,当目标车道确定后,换道方向也随之确定。

2) Toledo 换道模型的间隙接受概率

Toledo 换道模型的换道间隙是指换道方向上相邻车道的前车间隙与后车间隙,并采用随机变量的方式定义前车间隙与后车间隙的最小可接受临界间隙,即将最小可接受临界间隙的随机变量作为解释变量与驾驶员差异性随机量的函数,并服从对数正态分布(其值非负):

$$\ln[G_n^{cr,j,d}(t)] = \beta^j X_n^{cr,j,d}(t) + \alpha^j \upsilon_n + \varepsilon_n^j(t) \tag{6-10}$$

式中:$G_n^{cr,j,d}(t)$——驾驶员 n 在当前时刻 t 换道的临界间隙,m;

上标 j——前车间隙或后车间隙,m;

上标 d——依据换道方向的向左换道或向右换道;

$X_n^{cr,j,d}(t)$、β^j——解释变量向量和参数向量;

α^j——驾驶员差异性随机量 υ_n 的参数;

$\varepsilon_n^j(t)$——随机项。

基于临界间隙表达式,Toledo 换道模型的间隙接受概率为

$$\begin{aligned}&P[\text{change in direction } d \mid d_n(t), \upsilon_n]\\&= P[l_n(t) = 1 \mid d_n(t), \upsilon_n]\\&= P[G_n^{ld,d}(t) > G_n^{cr,ld,d}(t) \mid d_n(t), \upsilon_n] \times P[G_n^{lg,d}(t) > G_n^{cr,lg,d}(t) \mid d_n(t), \upsilon_n]\end{aligned} \tag{6-11}$$

式中:$d_n(t)$——驾驶员 n 在当前时刻 t 的换道方向;

$G_n^{ld,d}(t)$、$G_n^{lg,d}(t)$——该换道方向上的前车间隙与后车间隙,m;

$l_n(t)$——换道行为,若驾驶员当前时刻向目标车道的方向换道,则 $l_n(t)=1$,否则,$l_n(t)=0$。

假设随机项 $\varepsilon_n^j(t):N(0,\sigma_j^2)$,则在换道方向条件下,相应的间隙接受条件概率可进一步计算为

$$P[G_n^{j,d}(t) > G_n^{cr,j,d}(t) \mid d_n(t), \upsilon_n] = \Phi\left\{\frac{\ln[G_n^{j,d}(t)] - [X_n^{j,d}(t)\beta^j + \alpha^j \upsilon_n]}{\sigma_j}\right\} \tag{6-12}$$

式中:j——$\{ld, lg\}$;

Φ——累积正态分布。

6.3.2.3 Toledo 换道模型的特点

Toledo 换道模型从全局性视角进行目标车道及换道方向的选择,通过计算目标车道选择概率和间隙接受概率获得换道概率,将强制换道与自由换道有效统一。类似 Ahmed 换道模型,Toledo 换道模型同样应用交通仿真软件 MITSIM 进行了模型验证,并且使用 NGSIM 轨迹数据集进行了模型参数标定,因此,Toledo 换道模型也称为 NGSIM 换道模型。尽管如此,复杂的模型结构和庞大的模型参数群使得模型的参数标定较为困难,在一定程度上影响了 Toledo 换道模型的应用。

6.4 激励驱动换道模型

激励驱动换道模型是对换道需求建立激励准则,当满足激励准则时,驾驶员产生换道需

求,并进一步判断换道的安全条件,从而执行换道或不执行换道。与离散选择换道模型相比较,激励驱动换道模型的激励准则本质上也属于效用选择,但并非是概率模型,并且激励驱动换道模型不对间隙接受进行复杂的概率计算,这使得激励驱动换道模型更加简洁,同时可与跟驰模型配合使用,提升了模型应用的方便性。

6.4.1 MOBIL 换道模型

6.4.1.1 MOBIL 换道模型的激励准则

MOBIL 换道模型由 Kesting 等提出,全称为 Minimizing Overall Braking Induced by Lane-change。MOBIL 换道模型主要面向高速公路自由换道场景,利用换道车辆及局部周围车辆的加速度变化表征换道效益,以此作为是否进行换道的决策依据。

考虑图 6-6 所示的高速公路自由换道场景,中间车道的车辆 c 为目标换道车辆,目标车道为左侧车道,车辆 c 换道前的后车为车辆 o、换道后的后车为车辆 n。a_c 表示目标车辆 c 换道前的加速度,其值依赖于目标车辆 c 跟驰本车道前车的跟驰加速度;$\tilde{a}_c$ 表示目标车辆 c 换道后的加速度,其值依赖于目标车辆 c 跟驰目标车道前车的跟驰加速度。同理,目标车辆 c 换道前后,车辆 o 的加速度分别记为 a_o 和 $\tilde{a}_o$,车辆 n 的加速度分别记为 a_n 和 $\tilde{a}_n$。

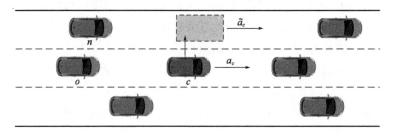

图 6-6 MOBIL 换道模型示意图

MOBIL 换道模型认为,换道激励准则不仅要考虑目标车辆换道后的自身收益,还要考虑目标车辆换道后其周围其他车辆的收益,其数学表达式如下:

$$\tilde{a}_c - a_c + p[(\tilde{a}_n - a_n) + (\tilde{a}_o - a_o)] > \Delta a_{th} \tag{6-13}$$

式中:p——礼貌因子;

Δa_{th}——换道加速度收益阈值,m/s^2。

在 MOBIL 换道模型的激励准则中,$\tilde{a}_c - a_c$ 表示目标车辆 c 在换道后的加速度收益,若其值大于 0,表示目标车辆 c 在换道后可获取更大的加速度,进而有利于提升其行车速度,符合自由换道的换道需求;$\tilde{a}_n - a_n$ 表示目标车辆 c 换道后,目标车道后车 n 的加速度收益,一般而言,由于目标车辆 c 换道后成为车辆 n 的前车,使得车辆 n 前方的车间距缩短,车辆 n 需减速制动,以防止与车辆 c 发生碰撞,因此,车辆 n 的加速度收益往往为负值;$\tilde{a}_o - a_o$ 表示目标车辆 c 换道后,原车道后车 o 的加速度收益,目标车辆 c 换道后,车辆 o 前方的车间距增大,有利于加速行驶,因此,车辆 o 的加速度收益往往为正值。礼貌因子 p 作为 MOBIL 换道模型的一大特色,将车辆 n 和车辆 o 的加速度收益总和赋予权重,并与车辆 c 的加速度收益共同作为换道整体收益,p 值大小反映了目标车辆 c 在换道决策中考虑的利他程度,同时反映了驾驶员的激进驾驶行为或保守驾驶行为。阈值 Δa_{th} 是对目标车辆 c 换道带来的整体加速度收益进行判断,只有当换道后整体加速度收益大于该阈值时,方可产生换道需求。不难看出,阈值 Δa_{th} 可从换道系统的全局性层面提升换道效益的门槛,而礼貌因子 p 则从局部周围车辆层面影响换道行为。

特别地,当 $p=1$ 且 $\Delta a_{th}=0$ 时,公式(6-13)可简化为

$$\tilde{a}_c + \tilde{a}_n + \tilde{a}_o > a_c + a_n + a_o \tag{6-14}$$

显然,此时 MOBIL 换道激励准则考虑的是换道后的加速度之和大于换道前的加速度之和,即希望因换道引起的周围车辆的整体减速制动最小化,这也是 MOBIL 换道模型名称的由来。

为了便于表述,在上述分析中将图 6-6 中的左侧车道设定为了目标车道,在 MOBIL 换道模型中,目标车道的设定需进行换道收益的判断,仍然以图 6-6 的 3 车道自由换道场景为例,应分别计算左侧车道和右侧车道是否满足换道激励准则,若二者均满足,则将换道整体加速度收益较大的车道作为目标车道。

6.4.1.2 MOBIL 换道模型的安全条件

在 MOBIL 换道模型中,换道的安全条件不是以换道间隙进行判断,而是通过车辆的加速度进行判断。仍然以图 6-6 为例进行阐述,在目标车辆 c 换道过程中,潜在的安全隐患主要存在于目标车辆 c 和目标车道的后车 n。对于车辆 n 而言,MOBIL 换道模型定义如下的安全条件:

$$\tilde{a}_n = f(v_n, v_c, \tilde{s}_n) \geqslant -b_{safe} \tag{6-15}$$

式中:f——跟驰模型表达式;

v_n、v_c——车辆 n 和车辆 c 的速度,m/s;

$\tilde{s}_n$——车辆 c 换道后,车辆 n 与车辆 c 之间的车间距,m;

b_{safe}——保证车辆安全行驶的最大减速度,m/s^2。

对于目标车辆 c 而言,同样存在类似的安全条件,即目标车辆 c 换道后的 $\tilde{a}_c$ 也应满足车辆安全行驶的最大减速度要求。经进一步分析,在自由换道情况下,无须对车辆 c 进行安全条件设定。这是因为若车辆 c 换道后产生过大减速度,则不但无法提升车辆 c 的行驶条件,反而使其行驶状态恶化,因此,这种情况不会发生。换言之,在自由换道情况下,若车辆 c 通过换道激励准则产生了换道需求,则其本身换道后必然满足上述安全条件的要求。

6.4.1.3 MOBIL 换道模型的特点

MOBIL 换道模型的换道激励准则和换道安全条件均采用跟驰模型进行计算,因而可将跟驰行为建模与换道行为建模很好地统一起来。同时,MOBIL 换道模型完全继承了跟驰模型的基本结构和参数体系,仅增加了两个额外的模型参数,便于模型的应用,其中礼貌因子 p 还可以表征驾驶员的激进驾驶行为或保守驾驶行为。此外,MOBIL 换道模型可拓展至强制换道场景中,如针对匝道合流区域的强制换道,MOBIL 换道模型假设合流匝道终点处存在一辆静止的车辆,匝道车辆被迫减速以避免碰撞,从而使得合流匝道的收益降低,靠近匝道终点的车辆自然产生向主路换道的需求。

6.4.2 LMRS 换道模型

LMRS 换道模型由 Schakel 等提出,全称为 Lane-change Model with Relaxation and Synchronization。LMRS 换道模型将换道激励准则描述成对换道期望的决策,换道期望由路径激励、速度

收益激励以及行驶规则激励组成,下面将分别进行介绍。同时,LMRS 换道模型的换道条件类似 MOBIL 换道模型,是对目标换道车辆以及目标车道后车的减速度进行安全判别,不再赘述。

LMRS 换道模型定义了如下的换道期望:

$$d^{i,j} = d_r^{i,j} + \theta_v^{i,j}(d_s^{i,j} + d_b^{i,j}) \tag{6-16}$$

式中: $d^{i,j}$——目标车辆由车道 i 向车道 j 换道时的期望;

$d_r^{i,j}$、$d_s^{i,j}$、$d_b^{i,j}$——路径、速度收益和行驶规则下的激励项;

$\theta_v^{i,j}$——权重。

在 LMRS 换道模型中,换道期望 $d^{i,j}$ 的取值范围为 $-1 \sim 1$。若 $d^{i,j}$ 取值为负,则表明换道行为不被期望,即采取不换道或向反方向换道的方式。LMRS 换道模型使用换道期望 $d^{i,j}$ 来对换道行为进行决策,换道行为分为自由换道、同步换道和协同换道三种类别。应用不同的换道期望阈值对三种类别换道行为进行数学描述:

$$0 < d_{\text{free}} < d_{\text{sync}} < d_{\text{coop}} < 1 \tag{6-17}$$

式中:d_{free}、d_{sync}、d_{coop}——三种类别换道行为的换道期望阈值,换道期望阈值的选择可以体现驾驶员驾驶行为的激进性或保守性。

LMRS 换道模型的三种类别换道行为示意图如图 6-7 所示。当换道期望 $d^{i,j}$ 非常小时,即 $d^{i,j} < d_{\text{free}}$,此时不执行由车道 i 向车道 j 的换道行为。随着换道期望 $d^{i,j}$ 的增大,换道行为先后经历自由换道、同步换道和协同换道。在自由换道情况下,换道期望 $d^{i,j}$ 较小,则驾驶员在换道过程中可接受的车头时距较大、减速制动较小,此时的换道间隙较为宽松。在同步换道和协同换道情况下,换道期望 $d^{i,j}$ 较大,此时驾驶员愿意接受更小的车头时距和更大的减速制动。并且,在同步换道和协同换道过程中,目标车辆在换道前将保持与目标车道车辆同步一致的行驶速度,以顺利完成换道行为。此外,在协同换道情况下,目标车辆将与目标车道后车协同创造换道间隙,以实现协同换道,这种现象常常发生在上匝道合流换道区域。

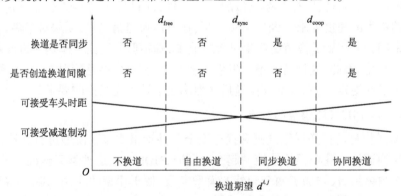

图 6-7 LMRS 换道模型的换道行为示意图

1) 路径激励 $d_r^{i,j}$

LMRS 换道模型将换道期望中的路径激励 $d_r^{i,j}$ 定义如下:

$$d_r^{i,j} = \begin{cases} d_r^i & (\Delta_r^j = 1, d_r^i > d_r^j) \\ 0 & (\Delta_r^j = 1, d_r^i = d_r^j) \\ -d_r^j & (\Delta_r^j = 1, d_r^i < d_r^j) \\ -\infty & (\Delta_r^j = 0) \end{cases} \tag{6-18}$$

式中：$\Delta_r^j = 1$——目标车道 j 满足计划路径的行驶需求；

$\Delta_r^j = 0$——目标车道 j 不满足计划路径的行驶需求；

$d_r^i \setminus d_r^j$——本车道 i 和目标车道 j 的路径收益，定义如下：

$$d_r^k = \max\left(1 - \frac{x_r^k}{n_r^k x_0}, 1 - \frac{t_r^k}{n_r^k t_0}, 0\right) \tag{6-19}$$

式中：k——$\{i, j\}$；

$x_r^k \setminus x_0$——计划路径中剩余的行驶距离和相应的临界值，km；

$t_r^k \setminus t_0$——计划路径中剩余的行驶时间和相应的临界值，h；

n_r^k——满足计划路径而需要的换道次数，次。

2) 速度收益激励 $d_s^{i,j}$

LMRS 换道模型将换道期望中的速度收益激励 $d_s^{i,j}$ 定义如下：

$$d_s^{i,j} = \begin{cases} a_{\text{gain}} \dfrac{v_{\text{ant}}^j - v_{\text{ant}}^i}{v_{\text{gain}}} & (\Delta_s^j = 1) \\ 0 & (\Delta_s^j = 0) \end{cases} \tag{6-20}$$

式中：$\Delta_s^j = 1$——允许向车道 j 进行换道；

$\Delta_s^j = 0$——不允许向车道 j 进行换道；

$a_{\text{gain}} \setminus v_{\text{gain}}$——加速度和速度的增益参数；

$v_{\text{ant}}^i \setminus v_{\text{ant}}^j$——本车道 i 和目标车道 j 的预期速度，定义如下：

$$\begin{cases} v_{\text{ant}}^k = \min\left[v_{\text{des}}^k, \min_{m \in M_k}(\tilde{v}_{\text{lead}}^m)\right] \\ v_{\text{des}}^k = \min(\delta v_{\text{lim}}^k, v_{\max}) \\ \tilde{v}_{\text{lead}} = \left(1 - \dfrac{s}{x_0}\right) v_{\text{lead}} + \dfrac{s}{x_0} v_{\text{des}} \end{cases} \tag{6-21}$$

式中：v_{des}^k——期望速度，m/s，其值受到车道限速 v_{lim}^k 与最大车辆速度 $v_{\max}$ 的约束；

δ——车道限速服从因子；

v_{lead}——前车速度，m/s；

$\tilde{v}_{\text{lead}}$——前车速度的实际考虑值，m/s；

s——目标换道车辆与前车之间的距离，m；

$m \in M_k$——本车道与目标车道上的所有前车。

3) 行驶规则激励 $d_b^{i,j}$

LMRS 换道模型将行驶规则定义为尽可能向右车道行驶的规则，即驾驶员倾向于向右车道换道。然而，这一驾驶规则不是强制性的。比如，当右车道较为拥挤时，右车道的速度收益较低。此外，当右车道连接的道路与驾驶员计划的路径相违背时，驾驶员也无法执行向右换道。因此，只有当右车道满足速度收益和路径需求时，驾驶员服从这一驾驶规则，LMRS 换道模型将其定义为

$$\begin{cases} d_b^{i,j_l} = 0 \\ d_b^{i,j_r} = \begin{cases} d_{\text{free}} & (v_{\text{ant}}^{j_r} = v_{\text{des}}, d_r^{i,j_r} \geq 0) \\ 0 & (\text{其他}) \end{cases} \end{cases} \tag{6-22}$$

式中：上标 j_l、j_r——向左和向右换道。

不难看出，LMRS 换道模型的向右换道行驶规则可以方便地更改为向左换道行驶规则。

4）速度收益激励和行驶规则激励的权重 $\theta_v^{i,j}$

LMRS 换道模型对速度收益激励和行驶规则激励的权重 $\theta_v^{i,j}$ 定义如下：

$$\theta_v^{i,j} = \begin{cases} 0 & (d_r^{i,j} d_v^{i,j} < 0, |d_r^{i,j}| \geq d_{coop}) \\ \dfrac{d_{coop} - |d_r^{i,j}|}{d_{coop} - d_{sync}} & (d_r^{i,j} d_v^{i,j} < 0, d_{sync} < |d_r^{i,j}| < d_{coop}) \\ 1 & (d_r^{i,j} d_v^{i,j} \geq 0 \text{ 或 } |d_r^{i,j}| \leq d_{sync}) \end{cases} \quad (6\text{-}23)$$

式中：$d_v^{i,j} = d_s^{i,j} + d_b^{i,j}$。

LMRS 换道模型和 MOBIL 换道模型均属于激励驱动换道模型，其建模思想直接体现了换道需求的激励影响，LMRS 换道模型的换道期望阈值能够表征驾驶员激进驾驶行为和保守驾驶行为。与 MOBIL 换道模型类似，LMRS 换道模型同样可与跟驰模型配合，共同完成微观交通流仿真。此外，在 LMRS 换道模型的仿真验证中，换道期望阈值 d_{free}、d_{sync} 和 d_{coop} 分别取值为 0.25、0.50 和 0.75。

6.5 换道模型总结

6.5.1 各类换道模型的对比分析

针对规则换道模型、离散选择换道模型以及激励驱动换道模型，分析各类换道模型在换道动机和换道条件两个阶段下的决策思想、建模过程及模型特点等内容，对三类换道模型进行总结。各类换道模型的对比分析见表 6-1。

各类换道模型的对比分析 表 6-1

规则换道模型	离散选择换道模型	激励驱动换道模型
换道决策		
一系列确定性条件的决策树	效用 Logit 模型和概率模型	换道收益的激励函数
目标车道的选择及其解释变量		
基于确定性的换道目的；解释变量：前车间隙、后车间隙、临界间隙等	基于各车道的效用值；解释变量：目标车道的换道间隙及行车速度、本车道速度及路况、驾驶员的计划路径等	基于各车道的收益值；解释变量：局部车辆加速度变化、期望速度、车辆最大速度、车道限速、计划路径的行驶距离与时间等
间隙接受/换道安全条件及其解释变量		
基于最小可接受间隙的比较；解释变量：距预期转向点的距离、距强制换道点的距离等	基于间隙接受概率模型；解释变量：目标车道前车与后车的换道间隙及相对速度等	基于跟驰模型计算的换道减速度；解释变量：本车道与目标车道的换道间隙及相对速度、换道过程中相关车辆减速度的临界阈值等

续上表

规则换道模型	离散选择换道模型	激励驱动换道模型
模型优点		
模型结构清晰明了； 建模思想对后续模型构建有促进作用	建模理论完备,能够表征个体驾驶员驾驶行为差异的随机性； 概率结果取代"非是即否"的确定性结果	模型参数较少,便于应用； 能够体现驾驶员的激进驾驶行为或保守驾驶行为
模型缺点		
模型参数的阈值较主观,难以标定； 确定性的决策结果,计算得到的换道可能性与实际存在差异	车道效用的概率计算较复杂； 模型参数庞大,标定困难	主要面向自由换道场景,拥堵场景下的换道效果有待验证； 换道间隙的安全条件相对简单
模型应用		
三类换道模型均可应用于微观交通流仿真,以及通行能力等交通流运行特性的分析		

6.5.2 换道执行阶段的建模

上述三类换道模型关注于换道动机和换道条件两个阶段的决策建模描述,缺少对换道执行阶段的刻画。换道执行阶段体现了目标车辆从本车道向目标车道的空间移动,该方面的建模研究较少,且往往独立于换道动机和换道条件的建模研究。

虽然缺少实际的物理意义,五阶多项式模型被认为可以很好地拟合实际换道执行中车辆表现出的 S 形时空过程,如图 6-8 所示。

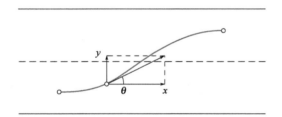

图 6-8 换道执行中的车辆轨迹示意图

五阶多项式模型的数学表达式如下：

$$y(x) = \alpha_0 + \alpha_1 x + \alpha_2 x^2 + \alpha_3 x^3 + \alpha_4 x^4 + \alpha_5 x^5 \tag{6-24}$$

式中： x、y——纵向和横向位移,m；

α_0、α_1、α_2、α_3、α_4、α_5——模型参数。

此外,为了反映车辆换道执行过程的物理意义,可以采用车辆转向角的换道执行模型：

$$\theta(t) = \begin{cases} \dfrac{|\theta^0| + |\theta^T|}{2}\tanh\left\{\dfrac{\zeta}{\dfrac{y(t)}{v}}\left[\dfrac{y(t)}{2v} - t\right]\right\} + \dfrac{\theta^0 + \theta^T}{2} & \text{（向左换道）} \\ -\dfrac{|\theta^0| + |\theta^T|}{2}\tanh\left\{\dfrac{\zeta}{\dfrac{y(t)}{v}}\left[\dfrac{y(t)}{2v} - t\right]\right\} + \dfrac{\theta^0 + \theta^T}{2} & \text{（向右换道）} \end{cases} \tag{6-25}$$

式中：$\theta(t)$——换道执行过程中车辆与车道线的夹角,red；

θ^0、θ^T——换道执行开始和结束时对应的夹角,red；

v——换道执行过程中车辆的平均速度,m/s;

ζ——驾驶风格的权重系数;

t——换道执行时间,s。

思考题与习题

1. 简述自由换道和强制换道分别对应哪些交通场景,并查阅资料分析自由换道和强制换道分别对交通流会造成哪些方面的影响?

2. 应用 IDM 跟驰模型结合 MOBIL 换道模型,设计微观交通流数值仿真实验。仿真条件如图 6-9 所示,模拟一条带有汇入匝道的单向双车道高速公路,路段长度为 8km,汇入匝道位于 5.5km 处,匝道加速段长度 200m。在仿真过程中,主线上游单车道驶入流量恒定为 1200veh/h,匝道汇入流量恒定为 400veh/h,匝道强制换道采用一辆虚拟车停在匝道加速段尽头的方式来触发。试对整个系统进行微观交通流数值仿真,并统计路段上车辆的换道位置分布情况和车辆的总体换道比例。

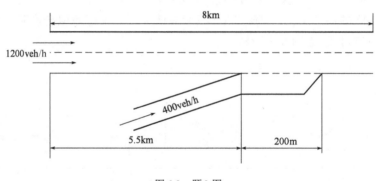

图 6-9 题 2 图

第 7 章
间断交通流理论

间断交通流是指交通流运行过程中受到外部环境的强制阻断干扰,流体的波动性被打断。对间断交通流运行规律进行分析的模型与方法被称为间断交通流理论。城市平面交叉口是典型的间断交通流设施。城市交叉口间断交通流理论包括车辆到达分布、车头时距分布、无信号交叉口间隙接受理论和信号交叉口排队理论等。本章将分别给予介绍。

7.1 车辆到达分布

通常情况下,在观测时间内车辆到达某一断面的车辆数是一个随机变量,根据概率论,将描述车辆到达事件概率的数学分布称为车辆到达分布。车辆到达分布是求解观测时间 t 内到达指定道路设施的车辆数为 x 的概率问题,属于离散型分布。车辆到达分布广泛应用于通行能力分析以及排队长度估计,包括泊松分布、二项分布和负二项分布。

7.1.1 泊松分布

在交通需求较低时,道路上的车流量较小,车辆到达指定道路设施的时间间隔较大。此时,车辆先后到达道路设施可视为独立不相关事件,因而符合泊松分布的假设。实际观测结果表明,低流量条件下车辆到达服从泊松分布,其概率表达式为

$$P(x) = \frac{(\lambda t)^x e^{-\lambda t}}{x!} \quad (x = 0, 1, 2, \cdots) \tag{7-1}$$

式中：$P(x)$——在时间间隔 t 内，车辆到达数为 x 的概率；
　　　t——时间间隔，s；
　　　λ——车辆平均到达率，veh/s。

定义时间间隔 t 内平均车辆到达数为 m，即 $m = \lambda t$，则：

$$P(x) = \frac{m^x e^{-m}}{x!} \quad (x = 0, 1, 2, \cdots) \tag{7-2}$$

泊松分布是常用的车辆到达分布形式之一，常用于对低流量条件下车辆到达分布的描述。当交通需求增大时，道路上的车辆变得拥堵，交通流以车队的形式在道路上运行。此时，车辆的运行受到车队的约束，先后到达交通设施不再是相互独立的事件。因此，泊松分布不适合描述拥堵状态下车辆到达的分布特征。

在实际交通流观测中，若已知道路上车辆到达服从泊松分布，则根据公式(7-2)可知，只需要获得时间间隔内平均车辆到达数 m，即可确定泊松分布的具体表达式。平均车辆到达数 m 等于观测时段内到达车辆的总数与观测时间间隔数量的比值。

根据泊松分布的性质可知，其期望和方差均为 m。因此，对于车辆达到方差与期望的比值接近 1 的统计样本可以考虑用泊松分布拟合。

此外，可以由公式(7-2)计算得到泊松分布的递推表达式，即

$$P(x) = \frac{m}{x} P(x-1) \quad (x = 1, 2, \cdots) \tag{7-3}$$

以上泊松分布的概率表达式用于计算时间间隔 t 内，到达车辆数为 x 的概率。在实际交通工程应用过程中，还有一类常见的问题，要求计算时间间隔 t 内，到达车辆数小于或大于 x 的概率。此时，可以采用累积泊松分布表达式计算，即

$$P(\leq x) = \sum_{i=0}^{x} \frac{m^i e^{-m}}{i!} \quad (x = 1, 2, \cdots) \tag{7-4}$$

$$P(< x) = \sum_{i=0}^{x-1} \frac{m^i e^{-m}}{i!} \quad (x = 1, 2, \cdots) \tag{7-5}$$

$$P(> x) = 1 - P(\leq x) = 1 - \sum_{i=0}^{x} \frac{m^i e^{-m}}{i!} \quad (x = 1, 2, \cdots) \tag{7-6}$$

$$P(\geq x) = 1 - P(< x) = 1 - \sum_{i=0}^{x-1} \frac{m^i e^{-m}}{i!} \quad (x = 1, 2, \cdots) \tag{7-7}$$

$$P(x \leq i \leq y) = \sum_{i=x}^{y} \frac{m^i e^{-m}}{i!} \quad (x = 1, 2, \cdots) \tag{7-8}$$

7.1.2　二项分布

当车流量较大时，车辆的到达受车队的制约，不再满足独立不相关事件的假设条件，泊松分布不再适用。此时，可采用二项分布描述车辆的到达情况。二项分布的概率表达式为

$$\begin{cases} P(x) = C_n^x p^x (1-p)^{n-x} & (x = 0, 1, 2, \cdots, n) \\ C_n^x = \dfrac{n!}{x!(n-x)!} \end{cases} \tag{7-9}$$

式中：p——车辆到达的概率。

根据概率论,二项分布的期望 $\mu = np$,方差 $\sigma^2 = np(1-p)$。因此,可以计算二项分布参数 p 和 n 关于期望和方差的表达式,即

$$\begin{cases} p = \dfrac{\mu - \sigma^2}{\mu} \\ n = \dfrac{\mu^2}{\mu - \sigma^2} \end{cases} \tag{7-10}$$

上述性质使得二项分布在实际应用中十分方便。首先,设定时间间隔,观测连续时间间隔内的车辆到达数,形成车辆到达数的观测样本。然后,计算车辆到达数样本的期望和方差,并根据公式(7-10)计算二项分布的关键参数 p 和 n。最后,将 p 和 n 的值代入公式(7-9)中,计算车辆到达数为 x 的概率值 $P(x)$。

与泊松分布类似,二项分布也存在递推表达式,可由公式(7-9)推导得到:

$$\begin{cases} P(0) = (1-p)^n \\ P(x) = \dfrac{n-x+1}{x} \times \dfrac{p}{1-p} P(x-1) \quad (x = 1, 2, \cdots, n) \end{cases} \tag{7-11}$$

根据二项分布的性质,当样本方差与均值之比明显小于1时,采用二项分布描述车辆到达情况,具有较好的效果。

7.1.3 负二项分布

当到达的车流波动性很大,或者以一定时间间隔观测到达的车辆数并且观测间隔一直延续到高峰期间与非高峰期间两个时段时,所得数据就可能具有较大的方差。当样本方差与均值之比明显大于1时,可以采用负二项分布描述车辆的到达情况,其概率表达式为

$$\begin{cases} P(x) = C_{x+n-1}^{n-1} p^n (1-p)^x \quad (x = 0, 1, 2, \cdots, n) \\ C_{x+n-1}^{n-1} = \dfrac{(x+n-1)!}{x!(n-1)!} \end{cases} \tag{7-12}$$

由概率论可知,负二项分布的期望和方差分别为

$$\begin{cases} \mu = \dfrac{n(1-p)}{p} \\ \sigma^2 = \dfrac{n(1-p)}{p^2} \end{cases} \tag{7-13}$$

因此,若观测获得了样本的期望和方差,则负二项分布的参数可通过下式进行估计:

$$\begin{cases} p = \dfrac{\mu}{\sigma^2} \\ n = \dfrac{\mu^2}{\sigma^2 - \mu} \end{cases} \tag{7-14}$$

根据公式(7-12),得到负二项分布的递推表达式为

$$\begin{cases} P(0) = p^n \\ P(x) = \dfrac{n+x-1}{x}(1-p) P(x-1) \quad (x = 1, 2, \cdots, n) \end{cases} \tag{7-15}$$

负二项分布最典型的场景出现在交通信号的下游路段。在该路段上,当统计时间间隔的前段观测到绿灯早期释放的饱和流,而后段观测到绿灯末期的非饱和流时,这类观测样本的车

辆到达往往服从负二项分布。

7.2 车头时距分布

当车辆到达服从概率分布时,连续车辆之间的车头时距也服从概率分布,将描述车辆连续到达事件之间时间特征概率的数学分布称为车头时距分布。车头时距分布是求解连续到达车辆之间车头时距在某范围内分布的概率问题,属于连续型分布,往往与车辆到达分布相对应。

7.2.1 负指数分布

当车辆到达服从泊松分布时,连续到达车辆之间的车头时距服从负指数分布。根据泊松分布公式(7-1)可知,在时间间隔 t 内,若没有车辆到达,即到达车辆数为零的概率为

$$P(0) = e^{-\lambda t} \tag{7-16}$$

在时间间隔 t 内没有到达车辆,意味着连续车辆到达同一断面的车头时距 h 大于或等于时间间隔 t,则公式(7-16)可改写为

$$\begin{cases} P(h \geq t) = e^{-\lambda t} \\ P(h < t) = 1 - e^{-\lambda t} \end{cases} \tag{7-17}$$

根据概率论,由公式(7-17)可知,负指数分布的概率密度为

$$f(t) = \frac{\mathrm{d}[1 - P(h \geq t)]}{\mathrm{d}t} = \lambda e^{-\lambda t} \tag{7-18}$$

根据概率论可计算得到负指数分布的期望和方差分别为

$$\begin{cases} \mu = \dfrac{1}{\lambda} = T \\ \sigma^2 = \dfrac{1}{\lambda^2} = T^2 \end{cases} \tag{7-19}$$

式中:T——平均车头时距,s,其与 λ 互为倒数关系。

在实际应用中,可通过下式计算交通流中车头时距长度分布在 t 和 $t + \Delta t$ 之间的概率:

$$P(t \leq h < t + \Delta t) = P(h \geq t) - P(h \geq t + \Delta t) \tag{7-20}$$

因为负指数分布是由泊松分布推导得出的,因此,负指数分布适合描述低交通需求下车辆随机到达的情况。实际观测数据表明,负指数分布对于低流量区间的长时距拟合较好,而对于高流量部分的短时距拟合效果较差。同时,负指数分布具有简洁的数学形式,是交通工程领域应用最为广泛的车头时距分布形式。

7.2.2 移位负指数分布

根据负指数分布的概率表达式,存在车头时距趋近于 0 的情形,而实际交通流中过小的车头时距是罕见的。因此,为了克服负指数分布的这一缺点,可以将负指数分布曲线从原点沿着时间轴向右侧移动一个最小车头时距的时间间隔 τ,禁止车头时距在最小时距 τ 以内分布,则得到移位负指数分布,其概率表达式为

$$\begin{cases} P(h \geq t) = e^{-(t-\tau)/(T-\tau)} \\ P(h < t) = 1 - e^{-(t-\tau)/(T-\tau)} \end{cases} \tag{7-21}$$

根据概率论,移位负指数分布的期望和方差分别为

$$\begin{cases} \mu = T \\ \sigma^2 = (T-\tau)^2 \end{cases} \tag{7-22}$$

移位负指数分布作为负指数分布的改进分布形式,能够更好地拟合实测数据,因此得到了广泛应用。

7.2.3 爱尔朗分布

如前所述,车头时距的负指数分布对应于车辆到达的泊松分布,而泊松分布中事件独立的假设条件符合低流量状态下的交通特性。在统计学理论中,属于同一负指数分布的 K 个独立随机变量之和服从 K 阶爱尔朗分布。尽管爱尔朗分布缺少实际的交通物理意义,但爱尔朗分布能够较好地拟合实际车头时距的分布情况。K 阶爱尔朗分布的概率密度和概率分布表达式分别为

$$f(t) = \frac{\lambda}{(K-1)!}(\lambda t)^{K-1} e^{-\lambda t} \tag{7-23}$$

$$P(h \geq t) = \sum_{i=0}^{K-1} \frac{(\lambda K t)^i e^{-\lambda K t}}{i!} \tag{7-24}$$

可以看出,当爱尔朗分布的 $K=1$ 时,爱尔朗分布为负指数分布。相比负指数分布,高阶爱尔朗分布更符合车头时距分布的观测特征。

在实际应用中,可以通过车头时距观测样本的均值和方差来估计参数 K 值,即

$$K \approx \frac{T^2}{S^2} \tag{7-25}$$

式中:K——采取四舍五入的方式取整;
  T——车头时距样本的均值,s;
  S——车头时距样本的方差,s。

在交通流中,K 值在一定程度上可以作为交通流非随机性程度的表达。当 $K=1$ 时,交通流是完全随机的,车辆达到是独立不相关的;随着 K 值的增加,交通流的非随机性程度也逐步增加。

7.2.4 M3 分布

通常情况下,交通流中存在两种车辆:第一种车辆处于自由行驶状态,第二种车辆处于受限行驶状态。由此产生了混合分布函数的描述方法,如 M3 分布,其概率表达式和概率密度函数分别为

$$P(h \leq t) = \begin{cases} 1 - \alpha e^{-\lambda(t-\tau)} & (t > \tau) \\ 0 & (t \leq \tau) \end{cases} \tag{7-26}$$

$$f(t) = \begin{cases} \alpha \lambda e^{-\lambda(t-\tau)} & (t > \tau) \\ 1 - \alpha & (t = \tau) \\ 0 & (t < \tau) \end{cases} \tag{7-27}$$

式中:α——自由行驶车辆的比例;
  τ——最小车头时距,s;
  λ——常数,可由下式计算得到。

$$\lambda = \frac{\alpha q}{1 - \tau q} \tag{7-28}$$

由 M3 分布的概率表达式可知,当 $\alpha = 1.0$ 时,M3 分布为移位负指数分布;当 $\alpha = 1.0$ 且 $\tau = 0$ 时,M3 分布为负指数分布。

M3 分布较为客观地描述了道路交通流中车辆的运行状态。当车辆按车队状态行驶时,车辆之间保持均一的车头时距 τ;当车辆以自由流状态行驶时,其车头时距大于 τ。

7.3 无信号交叉口间隙接受理论

主路优先控制交叉口是常见的无信号交叉口类型,间隙接受理论是主路优先控制交叉口通行能力分析的基础理论,在交叉口通行能力分析领域得到广泛应用。下面将对临界间隙的基本概念以及间隙接受模型的推导进行介绍。

7.3.1 临界间隙

1)基本概念

临界间隙是指交叉口一股车流需要穿越另一股车流时,等待穿越的车辆能够通过被穿越车流所需要的最小间隙。一般条件下,驾驶员会拒绝小于临界间隙的时间间隔,倾向于接受大于临界间隙的时间间隔。

穿越间隙的大小与交叉口车流的流向及车型有关。在相同条件下,左转车流比直行车流需要更大的临界间隙。此外,临界间隙的大小还与被穿越车流的速度及穿越车流自身在交叉口进口道是否停车等因素有关。一般来讲,被穿越车流的速度越大,所需临界间隙就越大。穿越车流如需在进口道处停车,则所需的临界间隙比不停车时的临界间隙要大。

临界间隙的大小对交叉口的通行能力影响很大。例如,当主路上的交通流量为 900veh/h 时,若次路上车辆的临界间隙为 7s,则其通行能力约为 400veh/h;若次路上车辆的临界间隙为 5s,则其通行能力约为 620veh/h。也就是说,如果临界间隙应该是 5s 而被错误地认为是 7s,次路的通行能力会减小 35%。由此可见,通行能力的准确性很大程度上依赖于临界间隙的精度。

临界间隙是间隙接受理论中的重要参数之一,其对通行能力的计算有很大影响。因此,在一定的几何条件和交通条件下,正确测量临界间隙是非常重要的。20 世纪 80 年代,美国采用了德国在通行能力研究中临界间隙的成果,但美国研究人员发现,这些值对于美国交通条件并不适用。中国的道路、车辆以及交通状况与美国和德国有很大不同,国外有关该方面的研究成果并不能完全适用于我国道路实际情况,必须进行基于中国国情的调查与观测,才能得出适用于我国无信号交叉口临界间隙的参考值。

2)临界间隙的建议值

在实际工程应用过程中,往往难以通过理论计算的方式获取精度较高的临界间隙值,因此,考虑工程的实际需要,常常采用临界间隙的建议值(2/2 相交、4/2 相交)分别见表 7-1 和表 7-2。

临界间隙建议值(2/2 相交)(单位:s)　　　　表 7-1

车辆类型	小客车	中型车	大型车	拖挂车
主路左转	5.0	6.0	7.0	7.0
次路左转	5.5	6.5	7.5	8.0

续上表

车辆类型	小客车	中型车	大型车	拖挂车
次路直行	5.0	6.0	7.0	7.0
次路右转	3.0	3.5	4.0	4.5

临界间隙建议值(4/2 相交)(单位:s)　　表 7-2

车辆类型	小客车	中型车	大型车	拖挂车
主路左转	6.0	7.0	8.0	8.0
次路左转	6.5	7.5	8.5	9.0
次路直行	6.0	7.0	8.5	8.0
次路右转	4.0	4.5	5.0	5.5

7.3.2　间隙接受模型

间隙接受理论认为在主路优先控制的无信号交叉口中,存在两股冲突的车流,其中主路交通流为优先车流,次路交通流为非优先车流,其示意图如图 7-1 所示。主路交通流中的车辆可以无任何延误地通过交叉口,而次路交通流中的车辆只有当主路交通流中相邻两车的到达时间间隔大于临界间隙 t_c 时,才可以安全地穿越冲突区域,否则它们只能停车等待。此外,在间隙接受理论中,将次路交通流中的前后相邻两车使用主路同一间隙穿越交叉口的时间差定义为跟车时距 t_f。因此,当主路交通流满足临界间隙条件时,次路交通流中车辆以跟车时距 t_f 的时间间隔连续进入交叉口。

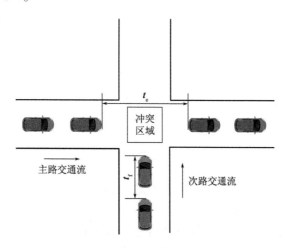

图 7-1　间隙接受模型示意图

对于上述交叉口,假设主路交通流的车辆间隙为 t,其分布密度函数为 $f(t)$,同时假设次路交通流中能够在间隙时长 t 内通过交叉口的车辆数为 $g(t)$,则:

$$g(t) = \begin{cases} n & [t_c + (n-1) \times t_f \leq t \leq t_c + n \times t_f] \\ 0 & (t < t_c) \end{cases} \quad (7\text{-}29)$$

式中:n——正整数。

假设主路交通流的流量为 q_p(veh/h),在主路交通流间隙期望值水平下,能通过交叉口的

次路车辆数 N 为

$$N = \int_{t=0}^{\infty} f(t)g(t)\,\mathrm{d}t \tag{7-30}$$

则每小时能够通过交叉口的次路车流量 q_m 为

$$q_\mathrm{m} = q_\mathrm{p} \int_{t=0}^{\infty} f(t)g(t)\,\mathrm{d}t \tag{7-31}$$

如果主路车辆的间隙分布密度函数 $f(t)$ 服从负指数分布,将公式(7-18)代入公式(7-31),可得到:

$$q_\mathrm{m} = q_\mathrm{p} \int_{t=0}^{\infty} \lambda \mathrm{e}^{-\lambda t} g(t)\,\mathrm{d}t \tag{7-32}$$

根据负指数分布中 $\lambda(\mathrm{veh/s})$ 的含义,存在以下关系:

$$\lambda = \frac{q_\mathrm{p}}{3600} \tag{7-33}$$

由公式(7-29)可知,函数 $g(t)$ 为分段函数,将其代入公式(7-32),计算如下:

$$q_\mathrm{m} = q_\mathrm{p} \left(\int_{t=0}^{t_\mathrm{c}} \lambda \mathrm{e}^{-\lambda t} \times 0 \times \mathrm{d}t + \int_{t=t_\mathrm{c}}^{t_\mathrm{c}+t_\mathrm{f}} \lambda \mathrm{e}^{-\lambda t} \times 1 \times \mathrm{d}t + \cdots + \int_{t=t_\mathrm{c}+(n-1)t_\mathrm{f}}^{t_\mathrm{c}+nt_\mathrm{f}} \lambda \mathrm{e}^{-\lambda t} \times n \times \mathrm{d}t + \cdots \right) \tag{7-34}$$

其中:

$$\int_{t=t_\mathrm{c}+(n-1)t_\mathrm{f}}^{t_\mathrm{c}+nt_\mathrm{f}} \lambda \mathrm{e}^{-\lambda t} \times n \times \mathrm{d}t = -n \int_{t=t_\mathrm{c}+(n-1)t_\mathrm{f}}^{t_\mathrm{c}+nt_\mathrm{f}} \times \mathrm{e}^{-\lambda t} \times \mathrm{d}(-\lambda t) = n \times \left[\mathrm{e}^{-\lambda t} \right]_{t_\mathrm{c}+nt_\mathrm{f}}^{t_\mathrm{c}+(n-1)t_\mathrm{f}} \tag{7-35}$$

因此:

$$\begin{aligned} q_\mathrm{m} &= q_\mathrm{p} \left\{ \left[\mathrm{e}^{-\lambda t} \right]_{t_\mathrm{c}+t_\mathrm{f}}^{t_\mathrm{c}} + 2 \times \left[\mathrm{e}^{-\lambda t} \right]_{t_\mathrm{c}+2t_\mathrm{f}}^{t_\mathrm{c}+t_\mathrm{f}} + \cdots + n \times \left[\mathrm{e}^{-\lambda t} \right]_{t_\mathrm{c}+nt_\mathrm{f}}^{t_\mathrm{c}+(n-1)t_\mathrm{f}} \right\} \\ &= q_\mathrm{p} \times \mathrm{e}^{-\lambda t_\mathrm{c}} \left[1 + \mathrm{e}^{-\lambda t_\mathrm{f}} + \mathrm{e}^{-2\lambda t_\mathrm{f}} + \mathrm{e}^{-3\lambda t_\mathrm{f}} + \mathrm{e}^{-(n-1)\lambda t_\mathrm{f}} - n\mathrm{e}^{-n\lambda t_\mathrm{f}} \right] \\ &= q_\mathrm{p} \frac{\mathrm{e}^{-\lambda t_\mathrm{c}}}{1-\mathrm{e}^{-\lambda t_\mathrm{f}}} \quad (n \to \infty) \end{aligned} \tag{7-36}$$

由公式(7-33)可得到:

$$q_\mathrm{m} = q_\mathrm{p} \frac{\mathrm{e}^{-\frac{q_\mathrm{p} t_\mathrm{c}}{3600}}}{1-\mathrm{e}^{-\frac{q_\mathrm{p} t_\mathrm{f}}{3600}}} \tag{7-37}$$

公式(7-37)为主路车流车头时距服从负指数分布时,推导得出的间隙接受模型,利用该模型可计算次路潜在的最大通行能力。

此外,当主路车流车头时距的分布函数不是负指数分布时,推导得到的间隙接受模型不同。由不同主路车头时距分布函数推导得到的间隙接受模型见表7-3。

由不同主路车头时距分布函数推导得到的间隙接受模型 表7-3

主路车头时距分布	$f(t)$	间隙接受模型
负指数分布	$f(t) = \lambda \mathrm{e}^{-\lambda t}$	$q_\mathrm{m} = q_\mathrm{p} \dfrac{\mathrm{e}^{-\frac{q_\mathrm{p} t_\mathrm{c}}{3600}}}{1-\mathrm{e}^{-\frac{q_\mathrm{p} t_\mathrm{f}}{3600}}}$
移位负指数分布	$f(t) = \dfrac{1}{T-\tau} \mathrm{e}^{-\frac{t-\tau}{T-\tau}}$	$q_\mathrm{m} = q_\mathrm{p} \dfrac{\mathrm{e}^{-\frac{t_\mathrm{c}-\tau}{T-\tau}}}{1-\mathrm{e}^{-\frac{t_\mathrm{f}}{T-\tau}}}$

续上表

主路车头时距分布	$f(t)$	间隙接受模型
爱尔朗分布	$f(t) = \dfrac{\lambda}{(K-1)!}(\lambda t)^{K-1} e^{-\lambda t}$	$q_m = \dfrac{(1+\lambda t_c)e^{-\lambda t_c} - (1+\lambda t_c - \lambda t_f)e^{-\lambda(t_c+t_f)}}{(1-e^{-\lambda t_f})^2}$
M3 分布	$f(t) = \begin{cases} \alpha\lambda e^{-\lambda(t-\tau)} & (t>\tau) \\ 1-\alpha & (t=\tau) \\ 0 & (t<\tau) \end{cases}$	$q_m = q_p \dfrac{\alpha e^{-\lambda(t_c-\tau)}}{1-e^{-\lambda t_f}}$

7.4 信号交叉口排队理论

在交通信号控制下，车辆在信号交叉口排队是常见的交通现象。信号交叉口排队理论源于系统排队论，是结合信号交叉口交通流运行特性，对车辆在信号交叉口进口道的排队现象进行数学建模。信号交叉口排队理论在交通流延误分析以及管理控制等领域应用广泛，下面将对其进行介绍。

7.4.1 信号交叉口排队特性

根据系统排队论，信号交叉口上游到达车辆是排队系统中的顾客，信号交叉口是排队系统中的服务机构，同时，信号交叉口进口道的交通流运行特性决定了排队系统的排队规则。

对于排队系统中的顾客（上游到达车辆）而言，车辆到达信号交叉口的过程通常有两种分布类型，即确定性的定长分布和随机性的泊松分布（负指数分布），见表 7-4。与此同时，在信号交叉口绿灯启亮后，车辆离开信号交叉口的过程同样存在定长分布和负指数分布，含义同表 7-4。

信号交叉口车辆到达与离开的分布类型 表7-4

符号	名称	含义
D	确定性到达/离开	车辆的到达/离开过程为均匀分布或随时间变化分布
M	随机性到达/离开	车辆的到达/离开过程服从泊松分布（负指数分布）

对于排队系统中的服务机构（信号交叉口）而言，车辆在某一个信号交叉口进口道上排队的服务机构个数为 1。

对于排队系统中的服务规则（信号交叉口进口道上的交通流运行特性）而言，车辆在红灯期间排队等待，绿灯启亮后，排队车队从头车开始，先后依次驶离信号交叉口。

因此，信号交叉口进口道上车辆排队的服务规则为单队列，队长无限制，先到先服务。

对于信号交叉口的车辆排队而言，可以采用 $X/Y/1$ 的方式描述排队系统的特性。其中，X 是指信号交叉口上游车辆的到达分布或车头时距分布类型，Y 是指车辆离开信号交叉口过程中的车头时距分布类型。

7.4.2 信号交叉口排队系统

7.4.2.1 D/D/1 排队系统

D/D/1 排队系统表示车辆在信号交叉口具有确定性到达和确定性离开。这种情形下的车辆排队问题可采用累积到达曲线 $A(t)$ 和累积离开曲线 $D(t)$ 的图解方法进行分析,如图 7-2 所示。

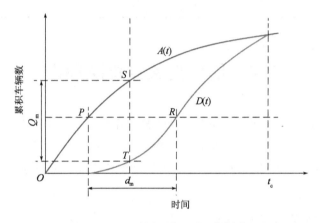

图 7-2 D/D/1 排队系统的累积曲线图解

假设车辆在信号交叉口的确定性到达率为 $\lambda(t)$,确定性离开率为 $\mu(t)$,则累积到达曲线 $A(t)$ 为

$$A(t) = \int_0^t \lambda(t) \mathrm{d}t \tag{7-38}$$

类似地,累积离开曲线 $D(t)$ 为

$$D(t) = \int_0^t \mu(t) \mathrm{d}t \tag{7-39}$$

因此,在图 7-2 中,累积到达曲线 $A(t)$ 和累积离开曲线 $D(t)$ 均为时间的函数,分别表示了信号交叉口排队车辆的累积数量和离开交叉口的车辆累积数量。累积到达曲线 $A(t)$ 和累积离开曲线 $D(t)$ 之间的水平距离,如图中 P 点和 R 点之间的 d_m,表示相应车辆所经历的延误。累积到达曲线 $A(t)$ 和累积离开曲线 $D(t)$ 之间的垂直距离,如图中 S 点和 T 点之间的 Q_m,表示在相应时间观测到的排队车辆数。累积到达曲线 $A(t)$、累积离开曲线 $D(t)$ 和时空坐标轴所包含的区域,代表所有车辆经历的总延误,并且累积离开曲线 $D(t)$ 应始终低于累积到达曲线 $A(t)$ 或最多赶上累积到达曲线 $A(t)$。当累积离开曲线 $D(t)$ 交于累积到达曲线 $A(t)$ 时,意味着排队刚刚消散,其时间为排队清空时间 t_c。

【例题 7-1】

假设某信号交叉口在某种交通管制下属于 D/D/1 排队系统,从 10:00 开始,车辆以每 6veh/min 的恒定速度到达该信号交叉口,然而该信号交叉口在交通管制下,要在 10:30 才能放行车辆,并假设每辆车需要等待 5s 方可通过该信号交叉口。试计算排队清空时间、最大排队车辆数、最长等待时间、总延误时间和平均延误时间。

解:

根据题目已知条件,车辆到达率 $\lambda(t) = 6\mathrm{veh/min}$,其中,$t$ 为从 10:00 开始的时间。车辆

以恒定车头时距 $h(t)=5\text{s/veh}$ 离开信号交叉口,则每分钟该信号交叉口可放行 12 辆车。考虑到交通管制下该信号交叉口在 10∶30 开始放行车辆,所以车辆离开率为

$$\mu(t)=\begin{cases}0 & (0\leqslant t<30)\\12 & (t\geqslant 30)\end{cases}$$

作出图解(图 7-3),其中,累积到达曲线 $A(t)$ 和累积离开曲线 $D(t)$ 的斜率分别为 6veh/min 和 12veh/min,并且:

$$A(t)=\int_0^t\lambda(t)\mathrm{d}t=\int_0^t 6\mathrm{d}t=6t$$

$$D(t)=\int_0^t\mu(t)\mathrm{d}t=\begin{cases}\int_0^{30}0\mathrm{d}t=0 & (0\leqslant t<30)\\\int_0^{30}0\mathrm{d}t+\int_{30}^t 12\mathrm{d}t=12(t-30) & (t\geqslant 30)\end{cases}$$

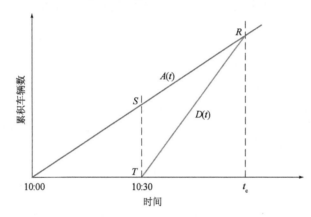

图 7-3 例题 7-1 的图解

(1) 计算排队清空时间

累积离开曲线 $D(t)$ 与累积到达曲线 $A(t)$ 相交点所对应的横坐标为排队清空时间 t_c,应满足如下约束条件:

$$6t_c=12(t_c-30)$$

计算得到 $t_c=60\text{min}$,因此,排队在 10∶00 后 60min(11∶00)清空。

(2) 计算最大排队车辆数

最大排队车辆数是累积到达曲线 $A(t)$ 和累积离开曲线 $D(t)$ 之间的最长垂直距离,由图 7-3 可以看出,最大排队车辆数在 10∶30 达到,此时排队为 $A(30)-D(30)=180\text{veh}$。

(3) 计算最长等待时间

车辆的最长等待时间是累积到达曲线 $A(t)$ 和累积离开曲线 $D(t)$ 之间的最长水平距离,发现第一辆到达的车辆等待了 30min,即最长等待时间。

(4) 计算总延误时间

总延误 $\varGamma$ 是由累积到达曲线 $A(t)$、累积离开曲线 $D(t)$ 和 x 轴所围成的面积,计算如下:

$$\varGamma=\int_0^t[A(t)-D(t)]\mathrm{d}t=\int_0^{30}(6t-0)\mathrm{d}t+\int_{30}^{60}[6t-12(t-30)]\mathrm{d}t=2700+2700=5400\,(\text{min})$$

因此,总延误时间为 5400min。另外,由于该问题的简单几何结构,总延误时间也可以确定为三角形面积,即

$$\Gamma = S_{\text{OTR}} = \frac{1}{2} \times 30 \times (6 \times 60) = 5400 (\text{min})$$

(5) 计算平均延误时间

在 t_c 处,将有 $N = A(t_c) = 6 \times 60 = 360 (\text{veh})$ 到达,因此每辆车的平均延误 d 为

$$d = \frac{\Gamma}{N} = \frac{5400}{360} = 15 (\text{min})$$

综上所述,排队清空时间为 11:00,最大排队车辆数为 180veh,车辆的最长等待时间为 30min,所有车辆的总延误时间为 5400min,平均延误时间为 15min。

7.4.2.2 M/D/1 排队系统

虽然图解法有利于解决排队问题,但它仅适用于确定性排队系统。当车辆到达过程或离开过程涉及随机性时,必须采用统计方法。

一般来讲,定义单位时间内信号交叉口上游车辆的平均到达率为

$$\lambda = \lim_{t \to \infty} \frac{N(t)}{t} \tag{7-40}$$

式中:λ——上游车辆到达率,veh/s;

$N(t)$——车辆到达总数,veh。

定义 L 为信号交叉口中延误的平均车辆数,L_Q 为排队车辆的平均车辆数,W 为车辆通过信号交叉口的平均时间(即车辆的平均延误),W_Q 为车辆排队的平均等待时间。

根据利特尔定律,如下的关系式成立:

$$\begin{cases} L = \lambda W \\ L_Q = \lambda W_Q \end{cases} \tag{7-41}$$

同时,将车辆的平均离开率表示为 μ,并将交通强度 ρ 定义为平均到达率与平均离开率之比,则:

$$\rho = \frac{\lambda}{\mu} \tag{7-42}$$

为了使车辆排队系统稳定,交通强度必须小于1,即 $0 < \rho < 1$。

如果车辆排队系统具有确定的离开率 μ,但其到达率 λ 服从泊松分布(其到达间隔时间服从负指数分布),则该信号交叉口为 M/D/1 车辆排队系统。当涉及随机性时,无法确定车辆何时到达或有多少车辆已经到达。因此,在这种情况下无法采用图解法,可以通过对 M/D/1 车辆排队系统进行统计分析,具体如下。

信号交叉口中延误的平均车辆数 L 为

$$L = \frac{(2-\rho)\rho}{2(1-\rho)} \tag{7-43}$$

排队车辆的平均车辆数 L_Q 为

$$L_Q = \frac{\rho^2}{2(1-\rho)} \tag{7-44}$$

车辆通过信号交叉口的平均时间 W 为

$$W = \frac{2-\rho}{2\mu(1-\rho)} \tag{7-45}$$

车辆排队的平均等待时间 W_Q 为

$$W_Q = \frac{\rho}{2\mu(1-\rho)} \tag{7-46}$$

平均延误是排队中的平均等待时间和平均离开时间($1/\mu$)之和,即

$$W = W_Q + \frac{1}{\mu} \tag{7-47}$$

同样,信号交叉口中延误的平均车辆数是排队车辆数和交通强度的平均数之和,即

$$L = L_Q + \rho \tag{7-48}$$

【例题 7-2】

假设车辆以平均 2veh/min 的速度到达某信号交叉口,车辆平均需要 10s 离开该信号交叉口。车辆的到达率服从泊松分布,并且离开过程是确定的。试计算平均排队车辆数、平均延误时间和排队中的平均等待时间。

解:

显然,这是一个 M/D/1 车辆排队系统,平均到达率 $\lambda = 2\text{veh/min}$,平均离开率 $\mu = 60 \div 10 = 6(\text{veh/min})$,交通强度 $\rho = 1/3$。具体计算如下。

(1) 计算平均排队车辆数

$$L_Q = \frac{\rho^2}{2(1-\rho)} = \frac{\left(\frac{1}{3}\right)^2}{2 \times \left(1-\frac{1}{3}\right)} = \frac{1}{12}(\text{veh})$$

(2) 计算平均延误时间

$$W = \frac{2-\rho}{2\mu(1-\rho)} = \frac{2-\frac{1}{3}}{2 \times 6 \times \left(1-\frac{1}{3}\right)} = \frac{5}{24}(\text{min})$$

(3) 计算排队中的平均等待时间

$$W_Q = \frac{\rho}{2\mu(1-\rho)} = \frac{\frac{1}{3}}{2 \times 6 \times \left(1-\frac{1}{3}\right)} = \frac{1}{24}(\text{min})$$

7.4.2.3 M/M/1 排队系统

M/M/1 排队系统表示车辆在信号交叉口具有泊松分布到达率(指数分布的到达间隔时间)和泊松分布离开率(指数分布的离开间隔时间)。对于 M/M/1 排队系统而言,仍然进行统计分析,具体如下。

信号交叉口中延误的平均车辆数 L 为

$$L = \frac{\rho}{1-\rho} \tag{7-49}$$

排队车辆的平均车辆数 L_Q 为

$$L_Q = \frac{\rho^2}{1-\rho} \tag{7-50}$$

车辆通过信号交叉口的平均时间 W 为

$$W = \frac{1}{\mu-\lambda} = \frac{1}{\mu(1-\rho)} \tag{7-51}$$

车辆排队的平均等待时间 W_Q 为

$$W_Q = \frac{\lambda}{\mu(\mu-\lambda)} = \frac{\rho}{\mu(1-\rho)} \tag{7-52}$$

此外,公式(7-47)和公式(7-48)仍适用于信号交叉口的 M/M/1 排队系统。

【例题 7-3】

在例题 7-2 中,假设车辆到达过程服从泊松分布,离开过程服从负指数分布。试计算该情况下的平均排队车辆数、平均延误时间和排队中的平均等待时间。

解:

显然,这是一个 M/M/1 排队系统,平均到达率 $\lambda = 2\text{veh/min}$,平均离开率 $\mu = 60 \div 10 = 6\text{veh/min}$,交通强度 $\rho = 1/3$。具体计算如下。

(1) 计算平均排队车辆数

$$L_Q = \frac{\rho^2}{1-\rho} = \frac{\left(\frac{1}{3}\right)^2}{1-\frac{1}{3}} = \frac{1}{6}(\text{veh})$$

(2) 计算平均延误时间

$$W = \frac{1}{\mu(1-\rho)} = \frac{1}{6 \times \left(1-\frac{1}{3}\right)} = \frac{1}{4}(\text{min})$$

(3) 计算排队中的平均等待时间

$$W_Q = \frac{\rho}{\mu(1-\rho)} = \frac{\frac{1}{3}}{6 \times \left(1-\frac{1}{3}\right)} = \frac{1}{12}(\text{min})$$

7.4.3 信号交叉口排队分析

为了分析信号交叉口车辆的排队情况,将车辆在信号交叉口处的行驶轨迹画在交通流运行时空图(图 7-4)中,其中每条曲线代表各车辆轨迹。该交叉口的交通信号由互相交替的有效红灯和有效绿灯组合表示,在红灯期间,上游到达车辆将停车并形成排队。因此,在排队尾部的时空位置产生车流冲击波(图中虚线 OQ)。当绿灯亮起时,排队中的车辆开始运行,在排队头部的时空位置形成另一个车流冲击波(图中虚线 PQ)。当两个冲击波在 Q 点相遇时,排队完全消散,之后到达的车辆将直接离开而不停车,直到下一个红灯到来,届时将构成另一个排队,并且重复上述过程。

信号交叉口交通流运行的排队论方法通常将系统简化为 D/D/1 排队系统。根据 7.4.2.1 的内容,图 7-4 可以转换为等效的时间累积车辆数图,其横轴仍为时间,纵轴为累积车辆数量 (图 7-5)。图 7-4 中的点 O、P 和 Q 分别对应于图 7-5 中的 O'、P' 和 Q'。直线 $O'Q'$ 表示累积到达曲线 $A(t)$,其斜率为到达率 $\lambda(t)$;曲线 $P'Q'$ 表示累积离开曲线 $D(t)$,斜率为离开率 $\mu(t)$。在给定信号交叉口有效绿灯时间 g、有效红灯时间 r、到达率 $\lambda(t) = \lambda$ 和离开率 $\mu(t) = \mu$ 的情况下,一个周期内的交通流运行分析如下。

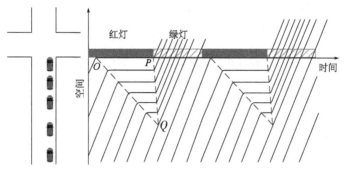

图 7-4 信号交叉口交通流运行时空图

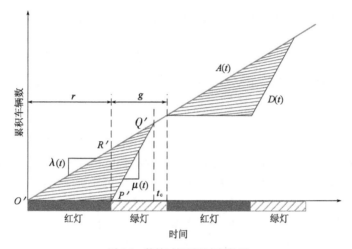

图 7-5 等效时间累积车辆数图

累积到达曲线 $A(t)$ 为

$$A(t) = \int_0^t \lambda(t) dt = \int_0^t \lambda dt = \lambda t \tag{7-53}$$

累积离开曲线 $D(t)$ 为

$$D(t) = \int_0^t \mu(t) dt = \begin{cases} \int_0^t 0 dt = 0 & (0 \leqslant t < r) \\ \int_0^g 0 dt + \int_g^t \mu dt = \mu(t-g) & (r \leqslant t < r+g) \end{cases} \tag{7-54}$$

排队清空时间 t_c 为累积离开曲线 $D(t)$ 与累积到达曲线 $A(t)$ 交点处所对应的横坐标,即

$$\begin{cases} \lambda t_c = \mu(t_c - r) \\ t_c = \dfrac{\mu r}{\mu - \lambda} = \dfrac{r}{1-\rho} \end{cases} \tag{7-55}$$

最大排队车辆数 L_m 为累积到达曲线 $A(t)$ 和累积离开曲线 $D(t)$ 之间的最长垂直距离,在有效红灯结束时为 $P'R'$,即

$$L_m = \lambda r \tag{7-56}$$

车辆的最长等待时间 W_m 为累积到达曲线 $A(t)$ 和累积离开曲线 $D(t)$ 之间的最长水平距离,即第一辆车到达有效红灯期间所等待的时间 $O'P'$,表示为

$$W_m = r \tag{7-57}$$

总延误 Γ 是由累积到达曲线 $A(t)$、累积离开曲线 $D(t)$ 以及 x 轴所围成的面积，即

$$\Gamma = \int_0^t [A(t) - D(t)] \mathrm{d}t = \int_0^r (\lambda t - 0) \mathrm{d}t + \int_r^{t_c} [\lambda t - \mu(t-r)] \mathrm{d}t = \frac{1}{2}\lambda r t_c \quad (7\text{-}58)$$

一个周期长度 $C = g + r$ 内，到达的车辆数 $N = \lambda C$，因此，每辆车的平均延误 W 为

$$W = \frac{\frac{1}{2}\lambda r t_c}{\lambda C} = \frac{r t_c}{2C} \quad (7\text{-}59)$$

信号交叉口中延误的平均车辆数 L 是总延误 Γ 除以周期长度 C，即

$$L = \frac{\frac{1}{2}\lambda r t_c}{C} = \frac{\lambda r t_c}{2C} \quad (7\text{-}60)$$

周期时间内排队的持续时间为 t_c，因此，排队持续时间占周期时间的比例 P_Q 为

$$P_Q = \frac{t_c}{C} = \frac{t_c}{g + r} \quad (7\text{-}61)$$

一个周期的车辆总数为 λC，而停车车辆的数量为 λt_c，因此停车车辆的比例为

$$P_S = \frac{t_c}{C} = \frac{t_c}{g + r} = P_Q \quad (7\text{-}62)$$

需要注意的是，上述分析应满足两个条件：第一个条件是没有初始排队；第二个条件是排队在周期内完全消散，即没有车辆进入到下一个周期的排队中。因此，在应用上述分析内容之前应检查这两个条件，第一个条件（排队系统中是否存在初始排队）比较容易判断，为了检验是否满足第二个条件，应进行如下分析：

(1) 计算第一个周期结束时的累积到达车辆数 $A(t) = \lambda C$。

(2) 假设车辆在有效绿灯时间内以 μ 的离开率离开信号交叉口，则第一个周期结束时的累积离开车辆数 $D(t) = \mu g$。

(3) 若 $D(t) \geq A(t)$，即 $\mu g \geq \lambda C$，则满足第二个条件，反之，则不满足第二个条件。

【例题 7-4】

已知某信号交叉口上游到达交通需求为 900veh/h，该信号交叉口没有初始队列且为两个信号相位，信号周期长度为 80s，有效绿灯时间为 44s，每辆车的饱和车头时距为 2s。假设该信号交叉口是 D/D/1 排队系统，试分析该信号交叉口的交通流运行情况。

解：

根据题目已知条件，到达率 $\lambda = 900 \div 3600 = 1/4(\text{veh/s})$，离开率 $\mu = 1/2 \text{veh/s}$。交通强度为 $\rho = 1/4 \div 1/2 = 1/2$，有效绿灯时间 $g = 44\text{s}$，有效红灯时间 $r = C - g = 36\text{s}$。

首先，检验是否满足信号交叉口排队分析的两个条件：

(1) 由题意可知，该信号交叉口不存在初始队列，满足第一个条件。

(2) 第一个周期结束时：$A(t) = \lambda C = 1/4 \times 80 = 20$，$D(t) = \mu g = 1/2 \times 44 = 22$，$D(t) \geq A(t)$ 成立，满足第二个条件。

因此，可以应用信号交叉口排队系统的公式进行计算，具体如下。

(1) 排队清空时间 t_c

$$t_c = \frac{r}{1-\rho} = \frac{36}{1-\frac{1}{2}} = 72(\text{s})$$

(2)最大排队车辆数 L_m

$$L_m = \lambda r = \frac{1}{4} \times 36 = 9(\text{veh})$$

(3)车辆的最长等待时间 W_m

$$W_m = r = 36\text{s}$$

(4)总延误 Γ

$$\Gamma = \frac{1}{2}\lambda r t_c = \frac{1}{2} \times \frac{1}{4} \times 36 \times 72 = 324(\text{s})$$

(5)平均延误 W

$$W = \frac{rt_c}{2C} = \frac{36 \times 72}{2 \times 80} = 16.2(\text{s})$$

(6)延误的平均车辆数 L

$$L = \frac{\lambda r t_c}{2C} = \frac{\frac{1}{4} \times 36 \times 72}{2 \times 80} = 4.05(\text{veh})$$

(7)排队持续时间占周期时间的比例 P_Q

$$P_Q = \frac{t_c}{C} = \frac{72}{80} = 0.9$$

(8)停车车辆的比例 P_S

$$P_S = P_Q = 0.9$$

思考题与习题

1. 某路段车辆到达服从泊松分布,平均到达率为 0.2veh/s。试求 2min 内不少于 10 辆车到达的概率。

2. 试述无信号交叉口临界间隙的内在含义。

3. 某信号交叉口由两相位信号控制,信号周期为 80s,饱和流率为 3000veh/h,没有初始排队。当该信号交叉口的排队达到 9 辆车时,有效绿灯启亮,并且排队在周期结束前 3s 清空。试计算该信号交叉口的车辆到达率。

4. 某信号交叉口的上游交通需求为 800veh/h,且由两相位信号控制,信号周期为 70s,有效绿灯时间为 40s,饱和流率为 2800veh/h。假设该信号交叉口为 D/D/1 车辆排队系统,并且没有初始排队,试对该信号交叉口进行排队统计分析。

第8章
宏微观交通流仿真

交通流仿真是应用交通流模型来模拟交通流时空状态,是分析交通流运行特性的常用手段。宏观交通流仿真常常是指对宏观交通流模型进行离散化,从而实现对交通流时空状态的宏观模拟。微观交通流仿真主要应用微观跟驰模型与换道模型开展仿真实验。此外,CA 等中观交通流仿真也日益成熟。本章将分别进行介绍。

8.1 宏观交通流仿真

8.1.1 LWR 模型的离散化

宏观交通流仿真主要针对的是采用宏观交通流模型进行交通流时空动态特性的模拟。在第 4 章宏观交通流模型中,为了分析交通流时空状态的动态变化,介绍了 LWR 模型的图解法。该图解法具有直观有效的优点,但存在一定的局限性。它主要适用于单个路段的场景,在这种场景下,初始条件相对简单。而在实际交通工程应用过程中,一个交通流系统包括许多路段以及由此组成的复杂网络,并且车流可以从匝道进入或离开,此时的初始条件和边界条件会变得更加复杂。

为了解决这一问题,需要对 LWR 模型进行离散化,形成宏观交通流模拟机制,从而实现对复杂道路交通流运行的时空动态分析。需要注意的是,LWR 模型的离散化方案不同,对应的宏观模拟机制也将存在差异,在诸多与 LWR 模型离散化方案相关联的宏观交通流模拟机制中,CTM 模型是目前常用的宏观交通流模拟模型,将在下一小节详细介绍,本小节主要介绍 LWR 模型一般意义上的离散化方案。

LWR 模型的离散化是指对时间和空间进行离散化,如图 8-1 所示。其中,纵轴表示道路的空间离散,即将道路离散化为 I 个较长路段,称为元胞。按照车辆行驶方向,从上游至下游,依次标记为 $1,2,\cdots,i,\cdots,I$,每个元胞的长度均取相等,记为 Δx。横轴表示将时间离散化,离散后的时间间隔为 Δt,若当前时刻为 t 时刻,则前一时刻为 $t-\Delta t$ 时刻,下一时刻为 $t+\Delta t$ 时刻。因此,在图 8-1 中灰色的矩形格表示 t 时刻元胞 i 上的交通流状态,如元胞 i 在 t 时刻的车辆数。在离散化过程中,一般要求在时间间隔 Δt 之内,车辆行驶不能超过一个路段的长度 Δx,即 $\Delta x \geq \Delta t \times v_f$,其中 v_f 为自由流速度。

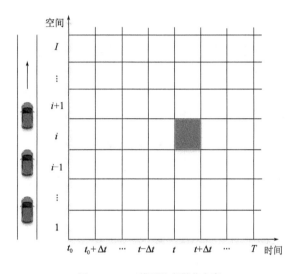

图 8-1 LWR 模型的离散化方案

在对 LWR 模型进行离散化之后,采用计算机程序计算每个元胞中的车辆数,计算程序包括两层循环,其中外层循环为时间层,内层循环为空间层。计算机程序的循环直到所有元胞都遍历了之后才结束,模型的解由元胞中的车辆数给出,然后再由车辆数转化为元胞的时空交通流状态,从而完成对交通流状态的时空演化分析。

8.1.2 CTM 模型

CTM 模型由 Daganzo 于 20 世纪 90 年代提出,CTM 模型与 LWR 模型一脉相承,本质上是对 LWR 模型中车辆守恒定律的近似差分处理。CTM 模型通过元胞车辆数和流入/流出车辆数在不同时刻的变化来描述道路交通流的时空动态演化。

8.1.2.1 CTM 模型的原理

CTM 模型采用图 8-1 所示的时空离散化方案,同时,CTM 模型的元胞长度 Δx 一般选择为 100~1000m,离散化后的元胞长度 Δx 和时间间隔 Δt 满足如下条件:

$$\Delta x = \Delta t \times v_f \tag{8-1}$$

在公式(8-1)中,CTM 模型的离散化条件满足了离散化的稳定性条件 $\Delta x \geqslant \Delta t \times v_f$。

CTM 模型中流量-密度关系采用的是梯形平衡态模型,如图 8-2 所示。梯形图的流量-密度曲线包含了三个部分:①梯形图左侧部分为非拥堵状态,此时车流速度为自由流速度 v_f,正向波速为 w_f,并且波速等于自由流速度;②梯形图中间部分,表示道路的通行能力为 q_m;③梯形图右侧为拥堵状态,堵塞密度为 k_j,反向波速为 $-w_b$。图中坐标原点记为 O 点,并且梯形图左侧与中间部分的交点记为 A 点,A 点对应的密度记为 k_1;梯形图中间部分与右侧的交点记为 B 点,B 点对应的密度记为 k_2;堵塞密度处坐标点记为 C 点。

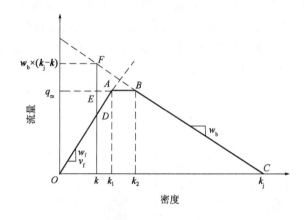

图 8-2 流量-密度平衡态模型的梯形图

在图 8-2 中,直线 OA 的斜率为自由流速度 v_f,且通过坐标原点 O。因此,当密度小于 k_1 时,流量-密度关系由直线方程表示为

$$q = v_f \times k \tag{8-2}$$

当密度值处于 k_1 和 k_2 之间时,由图中线段 AB 可以看出,流量 q 恒等于通行能力 q_m,即

$$q = q_m \tag{8-3}$$

同理,直线 BC 的斜率为 $-w_b$,且通过坐标点 $(k_j, 0)$。因此,当密度值处于 k_2 和 k_j 之间时,流量-密度关系可由 BC 的直线方程表示为

$$q = w_b \times (k_j - k) \tag{8-4}$$

由公式(8-2)~公式(8-4)可得流量-密度关系式为

$$q = \begin{cases} v_f \times k & (0 \leqslant k \leqslant k_1) \\ q_m & (k_1 < k \leqslant k_2) \\ w_b \times (k_j - k) & (k_2 < k \leqslant k_j) \end{cases} \tag{8-5}$$

当 $0 \leqslant k \leqslant k_1$ 时,流量-密度关系在图 8-2 中为线段 OA 上的每一坐标点,在 OA 上任取一点,记为 D 点,由公式(8-5)可知,流量 $q = v_f \times k$。通过 D 点作垂直于横轴的直线,交 BA 延长线于 E 点、交 CB 延长线于 F 点。E 点和 F 点的纵坐标 q 值分别为 q_m 和 $w_b \times (k_j - k)$,从图 8-2 中可以看出,$q = v_f \times k < q_m < w_b \times (k_j - k)$。因此,流量-密度关系表达式为

$$q = \min\{v_f \times k, q_m, w_b \times (k_j - k)\} \tag{8-6}$$

同理,当 $k_1 < k \leqslant k_2$ 和 $k_2 < k \leqslant k_j$ 时,流量-密度关系均可由公式(8-6)表示。因此,在梯形图中,公式(8-6)可替代公式(8-5),统一表示任一密度 k 时的流量-密度关系。

用 $q_i(t)$ 表示在 t 至 $t+\Delta t$ 的时间间隔 Δt 内，从元胞 $i-1$ 流入元胞 i 的流量。根据公式(8-6)可得：

$$q_i(t) = \min\{v_f \times k_{i-1}(t), q_m, w_b \times [k_j - k_i(t)]\} \tag{8-7}$$

式中：$k_i(t)$——元胞 i 在 t 时刻的密度，veh/h。

用 $y_i(t)$ 表示在 t 至 $t+\Delta t$ 的时间间隔 Δt 内，从元胞 $i-1$ 流入元胞 i 的车辆数量，因此：

$$y_i(t) = q_i(t) \times \Delta t \tag{8-8}$$

将公式(8-7)代入公式(8-8)中可得：

$$y_i(t) = \min\{v_f \times k_{i-1}(t) \times \Delta t, q_m \times \Delta t, w_b \times [k_j - k_i(t)] \times \Delta t\} \tag{8-9}$$

针对公式(8-9)中的 $v_f \times k_{i-1}(t) \times \Delta t$，由公式(8-1)可知，$v_f \times k_{i-1}(t) \times \Delta t = k_{i-1}(t) \times \Delta x$，记 $n_{i-1}(t) = k_{i-1}(t) \times \Delta x$；针对 $q_m \times \Delta t$，记 $Q_m = q_m \times \Delta t$；针对 $w_b \times [k_j - k_i(t)] \times \Delta t$，计算得到 $w_b \times [k_j - k_i(t)] \times \Delta t = (w_b/v_f) \times [k_j \times \Delta x - n_i(t)]$。因此，公式(8-9)可转换为

$$y_i(t) = \min\left\{n_{i-1}(t), Q_m, \frac{w_b}{v_f} \times [k_j \times \Delta x - n_i(t)]\right\} \tag{8-10}$$

式中：$n_{i-1}(t)$——元胞 $i-1$ 在 t 时刻的车辆数，veh；

Q_m——元胞的通行能力，veh/h；

$n_i(t)$——元胞 i 在 t 时刻的车辆数，veh；

$(w_b/v_f) \times [k_j \times \Delta x - n_i(t)]$——在 $t+\Delta t$ 时刻，元胞 i 的密度不能大于堵塞密度 k_j，其对应的物理意义是指在 $t+\Delta t$ 时刻，元胞 i 上的车辆最大极限为"占满"整个元胞长度。

因此，$y_i(t)$ 由 t 时刻元胞 $i-1$ 的车辆数、元胞通行能力和元胞 i 允许能够流入的车辆数共同确定。

假设定义 $S_{i-1}(t)$ 为元胞 $i-1$ 在 t 时刻的发送函数，$R_i(t)$ 为元胞 i 在 t 时刻的接收函数。$S_{i-1}(t)$ 的物理意义是指在 t 至 $t+\Delta t$ 的时间间隔 Δt 内，上游元胞 $i-1$ 所能发送的车辆数目，即需求车辆数目，$R_i(t)$ 的物理意义是下游元胞 i 在时间间隔 Δt 内所能接收的车辆数目，即供给车辆数目。因此：

$$S_{i-1}(t) = \min\{n_{i-1}(t), Q_m\} \tag{8-11}$$

$$R_i(t) = \min\left\{Q_m, \frac{w_b}{v_f} \times [k_j \times \Delta x - n_i(t)]\right\} \tag{8-12}$$

由公式(8-10)~公式(8-12)可得：

$$y_i(t) = \min\{S_{i-1}(t), R_i(t)\} \tag{8-13}$$

在时间间隔 Δt 内，存在驶入元胞 i 的车辆 $y_i(t)$，同时有从元胞 i 驶出的车辆 $y_{i+1}(t)$，即从元胞 i 驶入元胞 $i+1$ 的车辆，示意图如图 8-3 所示。因此，当前元胞 $t+\Delta t$ 时刻的车辆数，应为其 t 时刻车辆数加上时间间隔 Δt 内驶入的车辆数，同时减去驶出的车辆数，即

$$n_i(t+\Delta t) = n_i(t) + y_i(t) - y_{i+1}(t) \tag{8-14}$$

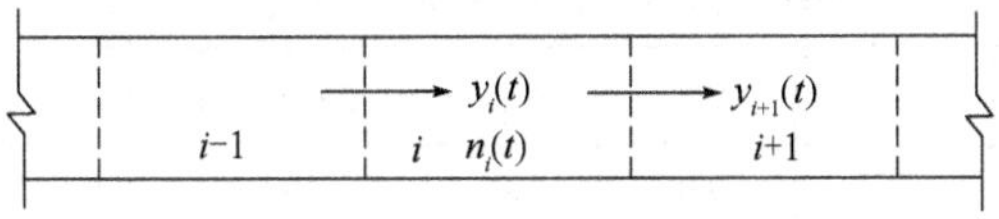

图 8-3 CTM 模型演化规则示意图

【例题 8-1】

针对高速公路基本路段场景,在已知梯形流量-密度关系图的情况下,试用 CTM 模型仿真交通流时空动态变化,给出仿真计算过程。

解:

题目已知梯形流量-密度关系图,可得到自由流速度 v_f、反向波速 w_b、堵塞密度 k_j 和通行能力 q_m。根据 CTM 模型演化规则[公式(8-14)],得到仿真计算过程如下:

for $t = 1:t_N$

    for $j = 1:i$

$$y_j(t-1) = \min\left\{N(t-1,j-1), q_m\Delta t, \frac{w_b}{v_f}[k_j\Delta x - N(t-1,j)]\right\};$$

$$y_{j+1}(t-1) = \min\left\{N(t-1,j), q_m\Delta t, \frac{w_b}{v_f}[k_j\Delta x - N(t-1,j+1)]\right\};$$

$$N(t,j) = N(t-1,j) + y_j(t-1) - y_{j+1}(t-1);$$

$$k(t,j) = \frac{1}{\Delta x}N(t,j);$$

    end

end

在仿真得到时空密度矩阵 $k(t,j)$ 后,结合基本图的平衡态模型,即可得出时空流量矩阵 $q(t,j)$ 和速度矩阵 $v(t,j)$,从而完成交通流的时空状态演化分析。

【例题 8-2】

在例题 8-1 中,已知自由流速度为 120km/h,反向波速为 18km/h,堵塞密度为 160veh/km,通行能力为 1800veh/h,时间离散间隔为 15s,空间离散间隔为 0.5km,初始时刻各单元路段内的车辆数分别为 50veh、23veh、35veh、58veh、69veh、80veh、59veh、38veh、57veh、36veh、70veh、50veh,并且假设路段左右两个边界的车辆数保持 50veh 不变,如图 8-4 所示。试计算未来 5 个时间层各路段内车辆数的状态演化情况。

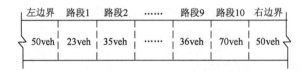

图 8-4 例题 8-2 中各路段空间离散化及初始状态

解:

根据例题 8-1 给出的计算步骤,将已知条件代入,初始时刻记为 t_0,计算得到不同时间层和不同路段内的车辆数见表 8-1。

不同时间层和不同路段内的车辆数(单位:veh) 表 8-1

时刻	路段1	路段2	路段3	路段4	路段5	路段6	路段7	路段8	路段9	路段10
t_0	23	35	58	69	80	59	38	57	36	70
t_1	23	38	59	70	76	55	40	53	41	67

续上表

时刻	路段1	路段2	路段3	路段4	路段5	路段6	路段7	路段8	路段9	路段10
t_2	24	41	60	70	72	52	41	51	44	64
t_3	25	43	61	70	69	50	42	49	47	61
t_4	26	45	62	69	66	48	43	48	49	59
t_5	28	47	63	68	63	47	43	48	50	57

8.1.2.2 CTM 模型的特性

1) CTM 具有与 LWR 模型一脉相承的特性

CTM 模型可看作是对 LWR 模型中车辆守恒方程的近似离散表达。可将 CTM 模型计算方程式(8-14)变化如下：

$$[y_{i+1}(t) - y_i(t)] + [n_i(t+\Delta t) - n_i(t)] = 0 \quad (8\text{-}15)$$

公式(8-15)等号两边同时除以 $\Delta t \times \Delta x$，得到：

$$\frac{y_{i+1}(t) - y_i(t)}{\Delta t \times \Delta x} + \frac{n_i(t+\Delta t) - n_i(t)}{\Delta t \times \Delta x} = 0 \quad (8\text{-}16)$$

由上述 CTM 模型原理可知 $y_i(t) = q_i(t) \times \Delta t$、$n_i(t) = k_i(t) \times \Delta x$，则有：

$$\frac{q_{i+1}(t) - q_i(t)}{\Delta x} + \frac{k_i(t+\Delta t) - k_i(t)}{\Delta t} = 0 \quad (8\text{-}17)$$

可以看出，公式(8-17)是对 LWR 模型守恒方程 $\frac{\partial q}{\partial x} + \frac{\partial k}{\partial t} = 0$ 的一种近似差分处理。因此，CTM 模型本质上和 LWR 模型保持一致。

2) CTM 模型元胞更新不依赖于元胞顺序

CTM 模型元胞上车辆数的更新并不依赖于元胞顺序，如图 8-5 所示。图中灰色矩形格表示 $t+\Delta t$ 时刻元胞 i 上的车辆数，即 $n_i(t+\Delta t)$ 值。由公式(8-14)可知，$n_i(t+\Delta t)$ 值由 $n_i(t)$、$y_i(t)$ 和 $y_{i+1}(t)$ 确定，其中 $n_i(t)$ 用标记为"1"的矩形表示。由公式(8-10)可知，$y_i(t)$ 由 $n_{i-1}(t)$ 和 $n_i(t)$ 确定，用标记为"2"的矩形表示。同理，$y_{i+1}(t)$ 由 $n_i(t)$ 和 $n_{i+1}(t)$ 确定，用标记为"3"的矩形表示。可以清晰地看出，元胞 i 在下一时刻 $(t+\Delta t)$，更新后的车辆数 $n_i(t+\Delta t)$，由上游元胞 $i-1$ 和下游元胞 $i+1$ 在当前 t 时刻的车辆数共同确定。

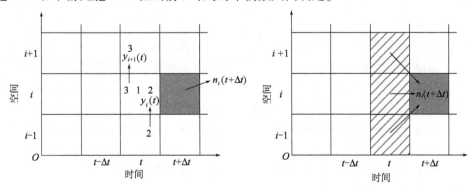

图 8-5 CTM 模型元胞更新示意图

简言之，元胞下一时刻的更新仅依赖于相关元胞当前时刻的状态。因此，CTM 模型元胞的更新和元胞顺序无关。

8.2 微观交通流仿真

微观交通流层面的仿真可分为数值仿真和软件仿真两种。数值仿真是指应用跟驰模型与换道模型仿真交通流中车辆之间的动力学特性，以输出仿真轨迹数据并统计相关的交通流特性为目的。在数值仿真中，跟驰模型和换道模型的参数标定非常重要，标定结果在很大程度上决定了仿真结果是否符合实际交通流的运行规律。对于软件仿真而言，是以跟驰模型和换道模型为基础，将交通流运行融入虚拟的道路场景，在道路场景中的各类要素影响下，通过计算机软件系统实现仿真。

8.2.1 微观模型标定

8.2.1.1 跟驰模型标定

跟驰模型的参数标定方法可按照模型用途大致分为两类：第一类重点关注大量个体跟驰行为产生的宏观效果，因此，用于此类分析的跟驰模型通常采用路段流量、车速分布以及交通波速等宏观交通流数据进行参数标定。第二类强调模型对个体驾驶员微观跟驰行为描述的准确性，其模型参数通常采用高分辨率时空轨迹数据进行标定，轨迹数据可通过 GPS 浮动车结合激光测距技术进行采集，或通过高空视频观测获取。

参数标定方法一般为目标函数优化法。目标函数通常为相对误差函数，其原理为寻找一组最优参数，使实测数据与模型计算数据间的误差值最小。对于第一类模型用途，通常选取路段流量、通行时间、平均速度以及速度方差等宏观交通状态指标作为误差指标；对于第二类模型用途，通常选取跟驰车辆轨迹、速度以及车间距等变量作为误差指标。

1）面向宏观特性的模型标定

当交通仿真任务关注交通流的宏观特征时，对交通流模型的标定目标也聚焦于交通仿真在宏观层面的表现。例如，当需要采用跟驰模型模拟交叉口进口车道的交通流运行状况时，可以采取如下的方法。首先，对红灯期间到达车辆的排队情况和绿灯期间排队车辆的消散情况进行数据采集，包括但不限于车头时距分布、车速分布、车辆减速波和加速波的波速等。然后，按照实际道路条件构建仿真环境。在仿真程序中，红灯期间车辆在进口道上游位置进入仿真道路，车头时距分布与车速分布符合实际观测值，车辆在进入仿真环境后的运动遵循跟驰模型，在停车线前排队，当绿灯开启后，进口道排队车辆开始消散。通过调整跟驰模型的参数，使仿真结果中车辆减速波和加速波的波速与实测值相一致，且车辆消散过程中停车线位置的车速分布及车头时距分布与实测分布相一致，则完成对跟驰模型参数的标定。

需要注意的是，跟驰模型参数标定应选取无换道行为干扰的场景进行数据采集。当跟驰模型所含参数较少时，可采用试错法反复调整参数值，直至仿真结果与实测结果一致。当跟驰模型所含参数较多时，可采用遗传算法等启发式算法寻找参数优化值。

2）面向微观特性的模型标定

当跟驰模型用于精确刻画驾驶员的跟驰行为特征时，常用的方法是轨迹标定法。在已知前导车辆和跟驰车辆行驶轨迹数据的情况下,从轨迹的开始时刻,即可根据前导车辆和跟驰车辆的位移和速度信息,通过跟驰模型计算获得初始时刻的加速度。随后,跟驰车辆根据模型计算的加速度更新下一时刻的位移和速度信息,并结合下一时刻前导车辆的位移和速度信息继续进行加速度计算,持续进行跟驰车辆的行驶状态预测,直至获得完整的模型预测轨迹。因此,轨迹标定法的思想是,寻找一组最优的模型参数,使跟驰模型的预测轨迹与实际观测的跟驰车辆轨迹之间的误差最小。

当前导车辆和跟驰车辆的轨迹均包含 N 个时刻的位置样本点和速度样本点时,跟驰模型预测的轨迹误差可表达为

$$\varepsilon_{\text{model}}(\tau,\beta) = \sqrt{\frac{\frac{1}{N}\sum_{i=1}^{N}[s_i^{\text{sim}}(\tau,\beta) - s_i^{\text{obs}}]^2}{\left(\frac{1}{N}\sum_{i=1}^{N}s_i^{\text{obs}}\right)^2}} + \alpha\sqrt{\frac{\frac{1}{N}\sum_{i=1}^{N}[v_i^{\text{sim}}(\tau,\beta) - v_i^{\text{obs}}]^2}{\left(\frac{1}{N}\sum_{i=1}^{N}v_i^{\text{obs}}\right)^2}} \quad (8\text{-}18)$$

式中:$\varepsilon_{\text{model}}(\tau,\beta)$——预测轨迹误差;

τ——跟驰模型中反应延迟参数;

β——跟驰模型中除反应延迟外其他参数构成的向量;

$\varepsilon_{\text{model}}(\tau,\beta)$——当跟驰模型参数取值为 τ 和 β 时,跟驰模型预测轨迹的误差;

$s_i^{\text{sim}}(\tau,\beta)$——参数取值 τ 和 β 时,第 i 时刻跟驰模型计算得到的跟驰距离,m;

$v_i^{\text{sim}}(\tau,\beta)$——参数取值 τ 和 β 时,第 i 时刻跟驰模型计算得到的跟驰速度,m/s;

s_i^{obs}——第 i 时刻实际观测到的跟驰距离,m;

v_i^{obs}——第 i 时刻实际观测到的跟驰速度,m/s;

α——权重系数。

可以发现,反应延迟参数 τ 较为特殊,它决定了跟驰模型计算加速度时依赖前导车何时的位移和速度信息。因此,在进行参数标定时,首先,按照跟驰轨迹的采样时间间隔,将反应延迟 τ 在可行域内进行枚举。然后,对每一个可行的 τ 值,应用数学优化方法(如遗传算法)寻找一组最优的参数 β,使公式(8-18)的误差函数值 $\varepsilon_{\text{model}}(\tau,\beta)$ 最小。最后,在所有可行的 τ 值中选择误差值最小的 $\varepsilon_{\text{model}}^*(\tau^*,\beta^*)$,此时的参数 τ^* 和 β^* 为跟驰模型的最优参数。

当采用轨迹标定法进行跟驰模型参数标定时,需要注意以下几点:

(1)参数可行域的选择。模型参数的可行域不可过窄,否则容易出现参数在可行域边界上取值的情况,导致参数优化不充分。

(2)权重的选择。公式(8-18)由两部分构成,前半部分为模型预测的跟驰间距误差,后半部分为模型预测的速度误差。当权重值取值为 0 时,误差函数忽略了速度误差。此时,参数优化结果可能出现位移轨迹拟合效果较好而速度拟合结果不佳的问题。一般情况下 α 可取值为 1。

(3)轨迹的选择。若要获得能够全面反映跟驰行为特征的模型参数,跟驰轨迹应尽可能包含加速和减速等多种状态变化。当单条轨迹包含的状态信息不足时,可以选择多条轨迹数据进行联合标定。

8.2.1.2 换道模型标定

相对于跟驰模型,换道模型参数标定的研究工作开展较晚,主要集中在对换道需求模型和换道条件模型的参数标定方面。模型标定方法主要通过模型产生的宏微观效果与实测数据间

误差最小化进行参数寻优。误差指标通常采用换道率、换道时间和换道位置等。

由于换道行为的复杂性,其模型的标定难度也高于跟驰模型。虽然绝大多数换道模型对于换道需求和换道条件两部分是分开建模的,但换道需求模型和换道条件模型的参数标定却不能分开进行。这是因为,所有被观测到的换道行为样本都同时具备换道需求和换道条件。如果将换道需求模型的参数单独标定,则用于标定的样本是一个有偏的样本。因为被换道样本排除在外的数据并非都没有换道需求,也可能有换道需求但不具备换道条件。同理,单独标定换道条件模型也是不可取的。由于对换道行为的观测条件存在局限性,采用换道需求模型和换道条件模型联合标定的方法是可行的途径。

Toledo 等针对 Toledo 换道模型提出了一套基于极大似然估计的换道模型参数标定方法,将换道需求模型和换道条件模型进行联合参数标定。该方法能够获得满意的参数标定结果,但对数据类型与精度均有较高的要求。

1)极大似然估计方法

极大似然估计方法的基本原理是,在随机试验中,概率最大的事件最可能出现。假设随机试验有 n 个可能的结果 $A_1, A_2, \cdots, A_n$,只进行一次试验,如果事件 A_i 发生了,则认为事件 A_i 在这 n 个可能的结果中出现的概率最大。在参数标定中,对于一次抽样得到的一组样本观测值 $x_1, x_2, \cdots, x_n$,通常选择能够使这组观测值出现概率最大的参数值作为参数的估计值。

通常,进行极大似然估计的步骤如下:

(1)构建似然函数;

(2)对似然函数取对数;

(3)求导数;

(4)解似然方程。

以 Toledo 换道模型标定为例,假设道路下游存在若干出口,车辆 n 从不同出口离开的概率为

$$p(d_n) = \begin{cases} \pi_1 & (\text{从下游第一个出口离开}) \\ \pi_2 & (\text{从下游第二个出口离开}) \\ 1 - \pi_1 - \pi_2 & (\text{从下游其他出口离开}) \end{cases} \quad (8\text{-}19)$$

式中:d_n——车辆 n 到各出口的距离,km;

π_1——车辆从下游第一个出口离开的概率;

π_2——车辆从下游第二个出口离开的概率。

在 t 时刻车辆 n 换道至目标车道 i 的概率为目标车道选择概率与间隙接受概率的联合概率为

$$f_n[i_t, l_n(t) \mid d_n(t), v_n] = P[L_n(t) = i \mid v_n] P[l_n(t) = 1 \mid d_n(t), v_n] \quad (8\text{-}20)$$

式中:$P[L_n(t) = i \mid v_n]$——由公式(6-9)计算;

$P[l_n(t) = 1 \mid d_n(t), v_n]$——由公式(6-11)计算。

t 时刻车辆 n 发生换道的概率为

$$f_n[l_n(t) \mid d_n, v_n] = \sum_{i_t} f_n[i_t, l_n(t) \mid d_n(t), v_n] \quad (8\text{-}21)$$

则车辆 n 在一段时间 T 内发生换道的概率为

$$f_n[l_n(T) \mid d_n, v_n] = \prod_{t=1}^{T} \sum_{i_t} f_n[i_t, l_n(t) \mid d_n(t), v_n] \quad (8\text{-}22)$$

因此,车辆 n 在时段 T 内换道的似然函数为

$$L_n = \int_{v_n} \sum_{d_n} f_n[l_n(T)|d_n(t),v_n] p[d_n(t)] \Phi(v_n) \mathrm{d}v_n \tag{8-23}$$

式中：L_n——换道似然函数；

$\Phi(v_n)$——标准正态概率密度函数。

在实际观测数据中,选择 N 个发生换道行为的样本,认为 N 个不同驾驶员之间互相独立,取如下对数似然函数 L,即

$$L = \sum_{n=1}^{N} \ln(L_n) \tag{8-24}$$

对上述对数似然函数取极大值,解出参数值,即完成模型的参数标定。

2) 遗传算法求解

由于 Toledo 换道模型参数较多,用于标定的车辆轨迹数据量大,直接求解对数似然函数极大值较为困难,实际标定时可采用遗传算法寻找公式(8-24)取极大值的解。

8.2.2 微观仿真软件

8.2.2.1 交通仿真软件概述

1) 国外发展历程

国外的交通仿真研究基本上经历了最初起步、迅速发展、深化完善的不同发展阶段。国外交通仿真研究始于 20 世纪 60 年代,其中 TRANSYT 交通仿真软件是当时最具代表性的成果。这一时期的交通仿真系统主要以优化城市道路的信号设计为应用目的,模型多采用宏观模型,模型的灵活性和描述能力较为有限,仿真结果的表达也不够理想,这也是由当时的计算机性能决定的。

20 世纪 70—80 年代,由于计算机的迅速发展,交通仿真模型的精度迅速提高,功能也更加多样。这期间的典型代表当属 NETSIM 模型,该模型是描述单车辆运动的网络微观交通仿真模型,它对城市道路交通现象的描述精度达到了一个新的高度,因此被广泛应用于交通系统方案优化和交通工程相关领域的理论研究方面。

随着 20 世纪 90 年代初国外 ITS 研究的日益热门,世界各国都展开了以 ITS 为应用背景的交通仿真软件的研究,并达到了交通仿真研究前所未有的高潮,出现了一大批用于评价和分析 ITS 效益的仿真软件系统。进入 21 世纪以来,随着 ITS 研究和应用的进一步深化与推广,新一代交通仿真技术得到更全面的提升,呈现出高精度、多样化和在线仿真等新特点。

2) 国内发展现状

20 世纪 90 年代以来,国内交通工程界逐渐注意到交通仿真研究的重要性,东南大学、同济大学以及交通运输部公路科学研究院等一批科研单位开始开展这方面的实质性研究,并取得了相关的成果。

国内自主开发的交通仿真软件很少,已经商品化并能在比较大范围内使用的更少。由于我国道路交通流具有异于国外交通流的特点,适合我国交通流特点的交通仿真软件研究进展缓慢,但也逐渐形成了相关的研究成果,出现了一些具有自主知识产权的软件。例如,东南大学交通学院王炜教授团队开发的"交运之星—TranStar"系列,在国内多个城市的路网建模与分析中发挥了作用,如图 8-6 和图 8-7 所示。21 世纪以后,通过对国外成果的消化吸收,出现

了一些面向网络交通分析的较为系统化的研究成果，如同济大学先后开发的 TJTS 模型和 TESS 模型，在山东省科学院支持下开发的用于实时交通预测的仿真模型 DynaCHINA。

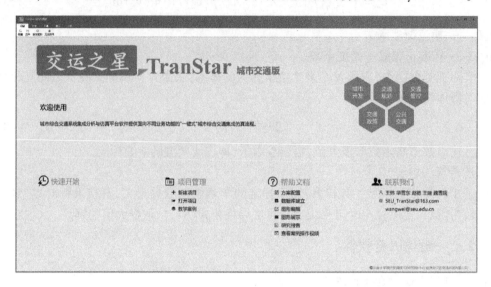

图 8-6　交运之星—TranStar 仿真软件界面

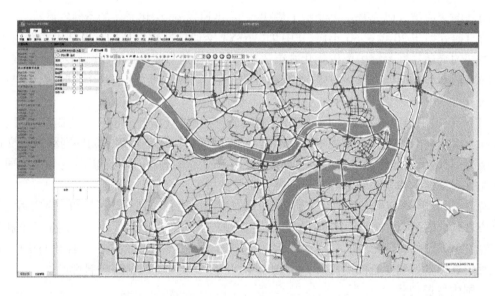

图 8-7　交运之星—TranStar 仿真软件在重庆市路网的应用

3) 未来发展趋势

近年来，电子信息领域的技术发展非常快，尤其是互联网、云计算、大数据、移动互联以及人工智能等技术在交通领域的应用，给 ITS 发展带来了重大的变革，也给交通仿真注入了新的技术内涵。

(1) 交通仿真模型在精度和描述能力方面不断改进，对描述复杂路网形式和交通现象的适应性明显提高，尤其是加强了面向仿真建模的高精度交通数据采集。例如，美国联邦公路局 2003 年启动的下一代交通仿真研究计划 NGSIM。

(2)在商业化交通仿真系统开发方面,由于用户需求多样化问题凸显,各大商业仿真系统均开始提供各种高级应用开发接口来满足用户个性化交通仿真分析的需要,同时开始突破微观仿真与宏观仿真的界限,出现一体化仿真解决方案。

(3)将交通仿真系统和外部信号控制机以硬件或软件方式集成在一起的"硬件在环"交通仿真或"软件在环"交通仿真,其研发和应用也是近年来交通仿真技术发展的一个重要特点。

(4)随着交通信息实时采集技术的快速发展和应用普及,面向动态交通管控和实时方案决策支持的在线交通仿真成为研究与应用热点,如美国麻省理工学院开发的 DynaMIT 模型、美国得州大学奥斯丁分校和马里兰大学联合开发的 DYNASMART 模型等,以及国内东南大学正在研发的城市虚拟交通系统、阿里巴巴公司主推的城市交通大脑等。

(5)针对我国道路交通流特征和交通行为特点,如何借鉴国际上的交通仿真技术,开发自主创新、适合中国国情的交通仿真系统,形成具有自主知识产权的技术体系,将是今后一项重要的任务。

8.2.2.2 国内微观仿真软件

TESS NG(TESS Next Generation)微观交通仿真系统是国内少有的自主研发的微观交通仿真软件,如图 8-8 所示。

图 8-8 TESS NG 微观交通仿真软件界面

1)研发背景

TESS NG 微观交通仿真系统是同济大学孙剑教授于 2006 年主持开发的第一代道路交通仿真系统。自此之后,历经 10 年,孙剑教授团队针对中国混合交通流运行特征开展了 100 多项模型创新和仿真系统应用实践。2015 年,由孙剑教授主持,胡立新工程师及刘启远博士核心参与,对 TESS NG 微观交通仿真系统(包括软件架构、高精度路网交互、计算平台以及模型体系等)进行了全新的研发。

TESS NG 微观交通仿真系统融合了交通工程、软件工程以及系统仿真等交叉学科领域的最新技术研发而成,主要特点包括具有完全自主知识产权、专门针对中国驾驶者及交通流特征、便捷快速的建模能力、开放的外部接口模块以及定制化的用户服务等。

2)主要功能

TESS NG 微观交通仿真系统所具有的主要功能涵盖了全道路交通场景仿真、多模式交通仿真、智能交通系统仿真、可视化评估、二次开发接口及其他功能等,如图 8-9 所示。

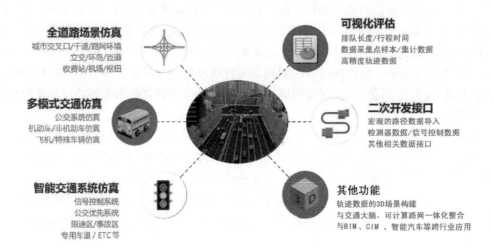

图 8-9　TESS NG 微观交通仿真软件的主要功能

注：ETC 指电子不停车收费系统，BIM 指建筑信息模型，CIM 指城市信息模型。

8.2.2.3　国外微观仿真软件

1）SUMO 仿真软件

SUMO 的全称是 Simulation of Urban Mobility，是由德国宇航中心开发的一个开源、微观和多模态交通仿真的模拟软件。SUMO 仿真软件界面如图 8-10 所示。其特点如下：①由于其良好的开源性质，SUMO 仿真软件可以降低人们研究交通流仿真的门槛；②其强大的开源接口功能，使得它可以读入其他标准化的路网、信号控制数据文件以及其他仿真系统的路网与路径等文件，提高了应用的便捷性；③SUMO 仿真软件包含大量支持工具，可方便地处理交通模拟的创建、执行和评估等方面的核心任务，可处理路线查找、可视化、路网导入和排放计算等任务，同时在已有导入模型的基础上，可使用自定义模型，并提供各种 API（应用程序编程接口）来远程控制模拟。

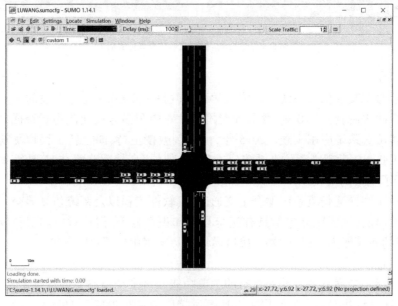

图 8-10　SUMO 仿真软件界面

2) VISSIM 仿真软件

VISSIM 仿真软件由德国卡尔斯鲁厄大学在 20 世纪 70 年代早期设计，并于 1993 年由 PTV 公司开发为商用交通流仿真软件。VISSIM 仿真软件界面如图 8-11 所示。VISSIM 仿真软件具有多模式的交通出行仿真功能（涵盖机动车、非机动车、公交、行人、轨道交通以及机场仿真等），可以根据车道划分、车辆构成、信号灯控制以及私人交通和公共交通车辆采集为基础的各种边界条件，模拟交通运行，并能便捷地测试和评估各种系统的使用与交互情况，如自适应信号控制、路径诱导和车车通信等。VISSIM 仿真软件的优势体现在对多种信号控制的模拟上，并提供了与外部交通控制策略的接口，可应用于感应式信号控制的设计、检验和评价等。

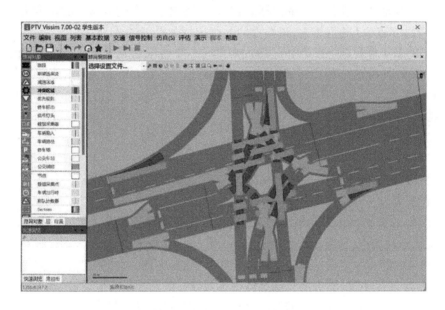

图 8-11　VISSIM 仿真软件界面

8.3　中观交通流仿真

宏观交通流仿真具有计算速度快但模拟精度不高的特点；微观交通流仿真具有模拟精度高但计算量较大的特点；中观交通流仿真介于宏观交通流仿真和微观交通流仿真之间，兼有二者的优点。

8.3.1　宏微观综合仿真

宏微观综合仿真方法融合了宏观仿真方法和微观仿真方法，以达到中观交通流仿真的效果，但与单纯的宏微观交通流仿真存在差异。在微观层面，仍然针对每一辆车的运动进行仿真模拟，但是每辆车的运动仿真模型不再是微观交通流跟驰模型，而是从宏观层面根据基本图平衡态模型计算当前车头间距对应的速度，将计算得到的速度值作为仿真中车辆下一时刻的速度输出，实现宏微观综合仿真。

8.3.2 CA 仿真

CA 模型是中观交通流仿真中应用最多的仿真模型,在 CA 模型中,时间和空间均是离散的,并且具有良好的并行性,因此该模型具有计算速度快的优点,可应用于城市交通系统大规模的仿真模拟。同时,CA 模型保留了交通流的非线性特征,能够重现各种实际的交通流现象,在交通流仿真领域的应用广泛。

在 CA 模型中,道路被划分为 L 个离散的格子,定义为元胞,即道路的长度为 L 个元胞。每辆车的长度为 l 个元胞,速度可以取 $0,1,\cdots,v_{max}$,其中,v_{max} 为最大速度限制。每个元胞只有两种状态,即元胞是空的或者被车辆占据。在 CA 模型中,往往设定车辆的长度为 7.5m,则每个元胞的长度为 $7.5/l$,l 的值越大,道路上的元胞被划分得越密。

Wolfram 的 184 号规则可以看作是最简单的 CA 交通流仿真模型。在此基础之上,Nagel 和 Schreckenberg 于 1992 年提出了著名的 NaSch 模型。与 184 号规则相比,NaSch 模型将车辆的最大速度扩展到大于 1 的情况,并且引入了随机慢化。在交通流仿真中,NaSch 模型有 4 步并行更新规则:

(1) 加速:$v_n \to \min(v_n+1, v_{max})$。
(2) 减速:$v_n \to \min(v_n, d_n)$。
(3) 随机慢化:以随机概率 p 令 $v_n \to \max(v_n-1, 0)$。
(4) 位置更新:$x_n \to x_n + v_n$。

其中,v_n 和 x_n 分别表示第 n 辆车的速度和位置;d_n 表示车辆 n 与前车 $n-1$ 之间的元胞数;p 表示随机慢化概率,通常情况下,设定 $l=1$,$v_{max}=5$。

在 NaSch 模型中,加速规则反映了驾驶员倾向于以尽可能大的速度行驶;减速规则确保了车辆不会与前车发生碰撞,随机慢化规则体现了驾驶员的驾驶行为差异性,既可以反映随机的加速行为,又可以反映减速过程中的过激反应行为,随机慢化规则的引入使得 CA 模型能够模拟出交通流自发产生的堵塞现象;位置更新则是驱动车辆往前移动。

NaSch 模型虽然结构简单,但可以仿真出一些实际交通流现象,因此,NaSch 模型是能够重现交通流基本特征的一个最小化模型,其 4 个规则缺一不可。若要描述更加复杂的交通流现象,则需要增加新的规则,即形成新的改进模型。

8.3.3 统计力学仿真

统计力学仿真是将交通流中车辆的运动比拟为分子运动,采用统计力学的方法对其进行仿真模拟。在统计力学仿真中,核心问题是确定分布函数 $f(t,x,v)$,使得 $f(t,x,v)dxdv$ 表示 t 时刻车辆在 $(x,x+dx)$ 和 $(v,v+dv)$ 时空范围内的概率。在将道路空间与时间离散化之后,交通流的时空状态演化可由如下的动态方程描述:

$$\frac{df}{dt} = \frac{\partial f}{\partial t} + v\frac{\partial f}{\partial x} \tag{8-25}$$

对公式(8-25)中动态方程进行求解,即可得到交通流时空状态的演化结果,其求解方法较为复杂,可参考波尔兹曼方程的求解过程。

统计力学仿真主要用于物理学领域,因其过于复杂,在交通流仿真方面并没有得到较好的应用。

思考题与习题

1. 简述 LWR 模型与 CTM 模型内在的联系和区别。
2. 简述交通流仿真的分类及含义,并比较宏观、微观以及中观交通流仿真的优缺点。
3. 将某一段公路按照 CTM 模型划分为 3 个元胞,记为元胞 1、元胞 2 和元胞 3,且元胞 1 在上游,元胞 3 在下游。每个元胞的长度为 150m,时间离散化间隔为 5s,自由流速度为 30m/s,拥堵状态的反向波速为 -6m/s,堵塞密度为 143veh/km。当前时刻元胞 1、元胞 2 和元胞 3 的车辆数分别为 3 辆、4 辆和 5 辆。同时,假设在下一个时间间隔内,有 2 辆车从元胞 2 驶入元胞 3。试计算:

(1) 该路段 CTM 模型对应的通行能力值。
(2) 当前时刻,各元胞的交通流密度值。
(3) 下一时刻,元胞 2 的车辆数及交通流的流量、密度、速度值。

4. 试采集微观交通流轨迹数据,并选择一个跟驰模型进行参数标定。
5. 试采用一款微观交通流仿真软件,通过实地调查,仿真城市交叉口的交通流运行。

第 9 章
高速公路通行能力分析

通行能力分析是交通流研究的重要内容,高速公路通行能力与高速公路交通流运行效率紧密相关,是高速公路系统供给能力的基本特征,对高速公路通行能力的分析具有重要的现实意义。高速公路是典型的连续交通流设施,一般由基本路段、交织区和匝道分合流区组成。本章将对高速公路基本路段、交织区、合流区以及分流区的通行能力分析进行介绍。

9.1 基本路段通行能力分析

高速公路基本路段是指不受匝道合流、分流以及交织流影响的路段,高速公路基本路段上交通流的运行特性由车辆跟驰行为和换道行为决定。

高速公路基本路段通行能力是指在单位时间内和通常的道路交通管制条件下,基本路段上某一断面所容许通过的单向单车道最大持续交通流。因此,高速公路基本路段通行能力是针对单向单车道而言的。

9.1.1 基本路段通行能力计算

9.1.1.1 基本路段基准通行能力

基准通行能力又称基本通行能力或理论通行能力,《公路路线设计规范》(JTG D20—2017)

中给出的高速公路基本路段基准通行能力取值见表9-1。表中设计速度的含义是指,在气象条件良好且车辆行驶只受道路本身条件影响时,具有中等驾驶技术的人员在几何受限路段能够安全驾驶车辆的最高速度。通常情况下,高速公路的设计速度可选取120km/h、100km/h和80km/h。

高速公路基本路段基准通行能力　　　　　　　　　　表9-1

设计速度 (km/h)	基准通行能力 [pcu/(h·ln)]	设计速度 (km/h)	基准通行能力 [pcu/(h·ln)]
120	2200	80	2000
100	2100	—	—

注:pcu为标准车当量数。

基准条件下每车道的最大服务交通量为

$$\mathrm{MSF}_i = C_b \times (V/C)_i \tag{9-1}$$

式中:MSF_i——基准条件下i级服务水平对应的每车道最大服务交通量,pcu/(h·ln);

　　　C_b——高速公路基本路段基准通行能力,pcu/(h·ln);

　　　$(V/C)_i$——基准条件下i级服务水平对应的饱和度阈值。

由公式(9-1)可知,高速公路基本路段最后一级服务水平所对应的最大服务交通量即为基准通行能力。

9.1.1.2 基本路段实际通行能力

实际通行能力又称为可能通行能力,高速公路基本路段实际通行能力是对基准通行能力进行修正,其计算公式为

$$C_p = C_b \times f_{HV} \times f_p \tag{9-2}$$

式中:C_p——高速公路基本路段实际通行能力,pcu/(h·ln);

　　　f_{HV}——交通组成修正系数;

　　　f_p——驾驶员总体特征修正系数,通常取0.95~1.00。

交通组成修正系数f_{HV}的计算公式如下:

$$f_{HV} = \frac{1}{1 + \sum_i P_i (\mathrm{PCE}_i - 1)} \tag{9-3}$$

式中:P_i——第i种车型交通量占总交通量的百分比;

　　　PCE_i——第i种车型折算系数,见表9-2。

高速公路车辆折算系数　　　　　　　　　　表9-2

车　型	交通量 [veh/(h·ln)]	设计速度(km/h)		
		120	100	≤80
中型车	≤800	1.5	1.5	2.0
	(800,1200]	2.0	2.5	3.0
	(1200,1600]	2.5	3.0	4.0
	>1600	1.5	2.0	2.5
大型车	≤800	2.0	2.5	3.0
	(800,1200]	3.5	4.0	5.0
	(1200,1600]	4.5	5.0	6.0
	>1600	2.0	3.0	4.0

续上表

车　型	交通量 [veh/(h·ln)]	设计速度(km/h)		
		120	100	≤80
拖挂车（含集装箱车）	≤800	3.0	4.0	5.0
	(800,1200]	4.5	5.0	7.0
	(1200,1600]	6.0	7.0	9.0
	>1600	3.5	4.5	6.0

根据实际通行能力，可计算得到实际条件下高速公路基本路段的单向服务交通量：

$$SF_i = C_b \times (V/C)_i \times N \times f_{HV} \times f_P \tag{9-4}$$

式中：SF_i——在实际的道路交通条件下，i 级服务水平对应的单向服务交通量，pcu/h；

　　　N——单向车道数。

9.1.2 基本路段服务水平分析

近年来，我国国民经济的快速发展，交通需求量日益增大，促进了高速公路建设的快速发展。随着高速公路建设里程在公路总里程中占比越来越大，如何对已经建成的高速公路进行科学的管理越来越引起人们的重视，这就需要对高速公路运行质量做出客观与科学的评价，为管理决策提供可靠的依据。

1) 服务水平影响因素

(1) 行车速度和运行时间。通常情况下，行车速度越高，运行时间越短，则服务水平越高。因此，服务水平与行车速度正相关，与行驶时间负相关。

(2) 车辆行驶时的自由程度。服务水平与行驶自由程度(通畅性)正相关，行驶自由程度越大，则服务水平越高。

(3) 交通受阻或受干扰程度。交通受阻或受干扰程度往往由行车延误和每公里停车次数来体现。服务水平与行车延误和每公里停车次数负相关。

(4) 行车的安全性。服务水平与行车事故率和经济损失负相关。

(5) 行车舒适性和乘客满意程度。服务水平与行车舒适性和乘客满意程度正相关。

(6) 经济性。经济性往往由行驶费用体现，服务水平与经济性正相关。

2) 服务水平评价

服务水平是道路使用者在安全、舒适、效率和经济等方面所感受到的服务程度，也是驾驶员和乘客对道路交通状态与服务质量的一个客观评价。高速公路基本路段服务水平评价采用饱和度 V/C 作为评价指标，饱和度 V/C 可由标准车型的高峰小时流率[pcu/(h·ln)]除以实际通行能力[pcu/(h·ln)]计算得到，高速公路基本路段服务水平分级见表9-3。

高速公路基本路段服务水平分级　　　表9-3

服务水平等级	V/C 值	设计速度(km/h)		
		120	100	80
		最大服务交通量 [pcu/(h·ln)]	最大服务交通量 [pcu/(h·ln)]	最大服务交通量 [pcu/(h·ln)]
一	$V/C \leq 0.35$	750	730	700

续上表

服务水平等级	V/C 值	设计速度(km/h)		
		120	100	80
		最大服务交通量 [pcu/(h·ln)]	最大服务交通量 [pcu/(h·ln)]	最大服务交通量 [pcu/(h·ln)]
二	$0.35 < V/C \leq 0.55$	1200	1150	1100
三	$0.55 < V/C \leq 0.75$	1650	1600	1500
四	$0.75 < V/C \leq 0.90$	1980	1850	1800
五	$0.90 < V/C \leq 1.00$	2200	2100	2000
六	$V/C > 1.00$	0~2200	0~2100	0~2000

【例题 9-1】

已知某双向 4 车道高速公路基本路段,设计速度为 100km/h,驾驶员主要为经常往返于两地者;交通量为 1200pcu/(h·ln);交通组成为中型车 30%,大型车 5%,其余为小型车。试计算实际通行能力及实际情况下三级服务水平对应的单向服务交通量。

解:

该高速公路基本路段设计速度为 100km/h,查表 9-1 可知,基准通行能力 $C_b = 2100$pcu/(h·ln)。驾驶员经常往返于两地,表明驾驶员熟悉该高速公路基本路段的路况,可取 $f_p = 1.0$。

查表 9-2,得到中型车和大型车的折算系数分别为 2.5 和 4.0,根据公式(9-3)计算交通组成修正系数为

$$f_{HV} = \frac{1}{1 + 0.30 \times (2.5 - 1) + 0.05 \times (4.0 - 1)} = 0.63$$

根据公式(9-2)计算实际通行能力为

$$C_p = C_b \times f_{HV} \times f_p = 2100 \times 0.63 \times 1.0 = 1323 [\text{pcu}/(h \cdot \text{ln})]$$

查表 9-3 得到三级服务水平对应的 V/C 阈值为 0.75,根据公式(9-4)计算实际情况下,三级服务水平对应的单向服务交通量为

$$\text{SF} = C_b \times (V/C)_i \times N \times f_{HV} \times f_P = 2100 \times 0.75 \times 2 \times 0.63 \times 1.0 = 1985 (\text{pcu/h})$$

【例题 9-2】

已知某双向 6 车道高速公路基本路段,设计速度为 120km/h;交通组成为小型车 70%,中型车 27%,大型车 3%,驾驶员熟悉路况;高峰小时交通量为 560veh/(h·ln),高峰小时系数为 0.95。试分析其服务水平。

解:

已知设计速度为 120km/h,查表 9-1,得到基准通行能力 $C_b = 2200$pcu/(h·ln)。同时,驾驶员熟悉路况,可取 $f_p = 1.0$。

查表 9-2,得到中型车和大型车的折算系数分别为 1.5 和 2.0,根据公式(9-3)计算交通组成修正系数为

$$f_{HV} = \frac{1}{1 + 0.27 \times (1.5 - 1) + 0.03 \times (2.0 - 1)} = 0.86$$

根据公式(9-2)计算实际通行能力为

$$C_p = C_b \times f_{HV} \times f_p = 2200 \times 0.86 \times 1.0 = 1892 [\text{pcu}/(h \cdot \text{ln})]$$

将高峰小时交通量除以高峰小时系数和交通组成修正系数,得到标准车型的单车道高峰小时流率 FL,即

$$FL = 560 \div 0.95 \div 0.86 = 685 [\text{pcu}/(\text{h} \cdot \text{ln})]$$

用标准车型单车道高峰小时流率除以实际通行能力计算饱和度 V/C,即

$$V/C = FL/C_p = 685 \div 1892 = 0.36$$

查表 9-3,确定其服务水平为二级。

9.2　交织区通行能力分析

9.2.1　交织区概述

9.2.1.1　交织区的概念

交织区是指在一定长度的道路上,两条或多条车流穿过彼此行车路线的路段。交织区一般由相距较近的合流区和分流区组成。通常情况下,合流点上游 150m 为交织区的起点,分流点下游 150m 为交织区的终点。

所谓交织,是指两个行驶方向相同的车流,沿着相当长的路段,不借助交通控制设施,以较小的角度汇合,交换位置后又分离行驶的过程。交织区中的交通流分为交织车流和非交织车流,如图 9-1 所示。图中,从 A 入口驶向 D 出口的车辆必须穿过从 B 入口驶向 C 出口车辆行驶的路径,形成交织,因此将 A—D 和 B—C 交通流称为交织车流。同时,交织区中还有 A—C 和 B—D 交通流,它们不与其他交通流交织,因而被称为非交织车流。

图 9-1　交织车流与非交织车流示意图

交织区中交织车流的强制换道行为导致交织区内的交通流紊乱,使得交织区交通流运行特性与基本路段上正常行驶的交通流不同,表现出交织区交通流运行的特殊性。交织区常常成为拥堵路段,因此如何确定其通行能力和服务水平是道路通行能力分析的重要内容。

9.2.1.2　交织区的构型

交织区在构型上分为同侧交织区和异侧交织区,其示意图如图 9-2 所示。同侧交织区是指出入口匝道位于主线同侧的交织区。异侧交织区是指出入口匝道分别位于主线两侧的交织区。无论是同侧交织区,还是异侧交织区,交织行为中车辆换道次数由主线与匝道车道数和交织车辆初始车道位置等因素确定。

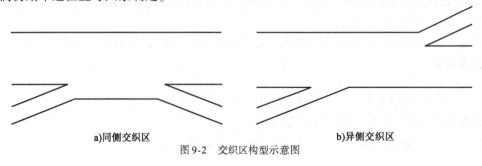

a)同侧交织区　　　　　　　　　　　b)异侧交织区

图 9-2　交织区构型示意图

根据交织行为中必须进行的最少换道次数可将交织区划分为 A 类交织区、B 类交织区和 C 类交织区。对于 A 类交织区,要求两个方向的所有交织车辆均需进行至少一次换道行为;对于 B 类交织区,要求一组交织车流运行无须进行换道就可完成,另一组交织车流至多进行一次换道才能完成交织运行;对于 C 类交织区,要求一组交织车流运行无须进行换道就可完成,而另一组交织车流需要进行两次或多次的换道行为。

9.2.1.3 交织区的参数

1) 交织区几何参数

交织区几何参数包括交织区长度和交织区宽度。交织区长度 L_w 是指合流点与分流点之间的距离,该值的大小对交织区内车辆换道行为具有重要影响。在其他条件相同的情况下,交织区长度越长,交织车辆拥有越多的时间和越大的空间完成换道行为,交织区车流的紊乱程度越低,越有利于通行能力的提升。交织区的宽度以交织区内总车道数 N 来衡量,车道数 N 的多少粗略地代表着交织区所能承担交通负荷的能力。

2) 最少换道次数与交织车道数

同侧交织区的最少换道次数可用以下三个参数进行描述:

(1) 同侧交织区主线交织车辆最少换道次数 LC_{FR},是指主线驶入匝道车辆完成交织行为所需的最少换道次数。

(2) 同侧交织区匝道交织车辆最少换道次数 LC_{RF},是指匝道汇入主线车辆完成交织行为所需的最少换道次数。

(3) 同侧交织区交织车道数 N_{wl},是指交织车辆最多进行一次换道就可完成交织行为的过程中交织车辆所占用的车道数。

对于异侧交织区,车流运行过程中只是入口匝道至出口匝道的车流运行干扰主线车辆的运行,可以采用车辆由入口匝道驶入至出口匝道驶出,所需的最少换道次数 LC_{RR} 来描述交织区的车辆换道行为。

3) 交织区流率

交织区内的总流率 $V(\text{pcu/h})$ 由交织流率 $V_w(\text{pcu/h})$ 和非交织流率 $V_{nw}(\text{pcu/h})$ 组成,即

$$V = V_w + V_{nw} \tag{9-5}$$

对于同侧交织区,交织流率中主线至匝道流率用 $V_{FR}(\text{pcu/h})$ 表示,匝道至主线流率用 $V_{RF}(\text{pcu/h})$ 表示,即

$$V_w = V_{FR} + V_{RF} \tag{9-6}$$

非交织流率中主线至主线流率用 $V_{FF}(\text{pcu/h})$ 表示,匝道至匝道流率用 $V_{RR}(\text{pcu/h})$ 表示,即

$$V_{nw} = V_{FF} + V_{RR} \tag{9-7}$$

对于异侧交织区,交织流率 $V_w = V_{RR}$,非交织流率 $V_{nw} = V_{RF} + V_{FF} + V_{FR}$。

交织流率比是交织区交通流运行的重要参数,交织流率比 V_R 为交织区内交织流率 V_w 和总流率 V 的比值。交织区由于车辆交织行为的存在,使交通流的车头时距增加,导致交织区通行能力比基本路段的通行能力小,所以对交织区通行能力而言,交织流率比起着关键作用。

需要注意的是,在使用交织区流率分析交织区通行能力和服务水平时,各流率参数表示的是标准车型的高峰小时流率。

4) 交织区最大交织长度

交织区最大交织长度是指交织区的影响范围,其计算公式如下:

$$L_m = 1746(1+V_R)^{1.6} - 477N_{wl} \tag{9-8}$$

式中:L_m——交织区最大交织长度,m。

当 $L_w \leqslant L_m$ 时,该路段通行能力分析应按交织区进行;当 $L_w > L_m$ 时,该路段通行能力分析应按分流区或合流区分别进行。

5) 交织区平均速度

交织区内所有车辆平均速度 S 是衡量交织区服务水平的关键参数,所有车辆平均速度 S 由交织车辆平均速度 S_w 和非交织车辆平均速度 S_{nw} 决定。

交织区参数表见表9-4。

交 织 区 参 数 表　　　　　　　　表9-4

参数	含义	参数	含义
L_w	交织区长度	V_{RR}	异侧交织区匝道至匝道交织流率
L_m	交织区最大交织长度	N_{wl}	交织车道数
N	交织区总车道数	V	交织区总流率
N_{wl}	交织车道数	V_w	交织流率
LC_{FR}	同侧交织区主线交织车辆最少换道次数	V_{nw}	非交织流率
LC_{RF}	同侧交织区匝道交织车辆最少换道次数	V_R	交织流率比
LC_{RR}	异侧交织区匝道交织车辆最少换道次数	S	交织区内所有车辆平均速度
V_{FR}	同侧交织区主线至匝道交织流率	S_w	交织车辆平均速度
V_{RF}	同侧交织区匝道至主线交织流率	S_{nw}	非交织车辆平均速度

9.2.2　交织区通行能力计算

9.2.2.1　交织区基准通行能力

交织区一条车道的基准通行能力计算公式如下:

$$C_{wl} = C_b - 438.2(1+V_R)^{1.6} + 0.0233L_w + 119.8N_{wl} \tag{9-9}$$

式中:C_{wl}——交织区一条车道的基准通行能力,pcu/(h·ln);

C_b——相同设计速度下,基本路段一条车道的基准通行能力,pcu/(h·ln),同表9-1。

假设交织区总车道数为 N,则交织区所有车道的基准通行能力为

$$C_{wb} = C_{wl} \times N \tag{9-10}$$

式中:C_{wb}——交织区所有车道的基准通行能力,pcu/h。

9.2.2.2　交织区实际通行能力

交织区的实际通行能力根据基准通行能力进行修正计算得到,其计算公式如下:

$$C_{wp} = C_{wb} \times f_{HV} \times f_p \tag{9-11}$$

式中:C_{wp}——交织区所有车道的实际通行能力,pcu/h;

f_{HV}、f_p——含义同公式(9-2)。

综上所述,交织区实际通行能力的计算流程如下:
(1)确定交织区长度 L_w 和交织区总车道数 N。
(2)根据交织区构型等几何参数,确定交织车道数 N_{wl}。
(3)计算交织流率 V_w、非交织流率 V_{nw}、交织区总流率 $V = V_w + V_{nw}$ 和交织流率比 $V_R = V_w/V$。
(4)根据公式(9-8),计算交织区最大交织长度 L_m。当 $L_w \leq L_m$ 时,该路段通行能力分析可按交织区进行;当 $L_w > L_m$ 时,该路段通行能力分析应按分流区或合流区分别进行。
(5)根据设计速度,查表9-1,确定基本路段一条车道的基准通行能力 C_b。
(6)根据公式(9-9),计算交织区一条车道的基准通行能力 C_{wl}。
(7)根据公式(9-10),计算交织区所有车道的基准通行能力 C_{wb}。
(8)根据公式(9-3),计算交通组成修正系数 f_{HV},并确定驾驶员总体特征修正系数 f_p。
(9)根据公式(9-11),计算交织区所有车道的实际通行能力 C_{wp}。

9.2.3 交织区服务水平分析

9.2.3.1 服务水平评价标准

我国《公路通行能力手册》采用饱和度 V/C 作为交织区服务水平的主要评价指标,并采用小客车实际行驶速度与基准自由流速度的差值作为次要评价指标。服务水平共分为六个等级,其中,一级至五级服务水平又细分为三种等次,各级服务水平对应的指标见表9-5。

交织区服务水平分级　　　　表9-5

服务水平等级		分级指标		
		主要指标——V/C 值		次要指标——小客车实际行驶速度与基准自由流速度之差(km/h)
		高速公路	一级公路	
一级	1	$V/C \leq 0.35$	$V/C \leq 0.30$	≤ 10
	2			(10,20]
	3			>20
二级	1	$0.35 < V/C \leq 0.55$	$0.30 < V/C \leq 0.50$	≤ 10
	2			(10,20]
	3			>20
三级	1	$0.55 < V/C \leq 0.75$	$0.50 < V/C \leq 0.70$	≤ 20
	2			(20,30]
	3			>30
四级	1	$0.75 < V/C \leq 0.90$	$0.70 < V/C \leq 0.90$	≤ 20
	2			(20,35]
	3			>35
五级	1	$0.90 < V/C \leq 1.00$	$0.90 < V/C \leq 1.00$	≤ 30
	2			(30,40]
	3			>40

续上表

服务水平等级	分级指标		次要指标——小客车实际行驶速度与基准自由流速度之差(km/h)
	主要指标——V/C 值		
	高速公路	一级公路	
六级	V/C>1.0	V/C>1.0	—

在交织区服务水平评价指标的计算中,饱和度 V/C 的计算思想与基本路段一致,首先,考虑高峰小时系数和交通组成修正系数,将交织区总流量转变为标准车型的高峰小时总流率 $V(\text{pcu/h})$;然后,用交织区总流率 $V(\text{pcu/h})$ 除以交织区所有车道的实际通行能力 $C_{wp}(\text{pcu/h})$,得到饱和度 V/C 的值。

9.2.3.2 交织区平均速度

交织区内所有车辆的平均速度 S 计算方法如下:

$$S = \frac{V}{\frac{V_w}{S_w} + \frac{V_{nw}}{S_{nw}}} \tag{9-12}$$

式中:各符号意义见表9-4。

1) 交织车辆平均速度 S_w

交织车辆平均速度 S_w 为

$$S_w = S_{\min} + \frac{S_{\max} - S_{\min}}{1 + W} \tag{9-13}$$

式中:$S_{\min}$——交织区内预期的交织车辆最小平均速度,km/h;

$S_{\max}$——交织区内预期的交织车辆最大平均速度,km/h;

W——交织强度系数。

在公式(9-13)中,交织区内预期的交织车辆最小平均速度 $S_{\min}$ 通常取为 24km/h,而交织车辆最大平均速度 $S_{\max}$ 取为自由流速度,则:

$$S_w = 24 + \frac{S_F - 24}{1 + W} \tag{9-14}$$

式中:S_F——高速公路主线基准自由流速度,km/h,见表9-6。

高速公路主线基准自由流速度(单位:km/h)　　　　表9-6

设计速度	基准自由流速度	设计速度	基准自由流速度
120	110	80	90
100	100	60	80

在计算交织车辆平均速度 S_w 的过程中,交织强度系数 W 表征了单位时间和单位长度交织区内所有车辆的换道次数,即

$$W = 0.577 \left(\frac{LC}{L_w}\right)^{0.789} \tag{9-15}$$

式中:LC——单位时间内交织区所有车辆的换道次数,次/h,其值为交织车辆换道次数与非交织车辆换道次数之和,即

$$LC = LC_w + LC_{nw} \tag{9-16}$$

式中:LC_w——交织车辆在单位时间内的换道次数,次/h;

LC_{nw}——非交织车辆在单位时间内的换道次数,次/h。

交织车辆换道次数 LC_w 为

$$LC_w = \begin{cases} LC_{min} + 0.706(L_w - 90)^{0.5} \times N^2 \times (1+K)^{0.8} & (L_w \geq 90) \\ LC_{min} & (L_w < 90) \end{cases} \quad (9-17)$$

其中,

$$LC_{min} = \begin{cases} LC_{FR} \times V_{FR} + LC_{RF} \times V_{RF} & (同侧交织区) \\ LC_{RR} \times V_{RR} & (异侧交织区) \end{cases} \quad (9-18)$$

式中:LC_{min}——交织车辆最少换道次数,次/h;

K——立体交叉密度,其值为以交织区为中心前后10km内立体交叉的数量除以10。

非交织车辆换道次数 LC_{nw} 为

$$LC_{nw} = \begin{cases} LC_{nw1} = 0.206V_{nw} + 1.778L_w - 192.6N & (I_{nw} \leq 1300) \\ LC_{nw2} = 2135 + 0.223(V_{nw} - 2000) & (I_{nw} \geq 1950) \\ LC_{nw1} + (LC_{nw2} - LC_{nw1}) \times [(I_{nw} - 1300) \div 650] & (1300 < I_{nw} < 1950) \end{cases} \quad (9-19)$$

式中:LC_{nw1}、LC_{nw2}——中间计算变量,需满足 $LC_{nw2} > LC_{nw1}$ 的约束条件,否则,$LC_{nw} = LC_{nw2}$;

I_{nw}——非交织车辆换道判别指数,即

$$I_{nw} = \frac{L_w \times K \times V_{nw}}{3048} \quad (9-20)$$

2)非交织车辆平均速度 S_{nw}

非交织车辆平均速度 S_{nw} 为

$$S_{nw} = S_F - 0.0115 LC_{min} - \frac{0.0077V}{N} \quad (9-21)$$

式中:各符号意义同前。

9.2.3.3 服务水平评价流程

交织区服务水平的评价流程如下:

(1)将交织区各流量值除以交通组成修正系数和高峰小数系数,转变为标准车型高峰小时流率(pcu/h),用标准车型高峰小时流率值参与以下计算。

(2)根据公式(9-11),计算交织区所有车道的实际通行能力 C_{wp}。

(3)将交织区总流率 V 除以实际通行能力 C_{wp},计算得到饱和度 V/C,并根据表9-5确定交织区服务水平为几级。若服务水平为六级服务水平,则评价结束,否则,继续计算并确定服务水平属于几等。

(4)若为同侧交织区,确定主线交织车辆最少换道次数 LC_{FR}、匝道交织车辆最少换道次数 LC_{RF}。若为异侧交织区,确定由入口匝道驶入至出口匝道驶出,所需的最少换道次数 LC_{RR}。根据公式(9-18),计算交织车辆最少换道次数 LC_{min}。

(5)确定立体交叉密度 K,根据公式(9-17),计算交织车辆换道次数 LC_w。

(6)根据公式(9-20),计算非交织车辆换道判别指数 I_{nw}。

(7)根据公式(9-19),计算非交织车辆换道次数 LC_{nw}。

(8)根据公式(9-16),计算交织区所有车辆的换道次数 LC。

(9)根据公式(9-15),计算交织强度系数 W。

(10)根据设计速度与表9-6,确定高速公路主线基准自由流速度 S_F。

(11)根据公式(9-14),计算交织车辆平均速度 S_w。

(12)根据公式(9-21),计算非交织车辆平均速度 S_{nw}。

(13)根据公式(9-12),计算交织区内所有车辆平均速度 S。

(14)计算交织区内所有车辆平均速度 S 与高速公路主线基准自由流速度 S_F 的差值,并根据表9-5,确定交织区服务水平属于几等。

【例题9-3】

某高速公路匝道交织区结构形式及其交通流向分布如图9-3所示。设计速度为120km/h,交织段长度 $L_w = 500m$,交织区车道数 $N = 4$,交织车道数 $N_{wl} = 2$,立体交叉密度 $K = 0.1$。A—C方向流量为2945veh/h,A—D方向流量为475veh/h,B—C方向流量为570veh/h,B—D方向流量为285veh/h,交通组成修正系数 $f_{HV} = 0.82$,高峰小时系数为0.95,驾驶员总体特征修正系数 $f_p = 1.00$。试确定该交织区的服务水平。

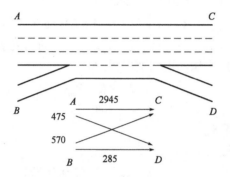

图9-3 例题9-3中交织区结构及主要参数

解:

(1)由题意可知,A—D方向和B—C方向为交织车流,A—C方向和B—D方向为非交织车流。因此,交织流量 $V_w = 475 + 570 = 1045 (veh/h)$,非交织流量 $V_{nw} = 2945 + 285 = 3230 (veh/h)$,交织区总流量 $V = 1045 + 3230 = 4275 (veh/h)$。图9-3中的交织区为同侧交织区,则同侧交织区主线至匝道交织流量 $V_{FR} = 475veh/h$,同侧交织区匝道至主线交织流量 $V_{RF} = 570veh/h$。

已知交通组成修正系数 $f_{HV} = 0.82$,高峰小时系数为0.95,将交织区流量转变为标准车型高峰小时流率,并计算交织流率比 V_R:

$V_w = 1045 \div 0.95 \div 0.82 = 1342 (pcu/h)$

$V_{nw} = 3230 \div 0.95 \div 0.82 = 4146 (pcu/h)$

$V_{FR} = 475 \div 0.95 \div 0.82 = 610 (pcu/h)$

$V_{RF} = 570 \div 0.95 \div 0.82 = 732 (pcu/h)$

$V = 4275 \div 0.95 \div 0.82 = 5488 (pcu/h)$

$V_R = V_w / V = 1342 \div 5488 = 0.24$

(2)根据公式(9-8),计算交织区最大交织长度 L_m 为

$L_m = 1746 (1 + V_R)^{1.6} - 477 N_{wl} = 1509m$

已知交织区长度 $L_w = 500m$,满足交织区通行能力分析的约束条件 $L_w \leq L_m$。查表9-1,确定相同设计速度120km/h下基本路段一条车道的基准通行能力 $C_b = 2200 pcu/(h \cdot ln)$。根据

公式(9-9),计算交织区一条车道的基准通行能力为
$$C_{wl} = C_b - 438.2(1+V_R)^{1.6} + 0.0233L_w + 119.8N_{wl} = 1833\text{pcu}/(\text{h}\cdot\text{ln})$$
根据公式(9-11)计算交织区所有车道实际通行能力为
$$C_{wp} = C_{wl} \times N \times f_{HV} \times f_p = 1833 \times 4 \times 0.82 \times 1.00 = 6012(\text{pcu/h})$$
(3)计算饱和度 $V/C = V/C_{wp} = 5488 \div 6012 = 0.91$,查表9-5,确定交织区服务水平为五级。

(4)交织区为同侧交织区,确定 $LC_{FR} = LC_{RF} = 1$,根据公式(9-18),计算交织车辆最少换道次数为
$$LC_{min} = LC_{FR} \times V_{FR} + LC_{RF} \times V_{RF} = 1342 \text{ 次/h}$$
(5)已知立体交叉密度 $K = 0.1$,根据公式(9-17),计算交织车辆换道次数 LC_w 为
$$LC_w = LC_{min} + 0.706(L_w - 90)^{0.5} \times N^2 \times (1+K)^{0.8} = 1589 \text{ 次/h}$$
(6)根据公式(9-20),计算非交织车辆换道判别指数 I_{nw} 为
$$I_{nw} = \frac{L_w \times K \times V_{nw}}{3048} = 68.01$$
(7)根据公式(9-19),计算非交织车辆换道次数 LC_{nw} 为
$$LC_{nw} = 0.206V_{nw} + 1.778L_w - 192.6N = 973 \text{ 次/h}$$
(8)根据公式(9-16),计算交织区所有车辆的换道次数为
$$LC = LC_w + LC_{nw} = 1589 + 973 = 2562 \text{ 次/h}$$
(9)根据公式(9-15),计算交织强度系数 W 为
$$W = 0.577\left(\frac{LC}{L_w}\right)^{0.789} = 2.09$$
(10)查表9-6,确定高速公路主线基准自由流速度 $S_F = 110\text{km/h}$。

(11)根据公式(9-14),计算交织车辆平均速度 S_w 为
$$S_w = 24 + \frac{S_F - 24}{1+W} = 51.83\text{km/h}$$
(12)根据公式(9-21),计算非交织车辆平均速度 S_{nw} 为
$$S_{nw} = S_F - 0.0115LC_{min} - \frac{0.0077V}{N} = 84.00\text{km/h}$$
(13)根据公式(9-12),计算交织区内所有车辆平均速度 S 为
$$S = \frac{V}{\frac{V_w}{S_w} + \frac{V_{nw}}{S_{nw}}} = \frac{5488}{\frac{1342}{51.83} + \frac{4146}{84.00}} = 72.93(\text{km/h})$$
(14)交织区内所有车辆平均速度 S 与高速公路主线基准自由流速度 S_F 的差值为
$110 - 72.93 = 37.07(\text{km/h})$
查表9-5,确定交织区服务水平在五级服务水平下为2等。
因此,该交织区服务水平为五级2等。

9.3 合流区通行能力分析

两个行驶方向的车流以较小的角度向同一方向汇合行驶的过程为合流,如上匝道上的车

流在主线入口的汇入过程。通常情况下,上匝道与主线连接处的上游150m至下游750m的范围为合流影响区,简称合流区。

在合流区,匝道上的车辆在主线交通流出现安全间隙时,从匝道汇入主线。在匝道车流汇入过程中,汇入车流对高速公路主线车流的运行造成较大影响。为方便起见,将靠路肩的车道称为1号车道,与1号车道相邻的车道称为2号车道。因此,匝道车流的汇入将对1号车道造成直接影响,与1号车道相邻的2号车道也会受到影响。在合流区通行能力分析中,将1号车道和2号车道看作是合流区的影响车道,主线中除1号车道和2号车道以外的车道看作是合流区的非影响车道。

一般情况下,合流后的车辆往往趋向于从1号车道换道至车流速度较快的中间车道或内侧车道,汇入流量在1号车道百分比与距合流点下游距离的关系见表9-7。

汇入流量在1号车道百分比与距合流点下游距离关系　　　　表9-7

距合流点下游距离(m)	0	150	300	450	600	750	900	1050	1200
汇入流量在1号车道百分比(%)	100	100	60	30	19	14	11	10	10

9.3.1 合流区通行能力计算

我国《公路通行能力手册》给出的合流区上游和下游高速公路基准通行能力 C_F 和 C_{FO},以及合流区影响车道(1号车道和2号车道)的通行能力 C_{m12},见表9-8。

合流区通行能力值　　　　表9-8

基准自由流速度 (km/h)	上游和下游主线基准通行能力 C_F 和 C_{FO}(pcu/h)				合流区影响车道的通行能力 C_{m12}(pcu/h)
	单方向车道数				
	2车道	3车道	4车道	4车道以上	
110	4400	6600	8800	2200/ln	3600
100	4200	6300	8400	2100/ln	3600
90	4000	6000	8000	2000/ln	3600
80	3600	5400	7200	1800/ln	3600

9.3.2 合流区服务水平分析

我国《公路通行能力手册》采用饱和度 V/C 作为合流区服务水平的主要评价指标,同时采用小客车实际行驶速度与基准自由流速度的差值作为次要评价指标。服务水平共分为六个等级,一级至五级服务水平又细分为三种等次。合(分)流区服务水平分级见表9-9。

合(分)流区服务水平分级　　　　表9-9

服务水平等级		分级指标		次要指标——小客车实际行驶速度与基准自由流速度之差(km/h)
		主要指标——V/C值		
		高速公路	一级公路	
一级	1	$V/C \leq 0.35$	$V/C \leq 0.30$	≤ 10
	2			(10,20]
	3			>20

续上表

服务水平等级		分级指标		次要指标——小客车实际行驶速度与基准自由流速度之差(km/h)
		主要指标——V/C 值		
		高速公路	一级公路	
二级	1	0.35 < V/C ≤ 0.55	0.30 < V/C ≤ 0.50	≤10
	2			(10,20]
	3			>20
三级	1	0.55 < V/C ≤ 0.75	0.50 < V/C ≤ 0.70	≤20
	2			(20,30]
	3			>30
四级	1	0.75 < V/C ≤ 0.90	0.70 < V/C ≤ 0.90	≤20
	2			(20,35]
	3			>35
五级	1	0.90 < V/C ≤ 1.00	0.90 < V/C ≤ 1.00	≤30
	2			(30,40]
	3			>40
六级		V/C > 1.0	V/C > 1.0	—

合流区服务水平分析应当考虑合流区的几何构造及交通流率参数,如图9-4所示。图中,L_A 为加速车道长度,属于几何构造参数。交通流率参数包括驶入合流区的总流率 V_F,驶出合流区的总流率 V_{FO},驶入合流区影响车道的主线流率 V_{12},匝道驶入流率 V_R,驶入合流区影响车道的总流率 V_{R12},不难看出,$V_{R12} = V_{12} + V_R$。需要注意的是,在使用上述交通流率参数分析合流区服务水平时,各交通流率参数表示的是标准车型的高峰小时流率。

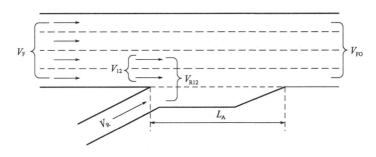

图9-4 合流区服务水平分析参数

1) 合流区饱和度 V/C

合流区饱和度的计算公式如下:

$$V/C = \frac{V_F}{C_{m12} + C_b \times N_0} \tag{9-22}$$

式中:C_b——高速公路主线基本路段一条车道的基准通行能力,pcu/(h·ln),见表9-1;

N_0——合流区的非影响车道数,即单向主线中除1号车道和2号车道以外的车道数量。

2)合流区平均速度

合流区平均行驶速度的计算公式如下：

$$S_{ma} = \frac{V_F}{\dfrac{V_{R12}}{S_{m12}} + \dfrac{V_F - V_{12}}{S_{m0}}} \quad (9\text{-}23)$$

式中：S_{ma}——合流区平均速度，km/h；

S_{m12}——合流区影响车道的平均速度，km/h；

S_{m0}——合流区非影响车道的平均速度，km/h。

(1) 驶入合流区影响车道的主线流率 V_{12} 和总流率 V_{R12}

根据图9-4，驶入合流区影响车道的主线流率 V_{12} 和总流率 V_{R12} 可计算如下：

$$\begin{cases} V_{12} = V_F \times P_{m12} \\ V_{R12} = V_{12} + V_R \end{cases} \quad (9\text{-}24)$$

式中：P_{m12}——合流区影响车道(1号车道和2号车道)上的上游驶入流率占该方向上游主线驶入总流率的比例。

若计算得到 P_{m12}，则可根据公式(9-24)计算出 V_{12} 和 V_{R12}。

当主线为单向2车道时，主线所有车道均为合流区影响车道，即1号车道和2号车道，此时 $P_{m12} = 1$。

当主线为单向3车道时，根据是否存在上游出口匝道和下游出口匝道的影响情况，P_{m12} 的计算方式见表9-10。

合流区主线单向3车道情况下 P_{m12} 的计算方式　　　　表9-10

上游相邻匝道	下游相邻匝道	适用公式
无	无	采用公式(9-25)
无	入口	
入口	无	
入口	入口	
出口	无	①当 $L_{up} \geq L_{UE}$ 时，采用公式(9-25)； ②当 $L_{up} < L_{UE}$ 时，采用公式(9-26)
出口	入口	
无	出口	①当 $L_{down} \geq L_{DE}$ 时，采用公式(9-25)； ②当 $L_{down} < L_{DE}$ 时，采用公式(9-27)
入口	出口	
出口	出口	①当 $L_{up} \geq L_{UE}$ 且 $L_{down} \geq L_{DE}$ 时，采用公式(9-25)； ②当 $L_{down} \geq L_{DE}$ 但 $L_{up} < L_{UE}$ 时，采用公式(9-26)； ③当 $L_{up} \geq L_{UE}$ 但 $L_{down} < L_{DE}$ 时，采用公式(9-27)； ④当 $L_{up} < L_{UE}$ 且 $L_{down} < L_{DE}$ 时，分别采用公式(9-26)和公式(9-27)计算 P_{m12}，并选择较大值的 P_{m12} 作为计算结果

注：L_{up} 为匝道起点距上游匝道的距离，L_{down} 为匝道起点距下游匝道的距离，L_{UE} 为判断匝道是否受上游相邻匝道影响的等效距离，L_{DE} 为判断匝道是否受下游相邻匝道影响的等效距离。

当主线为单向4车道时，P_{m12} 采用公式(9-29)计算。

$$P_{m12} = 0.5775 + 0.000092 L_A \quad (9\text{-}25)$$

$$P_{m12} = 0.7289 - 0.0000135(V_F + V_R) - 0.002048 S_R + 0.0002 L_{up} \quad (9\text{-}26)$$

式中：S_R——匝道自由流速度，km/h。

$$P_{m12} = 0.5487 + \frac{0.0801 V_D}{L_{down}} \quad (9\text{-}27)$$

式中：V_D——下游相邻出口匝道流率，pcu/h。

对于合流区而言，L_{UE} 和 L_{DE} 可计算为

$$\begin{cases} L_{UE} = 0.0675(V_F + V_R) + 0.46 L_A + 10.24 S_R - 757 \\ L_{DE} = \dfrac{V_D}{0.3596 + 0.001149 L_A} \end{cases} \quad (9\text{-}28)$$

$$P_{m12} = 0.2178 - 0.000125 V_R + \frac{0.05887 L_A}{S_R} \quad (9\text{-}29)$$

(2) 合流区影响车道的平均速度 S_{m12}

合流区影响车道的平均速度 S_{m12} 计算公式如下：

$$S_{m12} = S_F - (S_F - 67)\left(0.321 + 0.0039 e^{V_{R12}/1000} - \frac{0.004 L_A \times S_R}{1000}\right) \quad (9\text{-}30)$$

式中：S_F——主线自由流速度，km/h。

(3) 合流区非影响车道的平均速度 S_{m0}

在计算 S_{m0} 时，需对合流区非影响车道的一条车道交通流率 $(V_F - V_{12})/N_0$ [pcu/(h·ln)] 进行判断，即

$$S_{m0} = \begin{cases} S_F & \left(\dfrac{V_F - V_{12}}{N_0} < 500\right) \\ S_F - 0.0058 \left(\dfrac{V_F - V_{12}}{N_0} - 500\right) & \left(500 \leqslant \dfrac{V_F - V_{12}}{N_0} < 2100\right) \\ S_F - 10.52 - 0.01 \left(\dfrac{V_F - V_{12}}{N_0} - 2100\right) & \left(\dfrac{V_F - V_{12}}{N_0} \geqslant 2100\right) \end{cases} \quad (9\text{-}31)$$

3) 服务水平评价流程

合流区服务水平的评价流程如下：

(1) 根据车型比例与车辆折算系数，确定交通组成修正系数，结合高峰小时系数，计算合流区各流量参数对应的标准车型高峰小时流率，如合流区总流率 V_F 和匝道流率 V_R，并确定合流区的非影响车道数 N_0、匝道自由流速度 S_R 和加速车道长度 L_A。

(2) 根据主线设计速度，查表 9-6 确定主线基准自由流速度 S_F，查表 9-8 确定合流区影响车道的通行能力 C_{m12}，查表 9-1 确定高速公路主线基本路段一条车道的基准通行能力 C_b。

(3) 根据公式 (9-22)，计算合流区饱和度 V/C，查表 9-9，确定合流区服务水平为几级。若服务水平为六级，评价结束，否则，继续计算并确定服务水平属于几等。

(4) 确定匝道上游和下游是否有相邻影响匝道，确定距离参数 L_{up} 和 L_{down} 及流率参数 V_D。根据公式 (9-28)，计算等效距离 L_{UE} 和 L_{DE}，并且判断合流区是否受上游出口匝道和下游出口匝道的影响。

(5) 根据表 9-10 和公式 (9-29)，计算合流区影响车道 (1号车道和2号车道) 上的上游驶入流率占该方向上游主线驶入总流率的比例 P_{m12}。

(6) 根据公式 (9-24)，计算驶入合流区影响车道的主线流率 V_{12} 和总流率 V_{R12}。

(7)根据公式(9-30),计算合流区影响车道的平均速度 S_{m12}。

(8)计算 $(V_F - V_{12})/N_0$,并根据公式(9-31),计算合流区非影响车道的平均速度 S_{m0}。

(9)根据公式(9-23),计算合流区平均速度 S_{ma}。计算合流区平均速度 S_{ma} 与主线基准自由流速度 S_F 的差值,查表9-9,确定合流区服务水平属于几等。

【例题 9-4】

某双向6车道高速公路的单车道驶入匝道,其上游和下游无相邻匝道,主线设计速度为120km/h,匝道自由流速度为60km/h,加速车道长度为200m,匝道上游主线单向交通量为1800veh/h,中型车占20%,其余为小型车;匝道交通量为500veh/h,全部为小型车;高峰小时系数为0.95。试评价该合流区的服务水平。

解:

(1)已知主线单向交通量为1800veh/h,则单车道交通量为 $1800 \div 3 = 600[\text{veh/(h·ln)}]$,查表9-2确定主线中型车折算系数为1.5,计算主线交通组成修正系数为

$$f_{HV} = \frac{1}{1 + 0.20 \times (1.5 - 1)} = 0.91$$

已知高峰小时系数为0.95,将主线单向交通量转变为标准车型高峰小时流率,则:

$V_F = 1800 \div 0.95 \div 0.91 = 2082(\text{pcu/h})$

已知匝道交通量为500veh/h,且全部为小型车(交通组成修正系数为1),将其转变为高峰小时流率,则:

$V_R = 500 \div 0.95 = 526(\text{pcu/h})$。

同时,该高速公路单向为3车道,确定合流区的非影响车道数 $N_0 = 1$。已知匝道自由流速度 $S_R = 60\text{km/h}$ 和加速车道长度 $L_A = 200\text{m}$。

(2)根据主线设计速度120km/h,查表9-6确定主线自由流速度 $S_F = 110\text{km/h}$,查表9-8确定合流区影响车道的通行能力 $C_{m12} = 3600\text{pcu/h}$,查表9-1确定高速公路主线基本路段一条车道的基准通行能力为

$C_b = 2200\text{pcu/(h·ln)}$

(3)根据公式(9-22),计算合流区饱和度 V/C 为

$$V/C = \frac{V_F}{C_{m12} + C_b \times N_0} = \frac{2082}{3600 + 2200 \times 1} = 0.36$$

查表9-9,确定该合流区的服务水平等级为二级。

(4)根据题意,上游和下游无相邻匝道,无须进行上下游匝道影响的计算。

(5)根据表9-10中公式(9-25),计算合流区影响车道(1号车道和2号车道)上的上游驶入流率占该方向上游主线驶入总流率的比例为

$P_{m12} = 0.5775 + 0.000092 L_A = 0.5775 + 0.000092 \times 200 = 0.60$

(6)根据公式(9-24),计算驶入合流区影响车道的主线流率和总流率为

$V_{12} = V_F \times P_{m12} = 2082 \times 0.60 = 1249(\text{pcu/h})$

$V_{R12} = V_{12} + V_R = 1249 + 526 = 1775(\text{pcu/h})$

(7)根据公式(9-30),计算合流区影响车道的平均速度为

$S_{m12} = 97.27\text{km/h}$。

(8)计算 $(V_F - V_{12})/N_0 = (2082 - 1249) \div 1 = 833(\text{pcu/h})$,并根据公式(9-31),计算合流

区非影响车道的平均速度 $S_{m0} = 108.07\text{km/h}$。

(9)根据公式(9-23),计算合流区平均速度 $S_{ma} = 80.21\text{km/h}$。因此,合流区平均速度 S_{ma} 与主线基准自由流速度 S_F 的差值为 $S_F - S_{ma} = 110 - 80.21 = 29.79(\text{km/h})$,查表9-9,确定合流区服务水平在二级服务水平下为3等。

因此,该合流区服务水平为二级3等。

9.4 分流区通行能力分析

同一行驶方向的车流向两个不同方向分离行驶的过程为分流,如主线上的车流向下匝道出口的汇出过程。通常情况下,下匝道与主线连接处的上游750m至下游150m的范围为分流影响区,简称分流区。

在分流区,主线上需要下匝道驶出的车辆,先换道至主线1号车道,然后再从1号车道驶出下匝道。在这一过程中,主线驶出车辆要占用1号车道,导致主线车流在1号车道上的行驶受到直接影响,通常情况下,与1号车道相邻的2号车道也会受到影响。在分流区通行能力分析中,将1号车道和2号车道看作是分流区的影响车道,主线中除1号车道和2号车道以外的车道看作是分流区的非影响车道。

一般而言,分流区驶离主线的车辆需逐步从内侧车道换道至1号车道,汇出流量在1号车道百分比与距分流点上游距离的关系见表9-11。

汇出流量在1号车道百分比与距分流点上游距离的关系   表9-11

距分流点上游距离(m)	1200	1050	900	750	600	450	300	150	0
汇出流量在1号车道百分比(%)	10	16	29	46	63	79	95	100	100

9.4.1 分流区通行能力计算

我国《公路通行能力手册》给出的分流区上游和下游高速公路基准通行能力 C_F 和 C_{FO},以及分流区影响车道(1号车道和2号车道)的通行能力 C_{d12},见表9-12。

分流区通行能力值   表9-12

基准自由流速度 (km/h)	上游和下游主线基准通行能力 C_F 和 C_{FO} (pcu/h)				分流区影响车道的通行能力 C_{d12} (pcu/h)
	单方向车道数				
	2车道	3车道	4车道	4车道以上	
110	4400	6600	8800	2200/ln	3400
100	4200	6300	8400	2100/ln	3400
90	4000	6000	8000	2000/ln	3400
80	3600	5400	7200	1800/ln	3400

9.4.2 分流区服务水平分析

我国《公路通行能力手册》采用饱和度 V/C 作为分流区服务水平的主要评价指标,同时采用小客车实际行驶速度与基准自由流速度的差值作为次要评价指标。服务水平共分为六个等级,一级至五级服务水平又细分为三种等次,各级服务水平对应的指标与合流区服务水平指标一致,同表9-9。

分流区服务水平分析与合流区服务水平分析类似,首先,计算分流区饱和度V/C,确定服务水平属于几级;然后计算分流区平均速度,确定服务水平属于几等。在计算过程中,还需考虑分流区的几何构造及交通流率参数,如图9-5所示。图中,L_D为减速车道长度,属于几何构造参数。交通流率参数包括驶入分流区的总流率V_F,驶出分流区的总流率V_{FO},驶入分流区影响车道的主线流率V_{12},匝道驶出流率V_R。不难看出,$V_{FO}=V_F-V_R$。需要注意的是,在使用上述交通流率参数分析分流区服务水平时,各交通流率参数也应当是标准车型的高峰小时流率。

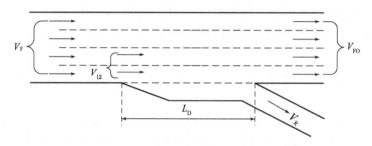

图9-5 分流区服务水平分析参数

1) 分流区饱和度V/C

分流区饱和度的计算公式如下:

$$V/C = \frac{V_F}{C_{d12} + C_b \times N_0} \tag{9-32}$$

式中:C_b——高速公路主线基本路段一条车道的基准通行能力,pcu/(h·ln),同表9-1;

N_0——分流区的非影响车道数,即单向主线中除1号车道和2号车道以外的车道数量。

2) 分流区平均速度

分流区平均行驶速度的计算公式如下:

$$S_{da} = \frac{V_F}{\frac{V_{12}}{S_{d12}} + \frac{V_F - V_{12}}{S_{d0}}} \tag{9-33}$$

式中:S_{da}——分流区平均速度,km/h;

S_{d12}——分流区影响车道的平均速度,km/h;

S_{d0}——分流区非影响车道的平均速度,km/h。

(1) 驶入分流区影响车道的主线流率V_{12}

根据图9-5,计算驶入分流区影响车道的主线流率V_{12},即

$$V_{12} = V_R + V_{FO} \times P_{d12} \tag{9-34}$$

式中:P_{d12}——分流区影响车道(1号车道和2号车道)上的下游驶出流率占该方向下游主线驶出总流率的比例。

若计算得到P_{d12},则可根据公式(9-34)计算出V_{12}。

当主线为单向2车道时,主线所有车道均为分流区影响车道,即1号车道和2号车道,此时$P_{d12}=1$。

当主线为单向 3 车道时,根据是否存在上游入口匝道和下游出口匝道的影响情况,P_{d12} 的计算方式见表 9-13。当主线为单向 4 车道时,$P_{d12}=0.436$。

分流区主线单向 3 车道情况下 P_{d12} 的计算方式　　　　表 9-13

上游相邻匝道	下游相邻匝道	适用公式
无	无	采用公式(9-35)
无	入口	
出口	无	
出口	入口	
入口	无	①当 $L_{up} \geq L_{UE}$ 时,采用公式(9-35); ②当 $L_{up} < L_{UE}$ 时,采用公式(9-36)
入口	入口	
无	出口	①当 $L_{down} \geq L_{DE}$ 时,采用公式(9-35); ②当 $L_{down} < L_{DE}$ 时,采用公式(9-37)
出口	出口	
入口	出口	①当 $L_{up} \geq L_{UE}$ 且 $L_{down} \geq L_{DE}$ 时,采用公式(9-35); ②当 $L_{down} \geq L_{DE}$ 但 $L_{up} < L_{UE}$ 时,采用公式(9-36); ③当 $L_{up} \geq L_{UE}$ 但 $L_{down} < L_{DE}$ 时,采用公式(9-37); ④当 $L_{up} < L_{UE}$ 且 $L_{down} < L_{DE}$ 时,分别采用公式(9-36)和公式(9-37)计算 P_{d12},并选择较大值的 P_{d12} 作为计算结果

注:L_{up} 为匝道起点距上游匝道的距离,L_{down} 为匝道起点距下游匝道的距离,L_{UE} 为判断匝道是否受上游相邻匝道影响的等效距离,L_{DE} 为判断匝道是否受下游相邻匝道影响的等效距离。

$$P_{d12} = 0.76 - 0.000025 V_F - 0.000046 V_R \quad (9\text{-}35)$$

$$P_{d12} = 0.717 - 0.000039 V_F + \frac{0.184 V_U}{L_{up}} \quad (9\text{-}36)$$

式中:V_U——上游相邻入口匝道流率,pcu/h。

$$P_{d12} = 0.616 - 0.000021 V_F + \frac{0.038 V_D}{L_{down}} \quad (9\text{-}37)$$

式中:V_D——下游相邻出口匝道流率,pcu/h。

对于分流区而言,L_{UE} 和 L_{DE} 可计算为

$$\begin{cases} L_{UE} = \dfrac{V_U}{0.2337 + 0.000076 V_F - 0.00025 V_R} \\ L_{DE} = \dfrac{V_D}{3.79 - 0.00011 V_F - 0.00121 V_R} \end{cases} \quad (9\text{-}38)$$

(2)分流区影响车道的平均速度 S_{d12}

分流区影响车道的平均速度 S_{d12} 计算如下:

$$S_{d12} = S_F - (S_F - 67)(0.883 + 0.00009 V_R - 0.008 S_R) \quad (9\text{-}39)$$

式中:S_F——主线自由流速度,km/h;

S_R——匝道自由流速度,km/h。

(3)分流区非影响车道的平均速度 S_{d0}

在计算 S_{d0} 时,还需要对分流区非影响车道的一条车道交通流率 $(V_F - V_{12})/N_0$ 进行判断,即

$$\begin{cases} S_{d0} = 1.06 S_F & \left(\dfrac{V_F - V_{12}}{N_0} < 1000\right) \\ S_{d0} = 1.06 S_F - 0.0062\left(\dfrac{V_F - V_{12}}{N_0} - 1000\right) & \left(\dfrac{V_F - V_{12}}{N_0} \geq 1000\right) \end{cases} \quad (9\text{-}40)$$

3)服务水平评价流程

分流区服务水平的评价流程如下:

(1)根据车型比例与车辆折算系数,确定交通组成修正系数,结合高峰小时系数,计算分流区各流量参数对应的标准车型高峰小时流率,如驶入分流区的总流率 V_F、匝道流率 V_R、驶出分流区的总流率 V_{FO}。然后,确定分流区的非影响车道数 N_0 和匝道自由流速度 S_R。

(2)根据主线设计速度,查表9-6确定主线基准自由流速度 S_F,查表9-12确定分流区影响车道的通行能力 C_{d12},查表9-1确定高速公路主线基本路段一条车道的基准通行能力 C_b。

(3)根据公式(9-32),计算分流区饱和度 V/C,查表9-9,确定分流区服务水平为几级。若服务水平为六级,评价结束,否则,继续计算并确定服务水平属于几等。

(4)确定匝道上游和下游是否有相邻影响匝道,确定距离参数 L_{up} 和 L_{down},以及流率参数 V_U 和 V_D。根据公式(9-38),计算等效距离 L_{UE} 和 L_{DE},并判断分流区是否受上游入口匝道和下游出口匝道的影响。

(5)根据表9-13,计算分流区影响车道(1号车道和2号车道)上的下游驶出流率占该方向下游主线驶出总流率的比例 P_{d12}。

(6)根据公式(9-34),计算驶入分流区影响车道的主线流率 V_{12}。

(7)根据公式(9-39),计算分流区影响车道的平均速度 S_{d12}。

(8)计算 $(V_F - V_{12})/N_0$,并根据公式(9-40),计算分流区非影响车道的平均速度 S_{d0}。

(9)根据公式(9-33),计算分流区平均速度 S_{da}。计算分流区平均速度 S_{da} 与主线基准自由流速度 S_F 的差值,查表9-9,确定分流区服务水平属于几等。

思考题与习题

1.简述高速公路基本路段基准通行能力和实际通行能力的含义与区别。

2.简述交织区基准通行能力和实际通行能力的分析方法。

3.简述合流区与分流区服务水平分析的主要步骤。

4.某双向4车道高速公路基本路段,设计速度为100km/h;交通组成为小型车65%,中型车20%,大型车15%;高峰小时交通量为800veh/(h·ln),高峰小时系数为0.95;驾驶员主要为经常往返于两地者。试分析其服务水平。

5.某高速公路匝道交织区,设计速度为100km/h,结构形式同图9-3,交织段长度为400m,交织区车道数为4条,交织车道数为2条,立体交叉密度为0.1。与图9-3不同的是,A—C方向流量为3000veh/h,A—D方向流量为450veh/h,B—C方向流量为300veh/h,B—D方向流量为200veh/h;交通组成修正系数 $f_{HV} = 0.75$,高峰小时系数为0.95,驾驶员总体特征修正系

数 $f_p = 1.00$。试确定该交织区的服务水平。

6. 某双向 6 车道高速公路单车道驶出匝道,其上游和下游无相邻匝道,主线设计速度为 120km/h,匝道自由流速度为 50km/h,匝道上游主线单向交通量为 2000veh/h,匝道交通量为 400veh/h;主线和匝道交通量的车型比例一致,小型车占 70%,中型车占 20%,大型车占 10%,高峰小时系数为 0.95。试确定其服务水平。

第10章
城市交叉口通行能力分析

城市交叉口既是城市交通流运行的连接点,也是城市路网拥堵的瓶颈所在。因此,城市交叉口通行能力分析在提升交叉口交通流运行效率等工程应用领域中占有举足轻重的地位。本章将对城市平面交叉口的通行能力分析进行介绍,包括无信号交叉口、信号交叉口和环形交叉口的通行能力分析。

10.1 无信号交叉口通行能力分析

10.1.1 无信号交叉口交通流运行特性

10.1.1.1 无信号交叉口主路优先特征及控制方式

大部分无信号交叉口具有明显的主路优先特征,主路交通流量及速度均明显大于次路的流量及速度。无信号交叉口的流量往往较小,且交通流中小型车所占比例较大。对于2/2相交无信号交叉口,主路车流速度和次路车流速度均较低,一般主路车流速度为20~40km/h,次路车流速度为20~30km/h。对于4/2相交无信号交叉口,主路车流速度与次路车流速度有一定差别,一般主路车流速度为40~50km/h,次路车流速度为20~35km/h。对于4/4相交无信号交叉口,主路车流速度与次路车流速度有较大差别,一般主路车流速度为50~70km/h,次路车流速度为 30~40km/h。

对于有明显主路优先特征的无信号交叉口,一般有两种控制方式,即停车标志控制和减速标志控制。目前,越来越多的无信号交叉口均采用上述两种交通控制方式。这两种控制方式可统称为主路优先控制。

主路优先控制往往采用停车让行标志和减速让行标志来实现,这两种让行标志设置在次路进入无信号交叉口前 200~300m。停车让行标志(图 10-1),表示车辆必须在次路停止线以外停车瞭望,确认安全后,才准许通行。减速让行标志(图 10-2),表示次路车辆应减速让行,观察主路车辆运行情况,在确保主路车辆优先行驶的前提下,认为安全时方可通过交叉口。

图 10-1 停车让行标志　　　　图 10-2 减速让行标志

10.1.1.2 无信号交叉口交通流向及优先等级

对于无信号交叉口次路上的交通流而言,每一流向的交通流都面临与其他流向的交通流发生冲突的可能性,如图 10-3 所示。图中,东西方向道路为主路,南北方向道路为次路,可以看出,次路右转车流与主路右侧车道的直行车流存在合流冲突;次路直行车流与主路直行车流、主路左转车流存在交叉冲突,并与主路右转车流、主路另一方向左转车流存在合流冲突;次路左转车流与主路左转车流、主路直行车流存在交叉冲突,并与主路另一方向直行车流存在合流冲突。

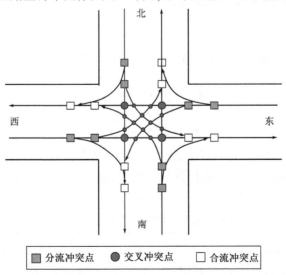

图 10-3 无信号交叉口的交通流向图

对于主路优先无信号交叉口,主路交通流运行一般不受影响,而次路交通流遵循停车或让车次序,并利用主路交通流的车头间隙穿过交叉口。如图10-4所示,当一个无信号交叉口的主路和次路上都有左转与右转交通流时,则各向车流遵循以下优先规则通过交叉口:

(1)主路直行和主路右转交通流优先等级为1级,交通流向2、3、5、6。
(2)主路左转和次路右转交通流优先等级为2级,交通流向1、4、9、12。
(3)次路直行交通流优先等级为3级,交通流向8、11。
(4)次路左转交通流优先等级为4级,交通流向7、10。

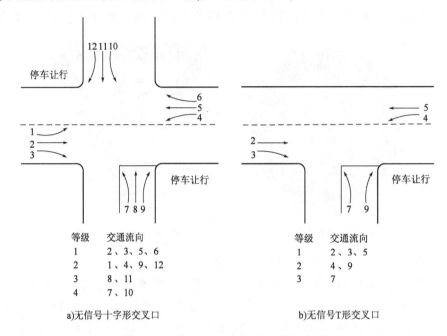

图10-4 无信号交叉口交通流优先等级示意图

10.1.2 无信号交叉口通行能力计算

10.1.2.1 次级交通流向基准通行能力

根据间隙接受理论,无信号交叉口次级交通流向的基准通行能力应按公式(10-1)计算:

$$C_{bi} = Q_{ci} \times \frac{e^{-\frac{Q_{ci} \times T_{ci}}{3600}}}{1 - e^{-\frac{Q_{ci} \times T_{fi}}{3600}}} \tag{10-1}$$

式中:C_{bi}——次级交通流向i的基准通行能力,veh/h;

Q_{ci}——次级交通流向i的冲突交通流量,veh/h,见表10-1;

T_{ci}——次级交通流向i中车辆在穿越其冲突交通流时所需的临界间隙,s;

T_{fi}——次级交通流向i中车辆跟车时距,s。

无信号交叉口冲突交通流量计算公式 表10-1

交通流向	冲突交通流量计算公式	
主路左转	$Q_{c1} = q_5 + q_6$ ①	$Q_{c4} = q_2 + q_3$ ①
次路右转	$Q_{c9} = q_2/N$ ②	$Q_{c12} = q_5/N$ ②

续上表

交通流向	冲突交通流量计算公式	
次路直行	$Q_{c8} = q_1 + q_2 + q_4 + q_5 + q_6$	$Q_{c11} = q_4 + q_5 + q_1 + q_2 + q_3$
次路左转	$Q_{c7} = q_1 + q_2 + q_4 + q_5/N + q_{12}^{③} + q_{11}$	
	$Q_{c10} = q_4 + q_5 + q_1 + q_2/N + q_9^{③} + q_8$	

注：①当主路右转交通流向进入次路后被分流岛分开时，可不考虑主路右转车辆的影响。
②当主路入口有 N 条直行车道时，与主路右转车流冲突的交通流量只有主路直行交通流量的 $1/N$，或者采用实测的外侧车道交通流量比例来代替 $1/N$。
③当次路右转车流被分流岛分开时，可忽略对向次路右转车流对次路左转车流的影响。

无信号十字形或 T 形交叉口的临界间隙 T_{ci} 可按下式计算：

$$T_{ci} = T_{bci} + t_{cHV} \times P_{HVi} + t_{gi} \times g_i - t_{li} \tag{10-2}$$

式中：T_{bci}——基准条件下次级交通流向 i 中车辆在穿越冲突交通流时所需的临界间隙，s，见表 10-2；

t_{cHV}——交通组成对临界间隙的修正值，s，当主路为双向 2 车道时，$t_{cHV}=1\mathrm{s}$；当主路为双向 4 车道时，$t_{cHV}=2\mathrm{s}$；

P_{HVi}——次级交通流向 i 中非小客车比例；

t_{gi}——纵坡坡度对临界间隙的修正值，s，对于主路左转和次路右转交通流向，$t_{gi}=0.1\mathrm{s}$，对于次路直行车流和次路左转交通流向，$t_{gi}=0.2\mathrm{s}$；

g_i——交通流向 i 的纵坡坡度，%；

t_{li}——适用于无信号 T 形交叉口次路左转交通流的左转车修正值，s，通常 $t_{li}=0.7\mathrm{s}$，对于无信号十字形交叉口，$t_{li}=0\mathrm{s}$。

基准条件下临界间隙 T_{bci} 的建议值　　表 10-2

交通流向		主路左转	次路左转	次路直行	次路右转
临界间隙（s）	主路为双向 2 车道	5.0	5.5	5.0	3.0
	主路为双向 4 车道	6.0	6.5	6.0	4.0

此外，根据实际工程需要，还可通过第 7 章表 7-1 和表 7-2 直接获取 T_{ci} 的建议值。

次级交通流向 i 中车辆跟车时距 T_{fi} 可由下式计算：

$$T_{fi} = T_{bfi} + t_{fHV} \times P_{HVi} \tag{10-3}$$

式中：T_{bfi}——基准条件下交通流向 i 中车辆跟车时距，s，见表 10-3；

t_{fHV}——交通组成对跟车时距的修正值，s，当主路为双向 2 车道时，$t_{fHV}=0.9\mathrm{s}$，当主路为双向 4 车道时，$t_{fHV}=1.0\mathrm{s}$。

基准条件下跟车时距 T_{bfi} 的建议值　　表 10-3

交通流向	主路左转	次路左转	次路直行	次路右转
跟车时距（s）	2.0	2.5	2.0	1.6

10.1.2.2　次级交通流向实际通行能力

优先级高的交通流会对优先级低的交通流造成影响，路侧干扰也会影响无信号交叉口的通行能力，无信号交叉口次级交通流向的实际通行能力计算公式如下：

$$C_{pi} = C_{bi} \times f_{gi} \times f_F \tag{10-4}$$

式中:C_{pi}——次级交通流向 i 的实际通行能力,veh/h;
$\quad\ f_{gi}$——次级交通流向 i 的阻抗系数;
$\quad\ f_F$——路侧干扰修正系数。

1)阻抗系数 f_{gi}

优先级高的交通流对优先级低的交通流造成的影响称为阻抗。阻抗系数综合反映了多个较高等级交通流对较低等级交通流造成影响的修正。各优先等级交通流阻抗系数应符合以下规定。

(1)优先等级为 1 级的交通流

优先等级为 1 级的交通流在通行过程中,不受其他车流的影响,因此,该等级车流不用修正,即 $f_{gi}=1$。

(2)优先等级为 2 级的交通流

优先等级为 2 级的交通流,仅受到优先等级为 1 级的交通流向车辆通行的影响,优先等级为 1 级的交通流中出现的所有可穿越间隙均可被优先等级为 2 级的交通流向车辆利用。因此,优先等级为 2 级的交通流阻抗系数 $f_{gi}=1$。

(3)优先等级为 3 级的交通流

优先等级为 3 级的交通流在通行过程中,需要寻找冲突流(优先等级为 1 级和 2 级的交通流)出现的可穿越间隙,该影响已在计算次级交通流向的基准通行能力时予以考虑。但是,当冲突交通流中出现可穿越间隙时,不仅优先等级为 3 级的交通流向车辆可以利用,优先等级为 2 级的交通流向车辆同样可以利用,从而导致优先等级为 3 级的交通流向车辆可利用的有效间隙减少。通常认为,该有效间隙出现的概率与其冲突流中自由通过交叉口车辆出现的概率相等。

优先等级为 3 级的交通流阻抗系数可由下式计算:

$$f_{gk} = \prod_i P_{ki} = \prod_i \left(1 - \frac{q_i}{C_{bi}}\right) \tag{10-5}$$

式中:f_{gk}——优先等级为 3 级的交通流向 k 的阻抗系数;
$\quad\ P_{ki}$——与优先等级为 3 级的交通流向 k 冲突的优先等级为 2 级的交通流向 i 中车辆自由通过交叉口的概率;
$\quad\ q_i$——与优先等级为 3 级的交通流向 k 冲突的优先等级为 2 级的交通流向 i 的交通流量,veh/h;
$\quad\ C_{bi}$——与优先等级为 3 级的交通流向 k 冲突的优先等级为 2 级的交通流向 i 的基准通行能力,veh/h。

(4)优先等级为 4 级的交通流

只有在十字形交叉口才会有优先等级为 4 级的交通流,同优先等级为 3 级的交通流受到的影响一样,优先等级为 4 级的交通流在面对可穿越间隙时,要求优先等级为 2 级和 3 级的车辆先使用。因此,必须对优先等级为 4 级的交通流的有效间隙进行折减。

对优先等级为 4 级的交通流来讲,由于优先等级为 2 级和 3 级的交通流具有相关性,很难直接将优先等级为 2 级和 3 级的交通流中无排队车辆的概率计算出来。在实际交通工程应用过程中,优先等级为 4 级的交通流阻抗系数按下式计算:

$$f_{gm} = f'_{gm} \times P_{mn} = f'_{gm} \times \left(1 - \frac{q_n}{C_{bn}}\right) \tag{10-6}$$

式中：f_{gm}——优先等级为 4 级的交通流向 m 的阻抗系数；

f'_{gm}——有效间隙的辅助修正系数；

P_{mn}——与优先等级为 4 级的交通流向 m 冲突的优先等级为 3 级的交通流向 n 中车辆自由通过交叉口的概率；

q_n——与优先等级为 4 级的交通流向 m 冲突的优先等级为 3 级的交通流向 n 的交通流量，veh/h；

C_{bn}——与优先等级为 4 级的交通流向 m 冲突的优先等级为 3 级的交通流向 n 的基准通行能力，veh/h。

在公式(10-6)中，有效间隙的辅助修正系数 f'_{gm} 可按下式计算：

$$f'_{gm} = 0.65 P_1 - \frac{P_1}{P_1 + 3} + 0.6\sqrt{P_1} \qquad (10\text{-}7)$$

式中：P_1——与交通流向 m 冲突且存在有效间隙相互影响的第 2 级和第 3 级交通流的有效间隙概率，即

$$P_1 = P_{mn} \times \prod_j P_{mj} = \left(1 - \frac{q_n}{C_{bn}}\right) \times \prod_j \left(1 - \frac{q_j}{C_{bj}}\right) \qquad (10\text{-}8)$$

式中：P_{mj}——与优先等级为 4 级的交通流向 m 冲突的优先等级为 2 级的交通流向 j 中车辆自由通过交叉口的概率；

q_j——与优先等级为 4 级的交通流向 m 冲突的优先等级为 2 级的交通流向 j 的交通流量，veh/h；

C_{bj}——与优先等级为 4 级的交通流向 m 冲突的优先等级为 2 级的交通流向 j 的基准通行能力，veh/h。

2）路侧干扰修正系数 f_F

路侧干扰修正系数主要考虑行人和非机动车等因素的影响。无信号交叉口通行能力路侧干扰修正系数 f_F 取值见表 10-4。

无信号交叉口通行能力路侧干扰修正系数 f_F 表 10-4

路侧干扰等级	1	2	3	4
修正系数 f_F	0.95	0.85	0.75	0.65

10.1.3 无信号交叉口服务水平分析

10.1.3.1 无信号交叉口服务水平评价指标

我国《公路通行能力手册》采用车均延误和饱和度作为公路无信号交叉口服务水平评价标准；《建设项目交通影响评价技术标准》(CJJ/T 141—2010)采用主路双向高峰小时交通流量、流量较大次路单向高峰小时交通流量、行人过街双向高峰小时流量作为城市道路无信号交叉口服务水平评价指标。

10.1.3.2 无信号交叉口服务水平分级标准

1）我国公路评价标准

我国《公路通行能力手册》将无信号交叉口服务水平分为六级，见表 10-5。

我国公路无信号交叉口服务水平分级标准　　　　　表10-5

服务水平等级	车均延误(s/veh)	饱和度
一	≤10	≤0.50
二	(10,15]	(0.50,0.60]
三	(15,25]	(0.60,0.71]
四	(25,35]	(0.71,0.77]
五	(35,50]	(0.77,0.83]
六	>50	>0.83

对于无信号交叉口,采用延误指标可以直观地反映交通流运行质量,但延误指标的观测计算较为困难,因此,往往通过饱和度指标间接地计算延误指标。车均延误与饱和度在一定范围内存在指数关系,即

$$d_i = \begin{cases} 1.2e^{2.28X_i} & (X_i \leqslant 0.77) \\ 2.04e^{4.28X_i} - 20 & (X_i > 0.77) \end{cases} \quad (10\text{-}9)$$

式中:d_i——次级交通流向 i 的车均延误;

X_i——次级交通流向 i 的饱和度。

无信号交叉口的车均延误是针对各个次级(2、3、4级)流向分别定义的,对于整个交叉口的延误,可通过对不同流向的延误求加权平均得到,即

$$d_a = \frac{\sum q_i d_i}{\sum q_i} \quad (10\text{-}10)$$

式中:d_a——交叉口的车均延误,s/veh;

q_i——次级交通流向 i 的交通流量,pcu/h。

2)我国城市道路评价标准

我国《建设项目交通影响评价技术标准》(CJJ/T 141—2010)将无信号交叉口服务水平划分为三级,服务水平分级标准见表10-6,不同情况下无信号交叉口高峰小时流率见表10-7~表10-9。

我国城市无信号交叉口服务水平分级标准　　　　　表10-6

服务水平等级	流率要求
一	未达到增设停车控制标志与行人过街标线的流率要求,见表10-9与表10-10
二	符合增设停车控制标志或行人过街标线的流率要求,见表10-9与表10-10
三	符合增设信号灯的流率要求,见表10-11

需增设停车控制标志的无信号交叉口高峰小时流率　　　　　表10-7

主路单向车道数(条)	次路单向车道数(条)	主路双向高峰小时流率(pcu/h)	流量较大次路单向高峰小时流率(pcu/h)
1	1	500	90
		1000	30
1	≥2	500	170
		1000	60
		1500	10

续上表

主路单向车道数(条)	次路单向车道数(条)	主路双向高峰小时流率(pcu/h)	流量较大次路单向高峰小时流率(pcu/h)
≥2	1	500	120
		1000	40
		1500	20
≥2	≥2	500	240
		1000	110
		1500	40

注：流量较大次路单向高峰小时交通流量为次路两个流向中高峰小时交通流量较大者。

需增设行人过街标线的无信号交叉口高峰小时流率 表10-8

标线设置要求	道路双向机动车高峰小时流率(pcu/h)	行人过街双向高峰小时流率(人/h)
需要增设行人过街标线	≥300	≥50

需增设信号灯的无信号交叉口高峰小时流率 表10-9

主路单向车道数(条)	次路单向车道数(条)	主路双向高峰小时流率(pcu/h)	流量较大次路单向高峰小时流率(pcu/h)
1	1	750	300
		900	230
		1200	140
1	≥2	750	400
		900	340
		1200	220
≥2	1	900	340
		1050	280
		1400	160
≥2	≥2	900	420
		1050	350
		1400	200

10.1.3.3 无信号交叉口服务水平评价流程

无信号交叉口服务水平评价流程可总结如下：

(1)根据交叉口各流向交通流量 q_i 与主路入口直行车道数 N，由表10-1与图10-4计算次级交通流向 i 的冲突交通流量 Q_{ci}。

(2)查表10-2，获取基准条件下各次级交通流向 i 中车辆在穿越冲突交通流时所需的临界间隙 T_{bci}。

(3)根据主路车道数，确定交通组成对临界间隙的修正值 t_{cHV}。

(4)计算各次级交通流向 i 中非小客车比例 P_{HVi}。

(5)确定纵坡坡度对临界间隙的修正值 t_{gi},以及交通流向 i 的纵坡坡度 g_i。

(6)对于无信号 T 形交叉口,需确定次路左转交通流的左转车修正值 t_{li};对于无信号十字形交叉口,可以忽略此步骤,直接进入下一步骤。

(7)根据公式(10-2),计算次级交通流向 i 中的车辆在穿越其冲突交通流时所需的临界间隙 T_{ci}。

(8)查表 10-3,确定基准条件下交通流向 i 中的车辆跟车时距 T_{bfi}。

(9)根据主路车道数,确定交通组成对跟车时距的修正值 t_{fHV}。

(10)根据公式(10-3),计算各次级交通流向 i 中的车辆跟车时距 T_{fi}。

(11)根据公式(10-1),计算各次级交通流向 i 的基准通行能力 C_{bi}。

(12)确定与优先等级为 3 级的交通流向 k 冲突的优先等级为 2 级的各流向交通流量 q_i、基准通行能力 C_{bi},根据公式(10-5),计算优先等级为 3 级的交通流向 k 的阻抗系数 f_{gk}。

(13)若为无信号十字形交叉口,确定与优先等级为 4 级的交通流向 m 冲突的优先等级为 2 级和 3 级的各流向交通流量 q_n 和 q_j,以及基准通行能力 C_{bn} 和 C_{bj}。根据公式(10-8),计算与交通流向 m 冲突且存在有效间隙相互影响的第 2 级和第 3 级交通流的有效间隙概率 P_1,并进入下一步骤。若为无信号 T 形交叉口,可以忽略此步骤,直接进行第 16 步。

(14)根据公式(10-7),计算有效间隙的辅助修正系数 f'_{gm}。

(15)根据公式(10-6),计算优先等级为 4 级的交通流向 m 的阻抗系数 f_{gm}。

(16)查表 10-4,确定无信号交叉口通行能力的路侧干扰修正系数 f_F。

(17)根据公式(10-4),计算各次级流向 i 的实际通行能力 C_{pi}。

(18)根据高峰小时系数 PHF,计算各次级交通流向的高峰小时流率 $FL_i = q_i/PHF$。

(19)计算各次级交通流向的饱和度 $V/C = FL_i/C_{pi}$。

(20)根据公式(10-9),计算各次级交通流向 i 的车均延误 d_i。

(21)根据公式(10-10),计算交叉口的车均延误 d_a。

(22)查表 10-5,确定无信号交叉口的服务水平。

【例题 10-1】

某无信号十字形交叉口,如图 10-5 所示。其主路为双向 4 车道,2 条入口车道分别为直左车道和直右车道,次路为双向 2 车道,纵坡坡度均为 0.6%。已知:$q_1 = 35\text{veh/h}$,$q_2 = 260\text{veh/h}$,$q_3 = 55\text{veh/h}$,$q_4 = 70\text{veh/h}$,$q_5 = 290\text{veh/h}$,$q_6 = 110\text{veh/h}$,$q_7 = 50\text{veh/h}$,$q_8 = 140\text{veh/h}$,$q_9 = 50\text{veh/h}$,$q_{10} = 10\text{veh/h}$,$q_{11} = 120\text{veh/h}$,$q_{12} = 30\text{veh/h}$,各流向小客车比例均为 85%,高峰小时系数为 0.95,路侧干扰等级为 1 级。试计算该交叉口的车均延误并评价其服务水平。

解:

(1)主路入口直行车道数 $N = 2$,根据无信号交叉口各流向交通流量 q_i,根据表 10-1 与图 10-5 计算次级交通流向 i 的冲突交通流量 Q_{ci}。

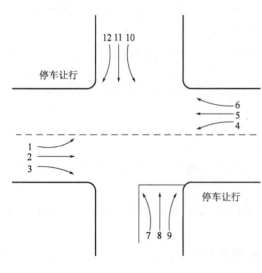

图 10-5 例题 10-1 的示意图

①主路左转:$Q_{c1} = q_5 + q_6 = 290 + 110 = 400(\text{veh/h})$;$Q_{c4} = q_2 + q_3 = 260 + 55 = 315(\text{veh/h})$。

②次路右转:$Q_{c9} = q_2/N = 260 \div 2 = 130(\text{veh/h})$;$Q_{c12} = q_5/N = 290 \div 2 = 145(\text{veh/h})$。

③次路直行:$Q_{c8} = q_1 + q_2 + q_4 + q_5 + q_6 = 35 + 260 + 70 + 290 + 110 = 765(\text{veh/h})$;

$Q_{c11} = q_4 + q_5 + q_1 + q_2 + q_3 = 70 + 290 + 35 + 260 + 55 = 710(\text{veh/h})$。

④次路左转:$Q_{c7} = q_1 + q_2 + q_4 + q_5/N + q_{12} + q_{11} = 35 + 260 + 70 + 290 \div 2 + 30 + 120$
$= 660(\text{veh/h})$;

$Q_{c10} = q_4 + q_5 + q_1 + q_2/N + q_9 + q_8 = 70 + 290 + 35 + 260 \div 2 + 50 + 140$
$= 715(\text{veh/h})$。

(2)查表10-2,获取基准条件下各次级交通流向 i 中的车辆在穿越冲突交通流时所需的临界间隙 T_{bci}。

①主路左转:$T_{bc1} = T_{bc4} = 6.0\text{s}$。

②次路右转:$T_{bc9} = T_{bc12} = 4.0\text{s}$。

③次路直行:$T_{bc8} = T_{bc11} = 6.0\text{s}$。

④次路左转:$T_{bc7} = T_{bc10} = 6.5\text{s}$。

(3)主路车道数为双向4车道,确定交通组成对临界间隙的修正值 $t_{cHV} = 2\text{s}$。

(4)计算各次级交通流向 i 中的非小客车比例 $P_{HVi} = 1 - 0.85 = 0.15$。

(5)确定纵坡坡度对临界间隙的修正值 t_{gi} 以及交通流向 i 的纵坡坡度 g_i。

①主路左转、次路右转:$t_{g1} = t_{g4} = t_{g9} = t_{g12} = 0.1\text{s}$。

②次路直行、次路左转:$t_{g8} = t_{g11} = t_{g7} = t_{g10} = 0.2\text{s}$。

③各交通流向 i 的纵坡坡度:$g_i = 0.6$。

(6)根据公式(10-2),计算次级交通流向 i 中的车辆在穿越其冲突交通流时所需的临界间隙 T_{ci}。

①主路左转:$T_{c1} = T_{c4} = T_{bc1} + t_{cHV} \times P_{HVi} + t_{g1} \times g_i = 6 + 2 \times 0.15 + 0.1 \times 0.6 = 6.36(\text{s})$。

②次路右转:$T_{c9} = T_{c12} = T_{bc9} + t_{cHV} \times P_{HVi} + t_{g9} \times g_i = 4 + 2 \times 0.15 + 0.1 \times 0.6 = 4.36(\text{s})$。

③次路直行:$T_{c8} = T_{c11} = T_{bc8} + t_{cHV} \times P_{HVi} + t_{g8} \times g_i = 6 + 2 \times 0.15 + 0.2 \times 0.6 = 6.42(\text{s})$。

④次路左转:$T_{c7} = T_{c10} = T_{bc7} + t_{cHV} \times P_{HVi} + t_{g7} \times g_i = 6.5 + 2 \times 0.15 + 0.2 \times 0.6 = 6.92(\text{s})$。

(7)查表10-3,确定基准条件下交通流向 i 中的车辆跟车时距 T_{bfi}。

①主路左转:$T_{bf1} = T_{bf4} = 2.0\text{s}$。

②次路右转:$T_{bf9} = T_{bf12} = 1.6\text{s}$。

③次路直行:$T_{bf8} = T_{bf11} = 2.0\text{s}$。

④次路左转:$T_{bf7} = T_{bf10} = 2.5\text{s}$。

(8)主路为双向4车道,确定 $t_{fHV} = 1.0\text{s}$。

(9)根据公式(10-3),计算各次级交通流向 i 中的车辆跟车时距 T_{fi}。

①主路左转:$T_{f1} = T_{f4} = T_{bf1} + t_{fHV} \times P_{HVi} = 2.0 + 1 \times 0.15 = 2.15(\text{s})$。

②次路右转:$T_{f9} = T_{f12} = T_{bf9} + t_{fHV} \times P_{HVi} = 1.6 + 1 \times 0.15 = 1.75(\text{s})$。

③次路直行:$T_{f8} = T_{f11} = T_{bf8} + t_{fHV} \times P_{HVi} = 2.0 + 1 \times 0.15 = 2.15(\text{s})$。

④次路左转:$T_{f7} = T_{f10} = T_{bf7} + t_{fHV} \times P_{HVi} = 2.5 + 1 \times 0.15 = 2.65(\text{s})$。

(10)根据公式(10-1),计算各次级交通流向 i 的基准通行能力 C_{bi}。

①主路左转:

$$C_{b1} = Q_{c1} \times \frac{e^{-\frac{Q_{c1} \times T_{c1}}{3600}}}{1 - e^{-\frac{Q_{c1} \times T_{f1}}{3600}}} = 400 \times \frac{e^{-\frac{400 \times 6.36}{3600}}}{1 - e^{-\frac{400 \times 2.15}{3600}}} = 929 (\text{veh/h})$$

$$C_{b4} = Q_{c4} \times \frac{e^{-\frac{Q_{c4} \times T_{c4}}{3600}}}{1 - e^{-\frac{Q_{c4} \times T_{f4}}{3600}}} = 315 \times \frac{e^{-\frac{315 \times 6.36}{3600}}}{1 - e^{-\frac{315 \times 2.15}{3600}}} = 1053 (\text{veh/h})$$

② 次路右转：

$$C_{b9} = Q_{c9} \times \frac{e^{-\frac{Q_{c9} \times T_{c9}}{3600}}}{1 - e^{-\frac{Q_{c9} \times T_{f9}}{3600}}} = 130 \times \frac{e^{-\frac{130 \times 4.36}{3600}}}{1 - e^{-\frac{130 \times 1.75}{3600}}} = 1814 (\text{veh/h})$$

$$C_{b12} = Q_{c12} \times \frac{e^{-\frac{Q_{c12} \times T_{c12}}{3600}}}{1 - e^{-\frac{Q_{c12} \times T_{f12}}{3600}}} = 145 \times \frac{e^{-\frac{145 \times 4.36}{3600}}}{1 - e^{-\frac{145 \times 1.75}{3600}}} = 1787 (\text{veh/h})$$

③ 次路直行：

$$C_{b8} = Q_{c8} \times \frac{e^{-\frac{Q_{c8} \times T_{c8}}{3600}}}{1 - e^{-\frac{Q_{c8} \times T_{f8}}{3600}}} = 765 \times \frac{e^{-\frac{765 \times 6.42}{3600}}}{1 - e^{-\frac{765 \times 2.15}{3600}}} = 533 (\text{veh/h})$$

$$C_{b11} = Q_{c11} \times \frac{e^{-\frac{Q_{c11} \times T_{c11}}{3600}}}{1 - e^{-\frac{Q_{c11} \times T_{f11}}{3600}}} = 710 \times \frac{e^{-\frac{710 \times 6.42}{3600}}}{1 - e^{-\frac{710 \times 2.15}{3600}}} = 579 (\text{veh/h})$$

④ 次路左转：

$$C_{b7} = Q_{c7} \times \frac{e^{-\frac{Q_{c7} \times T_{c7}}{3600}}}{1 - e^{-\frac{Q_{c7} \times T_{f7}}{3600}}} = 660 \times \frac{e^{-\frac{660 \times 6.92}{3600}}}{1 - e^{-\frac{660 \times 2.65}{3600}}} = 482 (\text{veh/h})$$

$$C_{b10} = Q_{c10} \times \frac{e^{-\frac{Q_{c10} \times T_{c10}}{3600}}}{1 - e^{-\frac{Q_{c10} \times T_{f10}}{3600}}} = 715 \times \frac{e^{-\frac{715 \times 6.92}{3600}}}{1 - e^{-\frac{715 \times 2.65}{3600}}} = 442 (\text{veh/h})$$

(11) 确定与优先等级为3级的交通流向8、11冲突的优先等级为2级的各流向交通流量 $q_1 = 35\text{veh/h}$ 和 $q_4 = 70\text{veh/h}$，以及基准通行能力 $C_{b1} = 929\text{veh/h}$ 和 $C_{b4} = 1053\text{veh/h}$。根据公式(10-5)，计算优先等级为3级的交通流向8、11的阻抗系数为

$$f_{g8} = f_{g11} = \left(1 - \frac{q_1}{C_{b1}}\right) \times \left(1 - \frac{q_4}{C_{b4}}\right) = \left(1 - \frac{35}{929}\right) \times \left(1 - \frac{70}{1053}\right) = 0.898$$

(12) 与优先等级为4级的交通流向7冲突的优先等级为2级的各流向交通流量 $q_1 = 35\text{veh/h}$、$q_4 = 70\text{veh/h}$ 和 $q_{12} = 30\text{veh/h}$，以及基准通行能力 $C_{b1} = 929\text{veh/h}$、$C_{b4} = 1053\text{veh/h}$ 和 $C_{b12} = 1787\text{veh/h}$。与优先等级为4级的交通流向7冲突的优先等级为3级的各流向交通流量 $q_{11} = 120\text{veh/h}$ 和基准通行能力 $C_{b11} = 579\text{veh/h}$。根据公式(10-8)，计算与交通流向7冲突且存在有效间隙相互影响的第2级和第3级交通流的有效间隙概率。

$$P_1 = \left(1 - \frac{q_n}{C_{bn}}\right) \times \prod_j \left(1 - \frac{q_j}{C_{bj}}\right) = \left(1 - \frac{120}{579}\right) \times \left(1 - \frac{35}{929}\right) \times \left(1 - \frac{70}{1053}\right) \times \left(1 - \frac{30}{1787}\right) = 0.700$$

与优先等级为4级的交通流向10冲突的优先等级为2级的各流向交通流量 $q_1 = 35\text{veh/h}$、$q_4 = 70\text{veh/h}$ 和 $q_9 = 50\text{veh/h}$，以及基准通行能力 $C_{b1} = 929\text{veh/h}$、$C_{b4} = 1053\text{veh/h}$ 和 $C_{b9} = 1814\text{veh/h}$。与优先等级为4级的交通流向10冲突的优先等级为3级的各流向交通流量 $q_8 = 140\text{veh/h}$ 和基准通行能力 $C_{b8} = 533\text{veh/h}$。根据公式(10-8)，计算与交通流向10冲突且存在

有效间隙相互影响的第 2 级和第 3 级交通流的有效间隙概率。

$$P_1 = \left(1-\frac{q_n}{C_{bn}}\right) \times \prod_j\left(1-\frac{q_j}{C_{bj}}\right) = \left(1-\frac{140}{533}\right) \times \left(1-\frac{35}{929}\right) \times \left(1-\frac{70}{1053}\right) \times \left(1-\frac{50}{1814}\right) = 0.644$$

(13) 根据公式(10-7),计算有效间隙的辅助修正系数。

① 流向 7: $f'_{g7} = 0.65P_1 - \frac{P_1}{P_1+3} + 0.6\sqrt{P_1} = 0.65 \times 0.700 - \frac{0.700}{0.700+3} + 0.6 \times \sqrt{0.700} = 0.768$。

② 流向 10: $f'_{g10} = 0.65P_1 - \frac{P_1}{P_1+3} + 0.6\sqrt{P_1} = 0.65 \times 0.644 - \frac{0.644}{0.644+3} + 0.6 \times \sqrt{0.644} = 0.723$。

(14) 根据公式(10-6),计算优先等级为 4 级的交通流向的阻抗系数。

① 流向 7: $f_{g7} = f'_{g7} \times \left(1-\frac{q_n}{C_{bn}}\right) = 0.768 \times \left(1-\frac{120}{579}\right) = 0.609$。

② 流向 10: $f_{g10} = f'_{g10} \times \left(1-\frac{q_n}{C_{bn}}\right) = 0.723 \times \left(1-\frac{140}{533}\right) = 0.533$。

(15) 查表 10-4,确定无信号交叉口通行能力的路侧干扰修正系数 $f_F = 0.95$。

(16) 根据公式(10-4),计算各次级流向 i 的实际通行能力。

$C_{p1} = 929 \times 1.0 \times 0.95 = 883 \text{ (veh/h)}$

$C_{p4} = 1053 \times 1.0 \times 0.95 = 1000 \text{ (veh/h)}$

$C_{p9} = 1814 \times 1.0 \times 0.95 = 1723 \text{ (veh/h)}$

$C_{p12} = 1787 \times 1.0 \times 0.95 = 1698 \text{ (veh/h)}$

$C_{p8} = 533 \times 0.898 \times 0.95 = 455 \text{ (veh/h)}$

$C_{p11} = 579 \times 0.898 \times 0.95 = 494 \text{ (veh/h)}$

$C_{p7} = 482 \times 0.768 \times 0.95 = 352 \text{ (veh/h)}$

$C_{p10} = 442 \times 0.723 \times 0.95 = 304 \text{ (veh/h)}$

(17) 根据高峰小时系数 PHF = 0.95,计算各次级交通流向的高峰小时流率。

$FL_1 = \frac{q_1}{PHF} = 35 \div 0.95 = 37 \text{ (veh/h)}$

$FL_4 = \frac{q_4}{PHF} = 70 \div 0.95 = 74 \text{ (veh/h)}$

$FL_9 = \frac{q_9}{PHF} = 50 \div 0.95 = 53 \text{ (veh/h)}$

$FL_{12} = \frac{q_{12}}{PHF} = 30 \div 0.95 = 32 \text{ (veh/h)}$

$FL_8 = \frac{q_8}{PHF} = 140 \div 0.95 = 147 \text{ (veh/h)}$

$FL_{11} = \frac{q_{11}}{PHF} = 120 \div 0.95 = 126 \text{ (veh/h)}$

$FL_7 = \frac{q_7}{PHF} = 50 \div 0.95 = 53 \text{ (veh/h)}$

$FL_{10} = \frac{q_{10}}{PHF} = 10 \div 0.95 = 11 \text{ (veh/h)}$

(18) 计算各次级交通流向的饱和度。

$(V/C)_1 = 37 \div 883 = 0.04$

$(V/C)_4 = 74 \div 1000 = 0.07$

$(V/C)_9 = 53 \div 1723 = 0.03$

$(V/C)_{12} = 32 \div 1698 = 0.02$

$(V/C)_8 = 147 \div 455 = 0.32$

$(V/C)_{11} = 126 \div 494 = 0.26$

$(V/C)_7 = 53 \div 352 = 0.15$

$(V/C)_{10} = 11 \div 304 = 0.04$

(19) 根据公式(10-9),计算各次级交通流向 i 的车均延误。

$d_1 = 1.2e^{2.28X_1} = 1.2 \times e^{2.28 \times 0.04} = 1.31(\text{s/veh})$

$d_4 = 1.2e^{2.28X_4} = 1.2 \times e^{2.28 \times 0.07} = 1.41(\text{s/veh})$

$d_9 = 1.2e^{2.28X_9} = 1.2 \times e^{2.28 \times 0.03} = 1.28(\text{s/veh})$

$d_{12} = 1.2e^{2.28X_{12}} = 1.2 \times e^{2.28 \times 0.02} = 1.26(\text{s/veh})$

$d_8 = 1.2e^{2.28X_8} = 1.2 \times e^{2.28 \times 0.32} = 2.49(\text{s/veh})$

$d_{11} = 1.2e^{2.28X_{11}} = 1.2 \times e^{2.28 \times 0.26} = 2.17(\text{s/veh})$

$d_7 = 1.2e^{2.28X_7} = 1.2 \times e^{2.28 \times 0.15} = 1.69(\text{s/veh})$

$d_{10} = 1.2e^{2.28X_{10}} = 1.2 \times e^{2.28 \times 0.04} = 1.31(\text{s/veh})$

(20) 根据公式(10-10),计算交叉口的车均延误。

$d_a = \dfrac{\sum q_i d_i}{\sum q_i} = 1.89 \text{s/veh}$

(21) 查表10-5,确定无信号交叉口的服务水平为一级。

10.2 信号交叉口通行能力分析

10.2.1 信号交叉口交通流运行特性

信号交叉口交通流的运行特性及其通行能力,取决于信号配时的情况。为便于研究,主要分析采用固定式配时的单点信号交叉口通行能力。

1) 饱和流率和有效绿灯时间

当信号交叉口的相位确定之后,交通流通过信号交叉口时的运行特性如图10-6所示。图中,当信号灯转为绿灯时,在停车线后面排队的交通流便开始向前运动,车辆行驶越过停车线,其流率快速由0增至稳定的饱和流率 S。此后,越过停车线的后续交通流将保持饱和流率 S,直到停车线后面排队的车辆全部放行完毕,或者虽未放行完毕但绿灯时间已经截止。从饱和流率的变化曲线可以看出,在绿灯启亮的最初几秒,流率变化很快,车辆从原来的静止状态开始加速,速度逐步由0变为正常行驶速度。在此期间,车辆通过交叉口停车线的车流量要比饱和流率低些。同理,在绿灯结束后的黄灯时间或者在绿灯开始闪烁后,车辆开始采取制动措施减速或停车,此时通过交叉口停车线的车流量由稳定的饱和流率逐渐地降下来。上述内容针对的是直行车流。对于左转车流而言,左转车流在黄灯期间通过交叉口的流量反而会变得更大一些,这是因为由于对向直行车的存在,使得左转车流在绿灯期间只能聚集在交叉口等候区待机通行。这样,在绿灯结束时便积存下一些左转车,它们只能利用黄灯时间迅速驶出交叉口。对于右转车流而言,通常情况下右转车流不受信号灯控制。

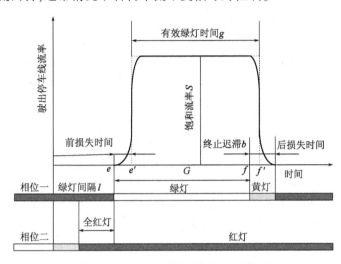

图 10-6 交通流通过信号交叉口的流量图

需要注意的是,只有当绿灯期间停车线上游始终保持有连续的车队时,交通流通过停车线的流率才能稳定在饱和流率的水平上。在实际分析中,通常采用虚折线取代图中实曲线所代表的实际流量过程线,虚线与横坐标轴所包围的矩形面积与实线所包围的面积相等。其中,矩形的高代表饱和流率S,矩形的宽代表有效绿灯时间g。而矩形的面积恰好等于一个平均周期内实际通过交叉口的车辆数。

从图 10-6 可以看出,绿灯信号的实际显示时段与有效绿灯时段是错开的。有效绿灯时间的起点滞后于绿灯实际起点,将这一段滞后的时间差称为绿灯前损失。同样,有效绿灯时间的终止点也滞后于绿灯实际结束点,将这一段滞后的时间差称为绿灯后补偿。由此可得到有效绿灯时间的计算公式,即

$$g = G + \text{ff}' - \text{ee}' \tag{10-11}$$

式中:g——有效绿灯时间,s;

G——绿灯实际显示时间,s;

ff'——绿灯后补偿时间,s,其值等于黄灯时间减去后损失时间;

ee'——绿灯前损失时间,s。

2) 相位损失时间和关键相位

在信号交叉口的相位配时过程中,有效绿灯的起始迟滞时间a等于该相位与上一相位的绿灯间隔时间以及绿灯前损失时间之和,有效绿灯的终止迟滞时间b等于绿灯后补偿时间,即

$$a = I + \text{ee}' \tag{10-12}$$
$$b = \text{ff}' \tag{10-13}$$

式中:I——绿灯间隔时间,即交叉口清空时间,s。

根据起始迟滞和终止迟滞的概念,可以定义相位损失时间l为起始迟滞与终止迟滞之差,即

由公式(10-12)和公式(10-13)得：

$$l = a - b \tag{10-14}$$

$$l = I + ee' - ff' \tag{10-15}$$

假定绿灯前损失时间恰好等于绿灯后补偿时间，那么相位损失时间便等于绿灯间隔时间 I。因为绿灯间隔时间包含于绿灯损失时间之内，所以信号交叉口的通行能力和配时问题只与交通流的运行特性有关。

根据绿灯损失时间的定义，可以得出绿灯实际显示时间 G 与相位有效绿灯时间 g 之间存在如下关系：

$$g + l = G + I \tag{10-16}$$

信号周期时长 T_c 可以用有效绿灯时间和相位损失时间来表示：

$$T_c = \sum(g + l) \tag{10-17}$$

公式(10-17)右边项并非是对全部相位的有效绿灯时间和损失时间求和，而只是对关键相位求和。所谓关键相位，是指能够对整个交叉口通行能力和信号配时起决定性作用的相位。在信号配时过程中，只要给予关键相位足够的绿灯时间，满足其在通行能力上的要求，那么，其他相位对通行能力的要求自然能够得到满足。

3) 信号周期的总损失时间

信号交叉口的信号显示是周期性运行的，在一个信号周期内所有相位都要显示一次。由于每个相位都有确定的损失时间，那么对于整个交叉口而言，每一个信号周期中都包含一个总的损失时间 L。也就是说，在信号周期的这部分时间里，所有相位均为非绿灯显示，这一部分时间对于信号显示的安全更迭以及确保绿灯期间通过停车线的车辆安全通过交叉口是必不可少的。信号周期的总损失时间为各关键相位的损失时间之和，即

$$L = \sum l \tag{10-18}$$

10.2.2 信号交叉口通行能力计算

10.2.2.1 《公路通行能力手册》推荐方法

我国《公路通行能力手册》给出了信号交叉口通行能力计算的推荐方法，将实际饱和流率与绿信比的乘积作为信号交叉口一条车道的实际通行能力，实际饱和流率等于基准饱和流率与各修正系数的乘积。实际饱和流率的计算公式如下：

$$S_p = S_b \times f_w \times f_G \times f_{HV} \times f_{LT} \times f_{RT} \tag{10-19}$$

式中：S_p——信号交叉口进口道一条车道的实际饱和流率，$\text{pcu}/(\text{h} \cdot \text{ln})$；

S_b——信号交叉口进口道一条车道的基准饱和流率，$\text{pcu}/(\text{h} \cdot \text{ln})$；

f_w——进口车道宽度修正系数；

f_G——进口车道纵坡修正系数；

f_{HV}——进口车道交通组成修正系数；

f_{LT}——左转车修正系数；

f_{RT}——右转车修正系数。

1) 基准饱和流率 S_b

信号交叉口通行能力计算的基准条件包括道路基准条件、交通基准条件和其他基准条件。其中，道路基准条件包括车道宽度 3.75m，入口道纵坡不大于 2%，视线良好，距交叉口 50m 范

围内无支路和停靠站,以及路面平整无破损等;交通基准条件包括交通组成是100%的小客车,无行人和非机动车过街干扰等;其他基准条件包括天气状况良好和无交通事故等。

基准饱和流率是交叉口进口车道在基准条件下,连续1h绿灯信号时间内能通过的期望流率。在实际条件下,交叉口按照绿灯对应的方向放行车辆,因此应按照车道组,分组分析通行能力。

信号交叉口基准饱和流率宜采用实测数据,当无实测数据时,可按《公路通行能力手册》给出的信号交叉口进口道一条车道的基准饱和流率推荐值选取,见表10-10。其中,直行车道包括专用直行车道、直左混行车道、直右混行车道和直左右混行车道,左转车道是指专用左转车道,右转车道是指专用右转车道。

信号交叉口进口道一条车道的基准饱和流率推荐值　　　　表10-10

车道类型	基准饱和流率[pcu/(h·ln)]
直行车道	1800
左转车道	1600
右转车道	1600

2)进口车道宽度修正系数 f_w

当交叉口进口车道宽度不足3.75m时,进口车道宽度修正系数 f_w 按下式计算:

$$f_w = 1.0 + 0.1 \times (w - 3.75) \tag{10-20}$$

式中:w——交叉口进口车道宽度,m。

3)进口车道纵坡修正系数 f_G

进口车道纵坡修正系数 f_G 取值由纵坡坡度确定,见表10-11。

进口车道纵坡修正系数　　　　表10-11

坡度(%)	-5	-4	-3	-2	-1	0	1	2	3	4	5
修正系数 f_G	0.97	0.97	0.98	1.00	1.00	1.00	1.00	1.00	0.90	0.85	0.80

4)进口车道交通组成修正系数 f_{HV}

进口车道交通组成修正系数 f_{HV} 由下式计算:

$$f_{HV} = \frac{1}{1 + \sum_i P_i (E_i - 1)} \tag{10-21}$$

式中:P_i——第 i 种车型流量占总流量的百分比,%;

E_i——第 i 种车型的车辆折算系数,见表10-12。

信号交叉口车辆折算系数　　　　表10-12

车型	小客车	中型车	大型车	汽车列车
车辆折算系数	1.0	1.5	2.5	3.5

5)左转车修正系数 f_{LT}

(1)当不设置左转专用车道时,左转车修正系数 f_{LT} 由左转车流量确定,见表10-13。

左转车修正系数　　　　表10-13

左转车流量(veh/h)	0	50	100	150	200	250	300	350
左转车修正系数 f_{LT}	1.00	0.93	0.87	0.81	0.76	0.70	0.64	0.50

(2)当设置左转专用车道时,左转车修正系数$f_{LT}=0.95$。

6)右转车修正系数f_{RT}

(1)当不设置右转专用车道时,右转车修正系数f_{RT}由下式计算:

$$f_{RT}=1.0-0.15P_{RT} \tag{10-22}$$

式中:P_{RT}——右转车比例。

(2)当设置右转专用车道时,右转车修正系数$f_{RT}=0.85$。

10.2.2.2 《城市道路工程设计规范》(CJJ 37—2012)推荐方法

对于十字形信号控制交叉口,其设计通行能力等于各进口道设计通行能力之和,而各进口道的设计通行能力为该进口道各车道设计通行能力之和。

1)各车道设计通行能力

(1)直行车道的设计通行能力

一条直行车道的设计通行能力按下式计算:

$$C_s = \frac{3600}{T_c} \times \left(\frac{t_g - t_1}{t_i} + 1\right)\delta \tag{10-23}$$

式中:C_s——一条直行车道的设计通行能力,pcu/h;

T_c——信号周期时长,s;

t_g——信号周期内的绿灯时间,s;

t_1——绿灯启亮后,第一辆车启动并通过停车线的时间,s,通常采用2.3s;

t_i——直行车辆通过停车线的平均时间,s;

δ——折减系数,通常采用0.9。

直行车辆通过停车线的平均时间t_i与车辆组成、车辆性能以及驾驶员等条件有关,见表10-14。

大小车混合比例下的t_i推荐值　　　　表10-14

大车:小车	2:8	3:7	4:6	5:5	6:4	7:3	8:2
t_i(s)	2.65	2.95	3.12	3.26	3.30	3.34	3.42

(2)直右车道设计通行能力

一条直右车道的设计通行能力与一条直行车道的设计通行能力相等,即

$$C_{sr}=C_s \tag{10-24}$$

式中:C_{sr}——一条直右车道的设计通行能力,pcu/h。

(3)直左车道设计通行能力

一条直左车道的设计通行能力由下式计算:

$$C_{sl}=C_s\left(1-\frac{\beta'_l}{2}\right) \tag{10-25}$$

式中:C_{sl}——一条直左车道的设计通行能力,pcu/h;

β'_l——直左车道中左转车所占比例。

(4)直左右车道设计通行能力

一条直左右车道的设计通行能力与一条直左车道的设计通行能力相等,即

$$C_{slr}=C_{sl} \tag{10-26}$$

式中：C_{slr}——一条直左右车道的设计通行能力，pcu/h。

2）进口道设计通行能力

(1) 进口设有左转专用车道与右转专用车道

当进口设有左转专用车道与右转专用车道时，进口道设计通行能力按下式计算：

$$C_{\text{elr}} = \frac{\sum C_{\text{s}}}{1 - \beta_{\text{l}} - \beta_{\text{r}}} \qquad (10\text{-}27)$$

式中：C_{elr}——设有左转专用车道与右转专用车道时，本面进口道设计通行能力，pcu/h；

$\sum C_{\text{s}}$——本面直行车道设计通行能力之和，pcu/h；

β_{l}——左转车占本面进口道车辆比例；

β_{r}——右转车占本面进口道车辆比例。

左转专用车道的设计通行能力为

$$C_{\text{l}} = C_{\text{elr}}\beta_{\text{l}} \qquad (10\text{-}28)$$

右转专用车道的设计通行能力为

$$C_{\text{r}} = C_{\text{elr}}\beta_{\text{r}} \qquad (10\text{-}29)$$

(2) 进口设有左转专用车道而未设右转专用车道

当进口设有左转专用车道而未设右转专用车道时，进口道的设计通行能力由下式计算：

$$C_{\text{el}} = \frac{\sum C_{\text{s}} + C_{\text{sr}}}{1 - \beta_{\text{l}}} \qquad (10\text{-}30)$$

式中：C_{el}——设有左转专用车道时，本面进口道设计通行能力，pcu/h。

左转专用车道的设计通行能力为

$$C_{\text{l}} = C_{\text{el}} \times \beta_{\text{l}} \qquad (10\text{-}31)$$

(3) 进口道设有右转专用车道而未设左转专用车道

进口道设有右转专用车道而未设左转专用车道时，进口道的设计通行能力由下式计算：

$$C_{\text{er}} = \frac{\sum C_{\text{s}} + C_{\text{sl}}}{1 - \beta_{\text{r}}} \qquad (10\text{-}32)$$

式中：C_{er}——设有右转专用车道时，本面进口道的设计通行能力，pcu/h。

右转专用车道的设计通行能力为

$$C_{\text{r}} = C_{\text{er}} \times \beta_{\text{r}} \qquad (10\text{-}33)$$

3）设计通行能力的折减

在一个信号周期内，对面到达的左转车超过4辆时，左转车通过交叉口将影响本面直行车，此时应折减本面各直行车道（包括直行、直左、直右和直左右等车道）的设计通行能力。本面进口道折减后的设计通行能力为

$$C'_{\text{e}} = C_{\text{e}} - n_{\text{s}} \times \left(C_{\text{l}} - 4 \times \frac{3600}{T_{\text{c}}}\right) \qquad (10\text{-}34)$$

式中：C'_{e}——折减后本面进口道的设计通行能力，pcu/h；

C_{e}——本面进口道的设计通行能力，pcu/h；

n_{s}——本面所有直行车道数。

【例题10-2】

已知某城市道路十字形信号交叉口东西干道一个方向有3条车道，分别为左转专用车道、

直行车道和直右混行车道。信号周期 T_c =120s,绿灯 t_g =52s,大小车比例为 2∶8,各进口左转车比例均为 15%。试求该交叉口东西方向的设计通行能力。

解：

已知大小车比例为 2∶8,查表 10-14,得到直行车辆通过停车线的平均时间 t_i =2.65s。通过公式(10-23),计算东西方向直行车道的设计通行能力为

$$C_s = \frac{3600}{T_c} \times \left(\frac{t_g - t_1}{t_i} + 1\right) \times \delta = \frac{3600}{120} \times \left(\frac{52 - 2.3}{2.65} + 1\right) \times 0.9 = 533(\text{pcu/h})$$

计算直右车道的设计通行能力,即 $C_{sr} = C_s = 533\text{pcu/h}$。

东西进口属于设有左转专用车道而未设右转专用车道类型,其进口道通行能力为

$$C_{el} = \frac{\sum C_s + C_{sr}}{1 - \beta_1} = \frac{533 + 533}{1 - 0.15} = 1254(\text{pcu/h})$$

东西进口左转专用车道的设计通行能力为

$$C_l = C_{el} \times \beta_1 = 1254 \times 0.15 = 188(\text{pcu/h})$$

不影响直行车行驶的左转交通流量为 $4 \times 3600/T_c$ =120pcu/h。因为 $C_l > 120$,所以需要进行折减,即

$$C'_e = C_e - n_s \times \left(C_l - 4 \times \frac{3600}{T_c}\right) = 1254 - 2 \times (188 - 120) = 1118(\text{pcu/h})$$

因此,该交叉口东西方向设计通行能力为

$$C = 1118 \times 2 = 2236(\text{pcu/h})$$

10.2.3 信号交叉口服务水平分析

10.2.3.1 信号交叉口服务水平评价指标

我国《城市道路工程设计规范》(CJJ 37—2012)中采用的城市道路信号交叉口服务水平评价指标有平均停车延误、负荷度和排队长度。

我国《公路通行能力手册》中推荐的公路信号交叉口服务水平评价指标为车均延误(主要指标)和周期时长(次要指标)。信号交叉口的车均延误按下式计算：

$$d = \frac{\sum d_A \times Q_A}{\sum Q_A} \tag{10-35}$$

式中：d——交叉口的车均延误,s/veh;

d_A——交叉口各进口的车均延误,s/veh;

Q_A——交叉口各进口的高峰小时流率,veh/h。

信号交叉口各进口的车均延误为该进口各相位对应车道组车均延误的加权平均值,即

$$d_A = \frac{\sum d_i \times Q_i}{\sum Q_i} \tag{10-36}$$

式中：d_i——车道组 i 的车均延误,s/veh;

Q_i——车道组 i 的高峰小时流率,veh/h。

车道组 i 的车均延误由两部分组成:第一部分是均匀延误,即由交叉口交通流受信号控制影响而引起的延误;第二部分是增量延误,即由交叉口车辆非均匀到达和交通流过饱和而引起的延误。车道组 i 的车均延误按下式计算：

$$d_i = d_1 + d_2 \qquad (10\text{-}37)$$

式中:d_1——均匀延误,s/veh;

d_2——增量延误,s/veh。

公式(10-37)中的d_1可按下式计算:

$$d_1 = \frac{0.5T\left(1 - \frac{G_i}{T}\right)}{1 - \min(1, X_i) \times \frac{G_i}{T}} \qquad (10\text{-}38)$$

式中:T——信号周期时长,s;

G_i——车道组i的绿灯时长,s;

X_i——车道组i的饱和度。

对于公式(10-37)中的d_2,当车道组i的交通流处于非饱和状态时,d_2计算为

$$d_2 = \begin{cases} \dfrac{1.261(Q_i \times G_i)^{-0.219} \times (X_i - 0.5)}{S_{pi} \times (1 - X_i)} & (0.5 < X_i < 0.95) \\ 0 & (X_i \leq 0.5) \end{cases} \qquad (10\text{-}39)$$

式中:S_{pi}——车道组i的实际饱和流率,pcu/h。

当车道组i的交通流处于饱和状态,即$X_i \geq 0.95$时,d_2计算为

$$d_2 = 900 T_a \times \left[\left(X_i - 1 - \frac{2\gamma}{G_i T_a}\right) + \sqrt{\left(X_i - 1 - \frac{2\lambda_i}{G_i T_a}\right)^2 + \frac{8\gamma \times (X_i - X_0)}{G_i T_a}}\right] \qquad (10\text{-}40)$$

$$\gamma = 1.439(S_{pi} \times G)^{-0.208} \qquad (10\text{-}41)$$

$$G_i = S_{pi} \times \frac{G_i}{T} \qquad (10\text{-}42)$$

$$X_0 = 0.67 + \frac{S_{pi} \times G_i}{600} \qquad (10\text{-}43)$$

式中:T_a——分析时间段,h,通常取0.25h;

G_i——车道组i的实际通行能力,pcu/h;

λ_i——车道组i的绿信比。

10.2.3.2 信号交叉口服务水平分级标准

1)公路信号交叉口

我国《公路通行能力手册》根据车均延误将公路信号交叉口服务水平分为六级,根据信号周期时长又将各级服务水平细分为三种等次,见表10-15。

我国《公路通行能力手册》规定的信号交叉口服务水平　　　　表10-15

服务水平等级	分级指标	
	主要指标——车均延误(s/veh)	次要指标——周期长度(s)
一　1	≤10	<60
一　2	≤10	[60,80)
一　3	≤10	>80

续上表

服务水平等级		分级指标	
		主要指标——车均延误(s/veh)	次要指标——周期长度(s)
二	1	(10,20]	<70
	2		[70,90)
	3		≥90
三	1	(20,30]	<80
	2		[80,100)
	3		≥100
四	1	(30,50]	<90
	2		[90,100)
	3		≥100
五	1	(50,80]	<100
	2		[100,110)
	3		≥110
六	1	>80	<110
	2		[110,120)
	3		≥120

2) 城市道路信号交叉口

我国《城市道路工程设计规范》(CJJ 37—2012)规定城市道路信号交叉口服务水平分为四级,见表10-16。

我国《城市道路工程设计规范》规定的信号交叉口服务水平　　表10-16

服务水平等级	平均停车(s/veh)	饱和度	排队长度(m)
一	<30	<0.6	<30
二	30~50	0.6~0.8	30~80
三	50~60	0.8~0.9	80~100
四	>60	>0.9	>100

10.3 环形交叉口通行能力分析

10.3.1 环形交叉口交通流运行特性

环形交叉口是自行调节的交叉口,往往在交叉口中央设置中心岛,使进入交叉口的所有车辆均按同一方向绕岛行驶。车辆行驶过程一般为合流、交织和分流,避免了车辆交叉行驶。无信号环形交叉口的优点是车辆能够连续安全行驶,避免了车辆在交叉口的停车。同时,环形交叉口造型优美,可以起到美化城市的作用。环形交叉口的缺点是占地大和绕行距离长,当非机动车和行人较多及有轨道交通线路时,不宜采用。

环形交叉口具有显著的主路优先特征,当环行车流与进环车流相交时,环行车流可不受干扰自由通行,而进环车流不能自由通行;只有当环行车流出现较大间隙时,进环车流才能进入交叉口。在分析环形交叉口通行能力时,通常以进环车辆能够进入交叉口的最大流量作为环形交叉口的通行能力。以间隙接受理论为基础,分析在各种道路和交通条件下进环车辆的通行能力是目前普遍采用的方法。

下面将主要介绍无信号环形交叉口通行能力计算与服务水平评价的分析方法。

10.3.2 环形交叉口通行能力计算

10.3.2.1 环形交叉口基准通行能力

环形交叉口的基准条件包括道路基准条件、交通基准条件和其他基准条件。其中,道路基准条件包括平原地形、交叉口视线良好、交叉口范围内无支路与停靠站、纵坡坡度小于2%、具有良好的线形以及路面平整;交通基准条件包括交通组成是100%的小客车,驾驶员对道路比较熟悉;其他基准条件包括天气良好、无交通管制以及无交通事故等突发情况。

我国《公路通行能力手册》根据环岛半径,给出了无信号环形交叉口的环形车道基准通行能力推荐值,见表10-17。

无信号环形交叉口的环形车道基准通行能力 C_{cb} 推荐值　　　　表10-17

环岛半径 (m)	环形车道基准通行能力 [pcu/(h·ln)]	环岛半径 (m)	环形车道基准通行能力 [pcu/(h·ln)]
10	700	40	1200
20	900	50	1300
30	1100	—	—

10.3.2.2 环形交叉口实际通行能力

前文所述为环形交叉口基准通行能力,实际上,环形交叉口通行能力会受到许多因素的影响,需要结合环形交叉口的实际情况进行修正,修正后的通行能力才是环形交叉口的实际通行能力。

1) 环形车道实际通行能力

环形交叉口环形车道的实际通行能力按下式计算:

$$C_{cp} = C_{cb} \times N \times f_w \times f_{HV} \tag{10-44}$$

式中:C_{cp}——环形车道的实际通行能力,pcu/h;

C_{cb}——一条环形车道的基准通行能力,pcu/h;

N——环形车道数量;

f_w——环形车道实际通行能力的宽度修正系数;

f_{HV}——环形车道实际通行能力的交通组成修正系数。

在环形车道实际通行能力计算中,车道宽度修正系数 f_w 取值见表10-18,交通组成修正系数按公式(10-21)计算,其中车辆折算系数见表10-19。

环形交叉口环形车道实际通行能力的车道宽度修正系数　　　　表 10-18

车道宽度(m)	≤3.50	(3.50,3.75]	(3.75,4.00]	>4.00
修正系数 f_w	0.95	0.97	0.98	1.00

环形交叉口的车辆折算系数　　　　表 10-19

车型	小客车	中型车	大型车	汽车列车
折算系数	1.0	2.0	3.5	4.5

2）交织段实际通行能力

环形交叉口交织段的实际通行能力按下式计算：

$$C_{wi} = C_{cp} \times \left(1 - \frac{p_i}{3}\right)^{0.85} \quad (10\text{-}45)$$

式中：C_{wi}——环形交叉口入口 i 下游交织段的实际通行能力，pcu/h；

p_i——环形交叉口入口 i 下游交织段内交织车辆的比例。

3）入口实际通行能力

环形交叉口入口的实际通行能力按下式计算：

$$C_{ei} = (C_{wi} - Q_{ci}) \times f_{Gi} \times f_{Fi} \quad (10\text{-}46)$$

式中：C_{ei}——环形交叉口入口 i 的实际通行能力，pcu/h；

Q_{ci}——环形交叉口入口 i 的上游环道流率，pcu/h；

f_{Gi}——环形交叉口入口 i 的纵坡修正系数，见表 10-20；

f_{Fi}——环形交叉口入口 i 的路侧干扰修正系数（行人与自行车的影响），见表 10-21。

环形交叉口入口 i 的纵坡修正系数　　　　表 10-20

纵坡坡度(%)	-3	-2	-1	0	1	2	3
纵坡修正系数 f_{Gi}	1.02	1.01	1.00	1.00	1.00	0.99	0.98

环形交叉口入口 i 的路侧干扰修正系数　　　　表 10-21

每小时穿越入口的行人与非机动车数量	≤50	(50,100]	(100,150]	(150,250]	(250,400]	>400
路侧干扰修正系数 f_{Fi}	0.99	0.97	0.95	0.93	0.90	0.85

10.3.3　环形交叉口服务水平分析

1）评价指标与标准

考虑延误在实际工程中较难观测，尤其是记录每辆车的平均延误存在困难。为此，我国《公路通行能力手册》采用容易计算的饱和度指标，作为无信号环形交叉口服务水平的评价指标，服务水平划分标准见表 10-22。

我国《公路通行能力手册》无信号环形交叉口服务水平划分标准　　　　表 10-22

服务水平等级	饱和度	服务水平等级	饱和度
一级	≤0.50	四级	(0.70,0.85]
二级	(0.50,0.60]	五级	(0.85,1.00]
三级	(0.60,0.70]	六级	>1.00

2) 服务水平评价流程

无信号环形交叉口服务水平的评价流程如下：
(1) 根据环岛半径，查表 10-17 确定无信号环形交叉口的环形车道基准通行能力 C_{cb}。
(2) 根据环形车道宽度，查表 10-18 确定环形车道宽度修正系数 f_w。
(3) 查表 10-19 确定车辆折算系数，根据公式(10-21)，计算交通组成修正系数 f_{HV}。
(4) 确定环形车道数量 N，根据公式(10-44)，计算环形车道的实际通行能力 C_{cp}。
(5) 计算环形交叉口各入口 i 下游交织段内交织车辆的比例 p_i；
(6) 根据公式(10-45)，计算环形交叉口各入口 i 下游交织段的实际通行能力 C_{wi}。
(7) 根据环形交叉口各入口的纵坡坡度，查表 10-20 确定环形交叉口各入口的纵坡修正系数 f_{Gi}。
(8) 根据环形交叉口各入口的过街行人与非机动车数量，查表 10-21 确定环形交叉口入口 i 的路侧干扰修正系数 f_{Fi}。
(9) 将环形交叉口各入口分流向的高峰小时交通流量(veh/h)除以高峰小时系数 PHF 和交通组成修正系数 f_{HV}，转换为高峰小时流率(pcu/h)，计算各入口的高峰小时流率 Q_{ei} 和入口上游环道流率 Q_{ci}。
(10) 根据公式(10-46)，计算环形交叉口各入口的实际通行能力 C_{ei}。
(11) 计算各入口的饱和度 $V/C = Q_{ei}/C_{ei}$；
(12) 查表 10-22，确定环形交叉口各入口的服务水平。

【例题 10-3】

某四路环形交叉口，环岛半径 $R=40\text{m}$，环形车道数为 3 条，环形车道宽度为 3.6m，入口坡度均为 1%，各入口分流向的高峰小时交通流量见表 10-23，车型比例为小客车 90%、中型车 5%、大型车 5%，高峰小时系数为 0.95，各入口过街行人和非机动车流量分别为 100 人/h 和 80veh/h。试评价该环形交叉口的服务水平。

例题 10-3 中环形交叉口的高峰小时交通流量(单位:veh/h)　　表 10-23

进口编号及方向	左转	直行	右转	合计
1-北进口	101	217	90	408
2-东进口	78	187	144	409
3-南进口	265	227	78	570
4-西进口	30	197	84	311

解：

(1) 环岛半径 $R=40\text{m}$，查表 10-17 确定环形车道的基准通行能力 $C_{cb}=1200\text{pcu}/(\text{h}\cdot\text{ln})$。
(2) 根据环形车道宽度 3.6m，查表 10-18 确定环形车道宽度修正系数 $f_w=0.97$。
(3) 查表 10-19 确定小客车、中型车和大型车的车辆折算系数分别为 1.0、2.0 和 3.5，根据公式(10-21)，计算交通组成修正系数：

$$f_{HV}=\frac{1}{1+\sum_i P_i(E_i-1)}=\frac{1}{1+0.05\times(2-1)+0.05\times(3.5-1)}=0.85$$

(4) 环形车道数量 $N=3$，根据公式(10-44)，计算环形车道的实际通行能力 C_{cp}，即

$$C_{cp}=C_{cb}\times N\times f_w\times f_{HV}=1200\times3\times0.97\times0.85=2968(\text{pcu/h})$$

(5) 计算该环形交叉口各入口下游交织段内交织车辆的比例：

$$p_1 = \frac{217+101+187+265}{217+101+187+265+90+78} = 0.82$$

$$p_2 = \frac{187+78+227+30}{187+78+227+30+144+265} = 0.56$$

$$p_3 = \frac{227+265+197+101}{227+265+197+101+78+30} = 0.88$$

$$p_4 = \frac{197+30+217+78}{197+30+217+78+84+101} = 0.74$$

(6)根据公式(10-45),计算该环形交叉口各入口下游交织段的实际通行能力:

$$C_{w1} = C_{cp} \times \left(1 - \frac{p_1}{3}\right)^{0.85} = 2968 \times \left(1 - \frac{0.82}{3}\right)^{0.85} = 2263(\text{pcu/h})$$

$$C_{w2} = C_{cp} \times \left(1 - \frac{p_2}{3}\right)^{0.85} = 2968 \times \left(1 - \frac{0.56}{3}\right)^{0.85} = 2490(\text{pcu/h})$$

$$C_{w3} = C_{cp} \times \left(1 - \frac{p_3}{3}\right)^{0.85} = 2968 \times \left(1 - \frac{0.88}{3}\right)^{0.85} = 2210(\text{pcu/h})$$

$$C_{w4} = C_{cp} \times \left(1 - \frac{p_4}{3}\right)^{0.85} = 2968 \times \left(1 - \frac{0.74}{3}\right)^{0.85} = 2333(\text{pcu/h})$$

(7)根据环形交叉口各入口的纵坡坡度,查表10-20确定环形交叉口各入口的纵坡修正系数 $f_{Gi} = 1.00$。

(8)该环形交叉口各入口的过街行人与非机动车数量之和为180,查表10-21,确定环形交叉口各入口的路侧干扰修正系数 $f_{Fi} = 0.93$。

(9)高峰小时交通流量转换为高峰小时流率。计算各入口的高峰小时流率:

$$Q_{e1} = 408 \div 0.95 \div 0.85 = 505(\text{pcu/h})$$

$$Q_{e2} = 409 \div 0.95 \div 0.85 = 507(\text{pcu/h})$$

$$Q_{e3} = 570 \div 0.95 \div 0.85 = 706(\text{pcu/h})$$

$$Q_{e4} = 311 \div 0.95 \div 0.85 = 385(\text{pcu/h})$$

计算各入口上游环道流率:

$$Q_{c1} = (187+78+265) \div 0.95 \div 0.85 = 656(\text{pcu/h})$$

$$Q_{c2} = (227+265+30) \div 0.95 \div 0.85 = 646(\text{pcu/h})$$

$$Q_{c3} = (197+30+101) \div 0.95 \div 0.85 = 406(\text{pcu/h})$$

$$Q_{c4} = (217+101+78) \div 0.95 \div 0.85 = 490(\text{pcu/h})$$

(10)根据公式(10-46),计算环形交叉口各入口的实际通行能力:

$$C_{e1} = (C_{w1} - Q_{c1}) \times f_{G1} \times f_{F1} = (2263-656) \times 1 \times 0.93 = 1495(\text{pcu/h})$$

$$C_{e2} = (C_{w2} - Q_{c2}) \times f_{G2} \times f_{F2} = (2490-646) \times 1 \times 0.93 = 1715(\text{pcu/h})$$

$$C_{e3} = (C_{w3} - Q_{c3}) \times f_{G3} \times f_{F3} = (2210-406) \times 1 \times 0.93 = 1678(\text{pcu/h})$$

$$C_{e4} = (C_{w4} - Q_{c4}) \times f_{G4} \times f_{F4} = (2333-490) \times 1 \times 0.93 = 1714(\text{pcu/h})$$

(11)计算各入口的饱和度:

$$(V/C)_1 = Q_{e1}/C_{e1} = 505 \div 1495 = 0.34$$

$$(V/C)_2 = Q_{e2}/C_{e2} = 507 \div 1715 = 0.30$$

$$(V/C)_3 = Q_{e3}/C_{e3} = 706 \div 1678 = 0.42$$

$(V/C)_4 = Q_{e4}/C_{e4} = 385 \div 1714 = 0.22$

(12) 查表10-22,确定环形交叉口各入口的服务水平。

1进口:一级服务水平;

2进口:一级服务水平;

3进口:一级服务水平;

4进口:一级服务水平。

思考题与习题

1. 简述无信号交叉口实际通行能力的计算步骤。
2. 简述无信号交叉口服务水平的评价指标和评价标准。
3. 简述信号交叉口服务水平的评价指标和评价标准。
4. 某信号交叉口东西进口各有3条车道,分别为左转专用车道、直行车道与右转专用车道。信号周期 $T_c = 100s$,绿灯 $t_g = 50s$,大小车比例为2:8,各进口左转车和右转车比例分别为10%和20%。试求该交叉口东西方向的设计通行能力。
5. 某四路环形交叉口,环岛半径 $R = 30m$,环形车道数为3条,环形车道宽度为3.7m,入口坡度均为2%,各入口分流向的高峰小时交通流量见表10-24,车型比例为小客车90%、中型车5%、大型车5%,高峰小时系数为0.91,各入口过街行人和非机动车流量分别为200人/h和100veh/h。试评价该环形交叉口的服务水平。

题5表(单位:veh/h)　　　　　　　　　　　　　　　　表10-24

进口编号及方向	左转	直行	右转	合计
1-北进口	95	186	80	361
2-东进口	69	175	126	370
3-南进口	252	197	65	514
4-西进口	25	182	79	286

第 11 章
交通流动态特性分析

交通流动态特性是交通流运行特性的重要内容。交通流动态特性分析的目的是认识交通流现象的内在机理,从而为交通流的优化与控制提供基础支撑。交通流动态特性包括微观层面的交通流稳定性、交通流安全特性、交通流排放特性和宏观层面的交通流波动特性、交通流失效特性、通行能力下降特性、交通流磁滞特性、交通流震荡特性。本章将分别予以介绍。

11.1 交通流稳定性分析

11.1.1 局部稳定性和队列稳定性

交通流稳定性考察的是小扰动对交通流状态的影响。如果交通流不稳定,小扰动会沿着交通流向上游传播,逐渐使畅行的交通流演化为交通拥堵;如果交通流是稳定的,小扰动在传播过程中会逐渐缩小并且消失或最终控制在一定的较小范围内,使得交通流保持畅行状态。

一般而言,交通流稳定性分为局部稳定性和队列稳定性两类,传统的稳定性分析属于线性稳定性分析的范畴。局部稳定性考察的是跟驰车辆对前车扰动的反应。若跟驰车辆在经历前方扰动后,最终能够恢复扰动前的行驶状态,则称为局部稳定,否则,称为局部不稳定。相对于局部稳定性,队列稳定性考察交通流下游扰动向上游车辆传播时的特性,若该扰动能够逐渐被上游车辆平滑,则称为队列稳定,否则,称为队列不稳定。因此,局部稳定性关注的是单一车辆在遇到小扰动时能否实现"自调节",而队列稳定性关注的是连续车辆的车队能否平滑下游扰动的传播。

图 11-1 采用车辆速度曲线给出了局部稳定性和队列稳定性的示例,其中车辆 $n=1$ 表示头车,即扰动由头车产生,车辆 $n=2$、$n=3$ 和 $n=4$ 分别表示车队上游车辆。图 11-1a)显示了在头车产生先加速再减速的小扰动时,随着时间推移,车队上游车辆均能够将速度恢复至扰动产生前的状态,因此,车辆 $n=2$、$n=3$ 和 $n=4$ 均为局部稳定。同时,由车辆 $n=2$、$n=3$ 和 $n=4$ 组成的车队较好地平滑了头车扰动,因此该车队属于队列稳定。在图 11-1b)中,虽然上游各车辆在经历扰动后均能够恢复至扰动前的状态,但扰动在向上游传播过程中被逐渐放大,因此,图 11-1b)表示的是局部稳定但队列不稳定的情况。图 11-1c)显示了上游各车辆在扰动的影响下,速度波动越来越大,造成局部不稳定,并且队列不稳定。

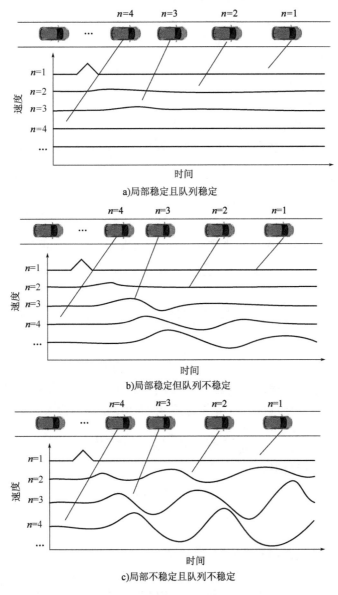

图 11-1 局部稳定性与队列稳定性

11.1.2 交通流稳定性的分析方法

11.1.2.1 局部稳定性分析方法

根据交通流稳定性的小扰动传播特性，常常使用跟驰模型分析交通流的稳定性。根据第 5 章微观跟驰模型的内容，大多数跟驰模型表达式可写为如下的一般性形式：

$$a_n(t) = f_n[v_n(t), v_{n-1}(t) - v_n(t), g_n(t)] \tag{11-1}$$

式中：f_n——车辆 n 的跟驰模型函数；

$v_n(t)$、$v_{n-1}(t)$——车辆 n 和前车 $n-1$ 的速度，m/s；

$g_n(t)$——车辆 n 与前车 $n-1$ 的车间距，m。

定义跟驰车辆的车间距扰动与速度扰动如下：

$$\begin{cases} y(t) = g(t) - g_e \\ u(t) = v(t) - v_e \end{cases} \tag{11-2}$$

式中：$y(t)$——车间距扰动，m；

$u(t)$——速度扰动，m/s；

g_e——平衡态车间距，m；

v_e——平衡态速度，m/s。

对公式(11-2)中车间距扰动与速度扰动分别进行一阶偏微分计算，得：

$$\begin{cases} \dfrac{dy}{dt} = -u \\ \dfrac{du}{dt} = (f_n^v - f_n^{\Delta v})u + f_n^g y \end{cases} \tag{11-3}$$

式中：f_n^v、$f_n^{\Delta v}$、f_n^g——跟驰模型函数在平衡态对速度、速度差和车间距的偏微分项，分别为

$$\begin{cases} f_n^v = \dfrac{\partial f_n(v_n, \Delta v_n, g_n)}{\partial v_n}\Big|_{(v_e, 0, g_e)} < 0 \\ f_n^{\Delta v} = \dfrac{\partial f_n(v_n, \Delta v_n, g_n)}{\partial \Delta v_n}\Big|_{(v_e, 0, g_e)} > 0 \\ f_n^g = \dfrac{\partial f_n(v_n, \Delta v_n, g_n)}{\partial g_n}\Big|_{(v_e, 0, g_e)} > 0 \end{cases} \tag{11-4}$$

由于公式(11-3)本质上描述的是谐波阻尼振荡器，可进一步计算得到二阶微分方程，即对公式(11-3)中车间距扰动项进行二阶微分运算，并将速度扰动项代入计算得：

$$\dfrac{d^2 y}{dt^2} - (f_n^v - f_n^{\Delta v})\dfrac{dy}{dt} + f_n^g y = 0 \tag{11-5}$$

将 y 表示为复指数函数形式：

$$y = y_0 \exp(\lambda t) \tag{11-6}$$

式中：y_0——实数；

λ——复数。

将公式(11-6)代入公式(11-5)，可计算得到：

$$\lambda^2 - (f_n^v - f_n^{\Delta v})\lambda + f_n^g = 0 \tag{11-7}$$

若公式(11-7)的解 λ 的实部为负，则交通流局部稳定。因此，局部稳定的一般性判别条

件可计算为
$$f_n^v - f_n^{\Delta v} < 0 \tag{11-8}$$

由公式(11-4)可知,常见跟驰模型均能够满足公式(11-8)中的约束条件,即一般而言,交通流均为局部稳定的。

11.1.2.2 队列稳定性分析方法

应用跟驰模型的一般性表达式(11-1),推导交通流队列稳定性的一般性判别条件。应用泰勒公式对公式(11-1)在平衡态处进行一阶泰勒展开,线性化后的跟驰模型表达式为

$$a_n(t) = f_n^v [v_n(t) - v_e] + f_n^{\Delta v}[\Delta v_n(t) - 0] + f_n^g [g_n(t) - g_e] \tag{11-9}$$

定义车辆偏离平衡态的扰动如下:

$$r_n(t) = x_n(t) - \bar{x}_n(t) \tag{11-10}$$

式中:$\bar{x}_n(t)$——车辆在平衡态时的位移,m;

$x_n(t)$——车辆在扰动下偏离平衡态时的实际位移,m;

$r_n(t)$——位移扰动项,m。

基于公式(11-10),可得:

$$\begin{cases} \dot{r}_n(t) = v_n(t) - v_e \\ \ddot{r}_n(t) = a_n(t) \\ \dot{r}_{n-1}(t) - \dot{r}_n(t) = v_{n-1}(t) - v_n(t) \\ r_{n-1}(t) - r_n(t) = g_n(t) - g_e \end{cases} \tag{11-11}$$

将公式(11-11)代入公式(11-9),得到关于扰动项的偏微分方程:

$$\ddot{r}_n(t) = f_n^v \dot{r}_n(t) + f_n^{\Delta v}[\dot{r}_{n-1}(t) - \dot{r}_n(t)] + f_n^g [r_{n-1}(t) - r_n(t)] \tag{11-12}$$

将扰动$r_n(t)$写成傅里叶级数形式:$r_n(t) = A\exp(ikn + zt)$,并代入公式(11-12)展开,化简得到:

$$z^2 + [f_n^{\Delta v}(1 - e^{-ik}) - f_n^v]z + f_n^g(1 - e^{-ik}) = 0 \tag{11-13}$$

将z按照$z = z_1(ik) + z_2(ik)^2 + \cdots$展开,并代入公式(11-13),求$ik$平方项系数$z_2$:

$$z_2 = \frac{f_n^g}{-(f_n^v)^3}\left[\frac{1}{2}(f_n^v)^2 - f_n^v f_n^{\Delta v} - f_n^g\right] \tag{11-14}$$

若$z_2 > 0$,则交通流队列稳定。令$z_2 > 0$,计算得到交通流队列稳定应满足以下一般性判别条件:

$$\frac{1}{2}(f_n^v)^2 - f_n^v f_n^{\Delta v} - f_n^g > 0 \tag{11-15}$$

【例题 11-1】

应用交通流队列稳定性的一般性判别条件,试推导并给出 FVD 模型的队列稳定性判别条件,FVD 模型采用如下公式:

$$a_n(t) = \alpha[V(g_n(t)) - v_n(t)] + \lambda[v_{n-1}(t) - v_n(t)]$$

式中:$V(g_n(t))$——优化速度函数。

解:

将公式(11-4)代入上述 FVD 模型公式,得到:

$$\begin{cases} f_n^v = -\alpha \\ f_n^{\Delta v} = \lambda \\ f_n^g = \alpha V'(g_e) \end{cases}$$

将上式代入交通流队列稳定性的一般性判别条件,即公式(11-15),计算得到 FVD 模型队列稳定应满足的条件为

$$V'(g_e) < \frac{1}{2}\alpha + \lambda$$

11.1.2.3 反应延时的稳定性分析

一般来讲,驾驶员反应延时往往不利于交通流稳定性的提升,其原因在于驾驶员在应对扰动传播时,存在延时滞后,使得扰动迅速向交通流上游传播。考虑驾驶员反应延时的一般性跟驰模型表达式为

$$a_n(t+\tau) = f_n[v_n(t), v_{n-1}(t) - v_n(t), g_n(t)] \tag{11-16}$$

式中:τ——驾驶员反应延时,s。

车间距扰动和速度扰动的定义仍然由公式(11-2)给出,将公式(11-2)代入公式(11-16),对跟驰模型线性化处理,得:

$$a_n(t+\tau) = f_n^v u_n(t) + f_n^{\Delta v}[(u_{n-1}(t) - u_n(t)] + f_n^g y_n(t) \tag{11-17}$$

在零初始条件下,对公式(11-17)两端进行拉普拉斯变换,得到:

$$sU_n(s)\exp(\tau s) = f_n^v U_n(s) + f_n^{\Delta v}[U_{n-1}(s) - U_n(s)] + f_n^g \frac{U_{n-1}(s) - U_n(s)}{s} \tag{11-18}$$

式中:s——拉普拉斯算子。

从而得到交通流中相邻车辆速度扰动的传递函数为

$$G(s) = \frac{U_n(s)}{U_{n-1}(s)} = \frac{f_n^g + f_n^{\Delta v} s}{s^2 \exp(\tau s) + (f_n^{\Delta v} - f_n^v)s + f_n^g} \tag{11-19}$$

式中: $G(s)$——速度扰动在相邻车辆之间传播的传递函数;
$U_n(s)$、$U_{n-1}(s)$——相邻两车速度扰动项的拉普拉斯变换。

若交通流满足队列稳定性,则需:

$$|G(s)| = \left| \frac{U_n(s)}{U_{n-1}(s)} \right| < 1 \tag{11-20}$$

式中:$|\cdot|$——传递函数在频率域的幅值。

将公式(11-19)代入公式(11-20),并通过 $s = j\Omega(\Omega \geq 0)$ 将拉普拉斯域变换至频率域,得到:

$$|G(j\Omega)| = \left| \frac{f_n^g + j\Omega f_n^{\Delta v}}{f_n^g - \Omega^2 \exp(\tau s) + j\Omega(f_n^{\Delta v} - f_n^v)} \right| < 1 \tag{11-21}$$

因此,对于任意 $\Omega \geq 0$,若公式(11-21)均能得到满足,则交通流队列稳定,否则,交通流队列不稳定。

【例题 11-2】

已知跟驰模型参数及取值见表 11-1,试判断该跟驰模型分别在平衡态速度 10m/s 与 20m/s 时,是否满足队列稳定性?

$$a_n(t+\tau) = A\left(1 - \left[\frac{v_n(t)}{v_f}\right]^4 - \left\{\frac{s_0 + v_n(t)T - \frac{v_n(t)[v_{n-1}(t) - v_n(t)]}{2\sqrt{AB}}}{g_n(t)}\right\}^2\right)$$

例题 11-2 中跟驰模型参数及取值　　　　表 11-1

参　数	取　值
τ	1.3575s
A	1.2681m/s^2
v_f	30.0m/s
s_0	9.6312m
T	1.7031s
B	2.8638m/s^2

解：

已知上述跟驰模型，可计算得到在平衡态处的偏微分项，如下：

$$\begin{cases} f_n^v = -\frac{4Av_e^3}{(v_f)^4} - \frac{2AT\left[1 - \left(\frac{v_e}{v_f}\right)^4\right]}{s_0 + v_e T} \\ f_n^{\Delta v} = \sqrt{\frac{A}{B}} \times \frac{v_e\left[1 - \left(\frac{v_e}{v_f}\right)^4\right]}{s_0 + v_e T} \\ f_n^g = 2A \times \frac{\left[1 - \left(\frac{v_e}{v_f}\right)^4\right]\sqrt{1 - \left(\frac{v_e}{v_f}\right)^4}}{s_0 + v_e T} \end{cases}$$

将模型参数代入上述偏微分项，并分别将 10m/s 与 20m/s 代入计算，通过交通流队列稳定性判别式(11-21)计算可知，当平衡态速度处于 10m/s 时，并不能在任意 $\Omega \geq 0$ 的情况下满足公式(11-21)的交通流队列稳定条件，而平衡态速度处于 20m/s 时可满足这一判别条件。因此，该跟驰模型在给定的参数取值条件下，在平衡态速度处于 20m/s 时队列稳定，但在 10m/s 时队列不稳定。

11.1.3 交通流稳定性与堵塞控制

一直以来，交通堵塞及其伴随而来的交通安全与排放等问题都是很多大城市所面临的重要问题，既严重制约了城市和社会经济的发展，又给人们出行带来诸多不便。因此，交通堵塞的缓解与抑制成为解决当前城市交通问题的关键所在。

交通堵塞问题从交通流运行的角度可以被视为交通流失稳，因此，从某种意义上来讲，缓解与抑制交通堵塞就是要改善交通流的稳定性。在交通流稳定性的判别中，初始扰动在交通流运行过程中是被放大了还是缩小了，取决于描述车辆运动的跟驰模型中敏感性系数以及安全车距等参数，这些参数是与驾驶员反应灵敏度等驾驶特性相关的。如果能够通过某些方法来改变驾驶员的跟驰行为，就有可能改变道路交通流的稳定性。

随着信息技术、大数据技术和人工智能技术的发展，智慧交通技术也得到了长足发展。借助于智慧交通技术，驾驶员可以获得道路上其他车辆的各种相关信息。相关学者的理论分析表明，适当地将一些交通流信息提供给驾驶员，有利于提高交通流的稳定性，并有利于交通堵塞的缓解与抑制，提高驾驶员的安全性，并降低能耗和减少排放污染。另外，在一些道路瓶颈处，通过合理地设置信号控制，从而提高驾驶员的反应灵敏度，也可以在一定程度上缓解交通堵塞。

通过智慧交通技术，驾驶员可获得的最直接信息是其他车辆的位置信息，了解其他车辆的位置信息可以使驾驶员对其他车辆的行为做出及时反应，从而使交通流的稳定性得到一定的改善。这些车辆位置信息包括但不限于第一辆前车的位置信息、多辆前车的位置信息以及后车的位置信息等。同时，除了位置信息以外，大量理论研究和实测数据均表明，车辆的运行状态还受到其他因素的影响，如车间距、速度差以及加速度信息等，如果驾驶员能够获得这些信息，则交通流的稳定性将大幅提升。此外，在瓶颈处设置信号控制的目的是使交通流从无序状态转变为有序状态，从而提升交通流稳定性并缓解瓶颈堵塞。

11.2 交通流安全特性分析

11.2.1 交通流安全风险与交通事故的关系

长期以来，交通安全问题一直是影响交通系统的主要问题之一，并越来越受到人们的关注。交通事故往往被视为交通安全问题的具体表现结果，是人-车-路-环境的综合作用结果。其影响因素包括驾驶员因素、车辆因素以及道路环境等。从交通流运行的角度，交通事故具有以下几个明显特点：

(1) 随机性。道路交通系统本身是一个复杂系统，由于影响交通事故的因素具有随机性，导致交通事故的发生具有极大的随机性。具体而言，道路上运行的交通流会在什么时间、什么地点发生交通事故具有很强的随机性；同时，对于道路交通系统而言，交通事故的发生又具有统计特征。

(2) 突发性。每起交通事故的发生往往是突如其来的，从驾驶员感知危险到交通事故的发生过程往往是短暂的。交通事故的突发性意味着很难在事故发生前的瞬间采取有效措施避免交通事故，因此交通事故的预防与预警对减少交通事故具有十分重要的作用。

(3) 频发性。随着经济的发展，人们对道路及交通工具的使用也越来越频繁。机动车保有量的急剧增长以及不良交通行为的局限性，导致道路交通事故频发，已成为主要的交通问题。

交通事故是车辆在道路上运行时的一种突发结果，其与交通流的运行状态密切相关。理论研究和实测数据均表明，交通流运行的流量、密度和速度等交通流特征均对交通事故发生率有复杂的影响。首先，对于交通流量的影响而言，交通流量越小，单车交通事故率呈现上升的趋势，而多车交通事故率呈现下降的趋势；进一步考虑道路通行能力的情况下，交通事故率会随着交通流饱和度的增加呈现先降低、后增加的趋势，并且当交通流饱和度接近于1时，交通事故率高达最小值的2倍多。其次，对于交通流密度的影响而言，随着密度的增加，单车交通事故率逐步增加，在到达峰值后又逐渐下降，而多车交通事故率则随着交通流密度的增加而增加。最后，对于交通流速度的影响而言，车辆行驶的车速与交通流平均速度的差值对交通事故率有显著影响,差值越大,交通事故率越高。

事实上,交通事故发生之前存在着大量的交通流运行安全风险,正如海因里希法则所指出的:"每1起严重事故的背后,必然有29起轻微事故和300起未遂先兆",如图11-2所示。根据交通事故的随机性,从道路交通流运行的角度,分析交通流运行中的安全风险,目的是降低这些交通流安全风险,从而从统计意义上对交通事故的发生起到防控作用,降低交通事故率。

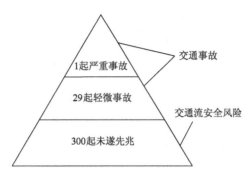

图11-2 交通流安全风险与事故的关系

11.2.2 交通流追尾风险分析方法

车辆追尾是道路交通事故中数量最多、危害性最大的事故类型,车辆追尾前的前后车跟驰运动状态直接体现了交通流运行中的追尾风险。因此,针对路段上同一车道相同行驶方向的交通流追尾风险分析方法进行介绍。交通流追尾风险分析方法可分为基于时间的分析方法、基于距离的分析方法以及基于速度的分析方法三类。

1) 基于时间的分析方法

(1) TTC 指标

TTC 的全称为 Time-To-Collision,表示在同一车道上,前后两车均以恒定的速度并保持一定的车间距进行同向行驶,在 t_1 时刻,前后两车的车间距较小且后车车速大于前车车速时,若前后两车均未采取任何避险措施,并以初始状态继续运行,两车将在 t_2 时刻发生追尾碰撞。将 t_1 时刻开始至 t_2 时刻发生追尾碰撞的这段时间间隔称为碰撞时间 TTC,其计算公式如下:

$$\mathrm{TTC}_n(t) = \frac{x_{n-1}(t) - x_n(t) - l_{n-1}}{v_n(t) - v_{n-1}(t)} \tag{11-22}$$

式中:$\mathrm{TTC}_n(t)$——后车 n 在 t 时刻追尾前车 $n-1$ 的碰撞时间,s;

$x_{n-1}(t)$——t 时刻前车 $n-1$ 的位置,m;

$x_n(t)$——t 时刻后车 n 的位置,m;

l_{n-1}——前车 $n-1$ 的车长,m;

$v_{n-1}(t)$——t 时刻前车 $n-1$ 的速度,m/s;

$v_n(t)$——t 时刻后车 n 的速度,m/s。

在 TTC 指标计算时,要求满足 $v_n(t) > v_{n-1}(t)$,否则 TTC 值视为无穷大。因此,TTC 值越小,表明前后两车发生追尾碰撞的风险越大。

(2) TET 和 TIT 指标

TET 和 TIT 是在 TTC 基础之上形成的,它们的全称分别为 Time Exposed Time-to-Collision

和 Time Integrated Time-to-Collision。TET 表示处于安全临界状态的总时间,其特征是 TTC 值低于阈值 TTC* 的时间长度,反映了碰撞风险的暴露时间。TIT 指标则考虑到了 TTC 值低于阈值 TTC* 的程度,反映了碰撞风险的严重程度。TET 和 TIT 的计算公式如下:

$$\text{TET} = \sum_{n=1}^{N} \sum_{t=1}^{T} \delta_n(t) \Delta t \tag{11-23}$$

$$\text{TIT} = \sum_{n=1}^{N} \sum_{t=1}^{T} \delta_n(t) [\text{TTC}^* - \text{TTC}_n(t)] \Delta t \tag{11-24}$$

$$\delta_n(t) = \begin{cases} 1 & [0 < \text{TTC}_n(t) \leq \text{TTC}^*] \\ 0 & (\text{其他}) \end{cases} \tag{11-25}$$

式中:N——车辆总数,veh;

T——总的时间间隔,s;

Δt——时间步长,s;

$\delta_n(t)$——阈值函数,表示仅在 TTC 值小于一定的阈值后,方可进行 TET 或 TIT 指标的分析。

(3) TA 指标

TA 的全称为 Time-to-Accident,表示事故发生时间,是指驾驶员当前时刻以初始速度行驶时,到发生追尾事故时的时间间隔。其计算公式如下:

$$\text{TA} = 1.5 \times \frac{V_n}{16.7 \exp(-0.0306 \times 0.5 V_m)} \tag{11-26}$$

式中:V_n——初始速度,m/s;

V_m——平均速度,m/s。

2) 基于距离的分析方法

(1) PICUD 指标

PICUD 的全称为 Potential Index for Collision with Urgent Deceleration,表示紧急制动下的最终车间距,该指标定义为前后两车遇到特殊情况需要紧急制动时,完全停止后,两车之间的距离。其计算公式如下:

$$\text{PICUD} = \frac{v_n^2(t) - v_{n-1}^2(t)}{2a} + g_n - v_n(t)\tau \tag{11-27}$$

式中:a——制动时的减速度($a<0$),m/s²;

g_n——初始时刻后车 n 的车间距,m;

τ——反应时间,s。

完全制动后,若前后两车的最终车间距 PICUD 值大于 0,则无追尾碰撞风险;若其值小于 0,则存在追尾碰撞风险。

(2) PSD 指标

PSD 的全称为 Proportion of Stopping Distance,表示停车距离比,定义为车辆到潜在碰撞点的距离与可接受的最小制动距离之比。其计算公式如下:

$$\begin{cases} \text{PSD} = \dfrac{\text{RD}}{\text{MSD}} \\ \text{MSD} = \dfrac{V^2}{2B} \end{cases} \tag{11-28}$$

式中:RD——车辆到潜在碰撞点的距离,m;

MSD——可接受的最小制动距离,m;

　　V——当前速度,m/s;

　　B——可接受的最大减速度($B>0$),m/s²。

(3) MTC 指标

MTC 的全称为 Margin To Collision,表示碰撞裕度。MTC 指标定义为当前车突然制动时,后车也立即制动,前车和后车发生追尾碰撞的概率。其计算公式如下:

$$\mathrm{MTC} = \frac{g_n + D_{n-1}}{D_n} \tag{11-29}$$

式中:g_n——初始时刻后车 n 的车间距,m;

　　D_{n-1}、D_n——前车和后车按照 $0.7g$ 减速度减速至停车的制动距离,m。

(4) DSS 指标

DSS 的全称为 Difference of Space distance and Stopping distance,它由前后两车的制动距离推导而来。其计算公式如下:

$$\mathrm{DSS} = \left[\frac{v_{n-1}^2(t)}{2ug} + g_n\right] - \left[v_n(t)\tau + \frac{v_n^2(t)}{2ug}\right] \tag{11-30}$$

式中:u——摩擦系数;

　　g——重力加速度,m/s²,取 9.8m/s²;

　　g_n——初始时刻后车 n 的车间距,m。

3) 基于速度的分析方法

(1) DRAC 指标

DRAC 的全称为 Deceleration Rate to Avoid the Crash,表示在跟驰行驶过程中,若车间距较小且后车车速大于前车车速,后车为避免追尾前车需要减速,此时采用后车的制动减速特征来表征追尾风险。DRAC 的计算公式如下:

$$\mathrm{DRAC} = \frac{[v_n(t) - v_{n-1}(t)]^2}{x_{n-1}(t) - x_n(t) - l_{n-1}} \tag{11-31}$$

在 DRAC 的计算中,要求 $v_n(t) > v_{n-1}(t)$,即只有在后车速度大于前车速度时,才存在追尾碰撞的风险,后车才会采取制动减速的操作。

(2) CPI 指标

CPI 是在 DRAC 的基础之上提出的,其的全称为 Crash Potential Index,描述了在一定的时间内,DRAC 值大于其最大可能制动减速度的概率,而车辆的最大可能制动减速度为当前交通环境下各因素的随机变量。CPI 的计算公式如下

$$\mathrm{CPI} = \frac{\sum_{t_0}^{t_N} p[\mathrm{DRAC}_n(t) > \mathrm{MADR}^{(a_1,a_2,\cdots,a_m)}]\Delta t \times b}{T_n} \tag{11-32}$$

式中:　　$\mathrm{DRAC}_n(t)$——车辆 n 当前 t 时刻的 DRAC 值;

　　　　MADR——车辆最大可能制动减速度,m/s²;

上标$(a_1,a_2,\cdots,a_m)$——当前交通环境下的解释变量;

　　　　p——概率;

　　　　t_0——初始观测时刻;

t_N——最终观测时刻;

Δt——观测时间间隔,s;

T_n——总观测时间,s;

b——状态变量,当后车接近前车时 $b=1$,否则 $b=0$。

将上述三类分析方法中的各评价指标进行比较,见表11-2。

追尾风险分析指标的比较　　　表11-2

指标	优点	缺点
基于时间的分析方法		
TTC	计算简便,应用广泛; 汽车防撞系统以及驾驶员辅助系统等将TTC作为重要的预警指标; 适用于施工作业区内的交通流安全风险分析	假设车辆保持匀速行驶,忽略了因加速或减速差异而产生的潜在追尾风险; 假设了后车车速必须大于前车车速
TET	适用于微观交通流仿真; 可以区分不同车辆类型; 可以与 TIT 配合使用	无法分析追尾风险程度; 涉及较多难以实测的数据参数
TIT	适用于微观交通流仿真; 可以分析追尾风险的严重程度; 可以与 TET 配合适用	难以适用于交通安全的比较研究; 受驾驶员驾驶行为不确定性的影响较大
TA	计算简单,应用广泛; 既可以人工分析,也可以视频处理分析; 已形成相关分析手册	过于依赖对速度和距离的主观判断
基于距离的分析方法		
PICUD	在追尾风险评估中,比 TTC 更敏感	不适用于横向运动风险分析
PSD	计算简便	具体风险场景不明确
MTC	计算简便	具体风险场景不明确
DSS	计算简便	无法分析追尾风险程度和持续时间
基于速度的分析方法		
DRAC	考虑了速度差及减速行为对追尾风险的影响	未考虑车辆制动性能差异及道路环境的随机性
CPI	解决了 DRAC 的缺陷	不适用于横向风险分析

11.2.3　交通流冲突风险分析方法

交通流冲突风险是指不同流向的两股或多股交通流若不改变其运动状态,则有发生碰撞风险的交通流现象。因此,交通流冲突风险主要发生在合流与分流区以及无信号交叉口。

1)合流区与分流区

对于合流区与分流区的交通流运行而言,由于匝道车辆的驶入或者主线车辆的驶出,交通流冲突风险往往是车辆换道行为导致的侧向碰撞风险,如图11-3所示。图11-3显示了合流区车辆换道汇入和分流区车辆换道汇出过程中的潜在交通流冲突风险。合流区与分流区冲突风险的交通流运行特性由交通流换道行为决定。此外,相关的分析方法可参考交通流追尾风险分析方法。

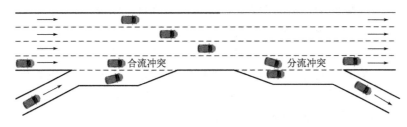

图 11-3 合流区与分流区交通流冲突风险示意图

2)无信号交叉口

无信号交叉口各流向的车流之间存在大量冲突点,在第 10 章的图 10-3 中显示了无信号十字形交叉口共有 8 个合流冲突点、8 个分流冲突点和 16 个交叉冲突点。随着无信号十字形交叉口车流量的增大,冲突点造成的冲突风险急剧增加,因此,交通信号控制是降低冲突风险的有效控制方法。以无信号十字形交叉口的两相位控制为例,在东西方向绿灯、南北方向红灯期间,合流冲突点和分流冲突点均由原来的 8 个降至 4 个,交叉冲突点由原来的 16 个降至 2 个,极大地降低了不同流向交通流之间的冲突风险,如图 11-4 所示。交叉口在有无信号控制条件下的冲突点数量对比,见表 11-3。

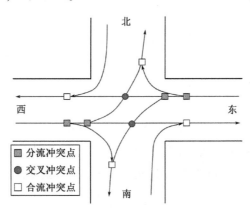

图 11-4 两相位信号控制下的交叉口冲突点

信号控制对交叉口冲突点数量的影响对比 表 11-3

冲突点类型	无信号控制下的冲突点数量(个)			有信号控制下的冲突点数量(个)		
	相交道路条数					
	3 条	4 条	5 条	3 条	4 条	5 条
分流冲突点	3	8	15	2 或 1	4	6
合流冲突点	3	8	15	2 或 1	4	6
交叉冲突点	3	12	45	1 或 0	2	4
合计	9	28	75	5 或 2	10	16

在交通工程实际应用过程中,交通信号和停车让行等控制方式均可起到降低交叉口冲突风险的作用。针对无信号全无控制交叉口,在车辆到达交叉口时,驾驶员将在距冲突点一定距

离处做出决策,或减速让路,或直接通过。驾驶员所做出的决策,很大程度上取决于在接近交叉口前对横向道路两侧的通视范围,其通行规则也需要通过交叉口视距三角形分析加以判断,在视距三角形内不应存在遮挡驾驶员视线的物体(障碍物)。因此,对于全无信号控制交叉口的冲突风险分析,称之为视距三角形分析法。

图 11-5 给出了交叉口某一角落处视距三角形 $\triangle ABP$ 的几何图形。当两个相互冲突的车辆 A 和 B 刚好可以看到彼此时,假定 A 车距离冲突可能发生的地点 P 为 d_A,B 车与该点的距离是 d_B。视距三角形应保证,位于这两条冲突路径上的两辆车在刚好能看到对方时,可以及时地采取行动,以避免交通事故的发生。

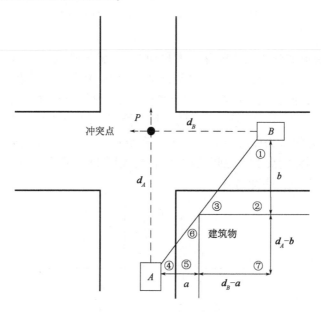

图 11-5 交叉口视距三角形

图 11-5 中存在 3 个相似三角形:$\triangle①②③$、$\triangle①⑦④$ 和 $\triangle⑥⑤④$。从 $\triangle①②③$ 和 $\triangle⑥⑤④$ 的相似性可以建立图 11-5 中关键距离 d_A 和 d_B 之间的一个关系式:

$$\frac{b}{d_B - a} = \frac{d_A - b}{a} \tag{11-33}$$

或

$$d_B = \frac{a \times d_A}{d_A - b} \tag{11-34}$$

式中:a——A 车与遮挡视线建筑物的距离,m;
　　　b——B 车与遮挡视线建筑物的距离,m。

因此,如果知道了 A 车的位置,就可以确定两车彼此可见时 B 车的位置。当然,该公式也可以在改写之后,计算在已知 B 车位置条件下的 A 车位置。

为保证有充足的视距,使得每一辆车都可以及时避免由其他车辆造成的即将来临的危险,通常有以下两种计算方法。

(1)计算方法 1

计算方法 1 主要是检验交叉口的视距是否满足相互冲突的车辆能够安全停车的要求。当

A 车和 B 车的驾驶员刚好可以看到对方时,双方距冲突点 P 的距离不小于一个安全停车距离。如果该要求得到满足,发生冲突的双方都能在碰撞发生之前安全停车,计算步骤如下。

步骤1:假定 A 车位于距冲突点一个安全停车距离的地方,则计算 d_A 为

$$d_A = \frac{v_A}{3.6}t + \frac{v_A^2}{2g(\phi \pm i) \times 3.6^2} \tag{11-35}$$

式中:v_A——A 车行驶速度,km/h;
  t——反应时间,s;
  g——重力加速度,m/s²,$g = 9.8 \text{m/s}^2$;
  ϕ——汽车轮胎和路面的纵向摩阻系数;
  i——道路纵坡(上坡 i 取正值,下坡 i 取负值)。

步骤2:基于以上对 A 车位置的假定,由公式(11-34)计算当 B 车刚好为 A 车驾驶员可见时 B 车的位置。该计算给出了 d_B 实际值,将其记为 $d_B(\text{act})$。

步骤3:同时,要求 B 车距冲突点的距离不小于安全停车距离。据此计算 d_B 的最小值为

$$d_B(\min) = \frac{v_B}{3.6}t + \frac{v_B^2}{2g(\phi \pm i) \times 3.6^2} \tag{11-36}$$

式中:v_B——B 车行驶速度,km/h。

步骤4:如果 $d_B(\text{act}) \geq d_B(\min)$,则表明交叉口为车辆提供了充足的视距,车辆在交叉口的运行是安全的,否则 B 车的驾驶员不能及时看到 A 车,必须提供某种控制帮助驾驶员避免潜在冲突。

(2)计算方法2

计算方法2主要是检验交叉口的视距是否满足相互冲突的车辆能够安全地依次通过冲突点。在 B 车到达冲突点之前相距 l_B 时,A 车必须在冲突点之后相距 l_A 的距离,如图11-6 所示。

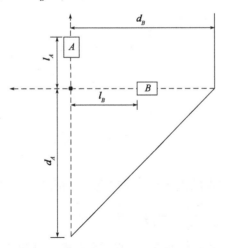

图 11-6 车辆依次通过冲突点示意图

通常可将 l_A 取值为 5.5m,l_B 取值为 3.7m,于是下列公式成立:

$$\frac{d_A + 5.5}{\frac{v_A}{3.6}} = \frac{d_B - 3.7}{\frac{v_B}{3.6}} \tag{11-37}$$

或

$$d_B = (d_A + 5.5)\frac{v_B}{v_A} + 3.7 \tag{11-38}$$

除了步骤3之外,采用计算方法2的分析步骤与计算方法1完全相同。对于计算方法2, B车所需的最小距离$d_B(\min)$是用公式(11-38)计算的。两种计算方法相比较,任何一种计算方法的严格程度都不必然地大于另一种计算方法,哪一种计算方法产生最大的$d_B(\min)$,要视特定的情况而定。

为了保障无信号全无控制交叉口中交通流安全地运行,交叉口4个拐角的视距都必须充足。此外,还需要强调的是,提供充足的视距是交叉口车辆通行的必要但非充分条件。即使有足够的视距,很大的交通需求、很高的进口道车速及以其他的交通条件都有可能使得交叉口的运行不切合实际或者不安全。

【例题11-3】

图11-7描绘了一个视距问题,图中的交叉口由一条单行道(南北向)和一条双向行驶的道路(东西向)相交而成,试分析两个视距三角形的视距能否满足安全行车的要求。

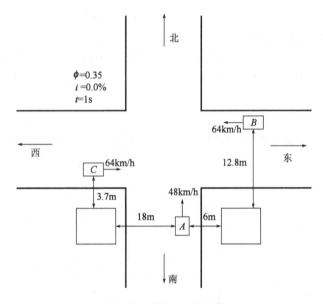

图11-7 例题11-3示意图

解:

步骤1:假定A车距冲突点的距离是一个安全停车距离,代入公式(11-35)则有:

$$d_A = \frac{48}{3.6} \times 1.0 + \frac{48^2}{2 \times 9.8 \times 0.35 \times 3.6^2} = 39.25(\text{m})$$

步骤2:假定A车距冲突点的距离是39.25m,B车在刚好被看到时的实际位置,由公式(11-34)计算:

$$d_B(\text{act}) = \frac{6 \times 39.25}{39.25 - 12.8} = 8.9(\text{m})$$

步骤3:使用计算方法1(标记为F1)中公式(11-36)和计算方法2(标记为F2)中公式(11-38)分别计算B车所需的最小距离:

$$d_B(\min, F1) = \frac{64}{3.6} \times 1.0 + \frac{64^2}{2 \times 9.8 \times 0.35 \times 3.6^2} = 63.85(m)$$

$$d_B(\min, F2) = (39.25 + 5.5) \times \frac{64}{48} + 3.7 = 63.37(m)$$

步骤4:在本例中,计算方法1和计算方法2所要求的最小距离非常接近。最小要求值63.85m和63.37m均远大于实际距离8.9m,因此,这个视距三角形不能为车辆运行提供充足的视距。

在正常情况下,图11-7中A车和C车之间的视距三角形也要予以检查。只要有一个视距三角形不能满足要求,就需要采取控制措施,如停车/让行控制或交通信号控制。在本例中,A车和B车之间的视距三角形已经不能满足要求,因此也就没有必要检查A车和C车之间的视距。

在上述例子中,视距三角形未能提供充足的视距,车辆在交叉口的运行将是不安全的。因此,无论交通流量的大小如何,该交叉口所应采取的最低控制形式是两路停车或让行控制。如果交通流量或者其他条件符合信号控制的要求,也可采用信号控制。

由于交叉口存在许多冲突点,使得有些相互冲突的车辆不能同时通过交叉口,因此,在满足视距三角形要求的情况下,仍然需要有一个通行规则,确定各入口车辆以怎样的次序进入交叉口。根据我国现行的交通法规,车辆通过没有交通信号、交通标志或标线控制的交叉路口时,在进入路口前驾驶员应停车瞭望,让右方道路的来车先行;转弯的机动车应让直行的车辆先行;相对方向行驶的右转弯的机动车应让左转弯的车辆先行。

11.3 交通流排放特性分析

11.3.1 交通流排放的含义

近年来,我国机动车保有量呈逐年增长趋势,与此同时,机动车总的行驶里程也逐年增加。随着机动车保有量和行驶里程的不断增长,机动车能耗及尾气排放问题成为困扰交通系统健康可持续发展的难题。

机动车能耗与尾气排放的影响因素主要有三个,即车辆性能、道路环境条件和驾驶行为特征,如图11-8所示。其中,车辆性能决定了车辆本身的能源经济性和尾气排放水平,道路环境条件是车辆实现较高能源经济性和较低尾气排放量的基础,驾驶行为特征是有效实现车辆较高能源经济性和较低尾气排放量的保障。

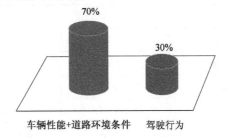

图11-8 机动车能耗与尾气排放影响因素及占比

驾驶行为直接体现了交通流的运行特性,最终反映在交通流轨迹特性方面,如匀速行驶、加速行驶或减速行驶等。在相同条件下,交通流越平稳,产生的能耗和尾气排放越少。相关研究表明,相比于急减速行为,缓慢减速过程产生能耗与尾气排放较少;匀速行驶过程比加减速行驶过程产生的能耗与尾气排放要少;加速时间越短,产生的能耗与尾气排放越少,见表11-4。

能耗和尾气排放的降低百分比(单位:%) 表11-4

驾驶行为	对比内容	油耗	CO_2	CO	NO_x	HC
缓慢减速	减速距离由20m变为50m	48.0	48.0	—	7.0	—
匀速行驶	匀速相对于加减速	14.9	12.2	94.7	92.6	92.6
加速时间	加速时间由6s变为2s	33.2	12.8	92.9	27.5	64.6

因此,交通流排放的含义是指在交通流包含的大量个体车辆运行的系统中,因微观跟驰与换道行为造成的交通流整体排放影响,并且将燃油消耗、CO_2尾气排放、CO尾气排放、NO_x尾气排放和HC尾气排放等,统称为交通流排放。由此可见,交通流排放特性是由交通流的运行特性所决定的。

11.3.2 交通流排放分析方法

VT-Micro模型是基于微观交通流轨迹数据的排放计算模型,具有模型结构简单、计算过程简便的优势。在分析交通流排放问题上,VT-Micro模型属于统计计算方法,其应用车辆的瞬时速度与瞬时加速度计算该车辆在当前时刻的排放因子,记为MOE(Measure of Effectiveness),其计算公式如下:

$$\ln(MOE) = \sum_{i=0}^{3}\sum_{j=0}^{3} K_{i,j} \times [v_n(t)]^i \times [a_n(t)]^j \tag{11-39}$$

式中:i、j——速度与加速度指数;

$K_{i,j}$——模型计算系数,针对不同排放类型,$K_{i,j}$取值见表11-5~表11-7。

燃油消耗计算时的系数$K_{i,j}$取值 表11-5

$K_{i,j}$	$j=0$	$j=1$	$j=2$	$j=3$
\multicolumn{5}{c}{$a_n(t) \geq 0$}
$i=0$	-7.735	0.2295	-5.61×10^{-3}	9.773×10^{-5}
$i=1$	0.02799	0.0068	-7.722×10^{-4}	8.38×10^{-6}
$i=2$	-2.228×10^{-4}	-4.402×10^{-5}	7.90×10^{-7}	8.17×10^{-7}
$i=3$	1.09×10^{-6}	4.80×10^{-8}	3.27×10^{-8}	-7.79×10^{-9}
\multicolumn{5}{c}{$a_n(t) < 0$}
$K_{i,j}$	$j=0$	$j=1$	$j=2$	$j=3$
$i=0$	-7.735	-0.01799	-4.27×10^{-3}	1.8829×10^{-4}
$i=1$	0.02804	7.72×10^{-3}	8.375×10^{-4}	3.387×10^{-5}
$i=2$	-2.199×10^{-4}	-5.219×10^{-5}	-7.44×10^{-6}	2.77×10^{-7}
$i=3$	1.08×10^{-6}	2.47×10^{-7}	4.87×10^{-8}	3.79×10^{-10}

CO_2 尾气排放计算时的系数 $K_{i,j}$ 取值　　　　表 11-6

$a_n(t) \geq 0$				
$K_{i,j}$	$j=0$	$j=1$	$j=2$	$j=3$
$i=0$	6.916	0.217	2.354×10^{-4}	-3.639×10^{-4}
$i=1$	0.02754	0.968×10^{-2}	-0.175×10^{-2}	8.35×10^{-5}
$i=2$	-2.070×10^{-4}	-1.0138×10^{-4}	1.966×10^{-5}	-1.02×10^{-6}
$i=3$	9.80×10^{-7}	3.66×10^{-7}	-1.08×10^{-7}	8.50×10^{-9}
$a_n(t) < 0$				
$K_{i,j}$	$j=0$	$j=1$	$j=2$	$j=3$
$i=0$	6.915	-0.032	-9.17×10^{-3}	-2.886×10^{-4}
$i=1$	0.0284	8.53×10^{-3}	1.15×10^{-3}	-3.06×10^{-6}
$i=2$	-2.266×10^{-4}	-6.594×10^{-5}	-1.289×10^{-5}	-2.68×10^{-7}
$i=3$	1.11×10^{-6}	3.20×10^{-7}	7.56×10^{-8}	2.95×10^{-9}

NO_x 尾气排放计算时的系数 $K_{i,j}$ 取值　　　　表 11-7

$a_n(t) \geq 0$				
$K_{i,j}$	$j=0$	$j=1$	$j=2$	$j=3$
$i=0$	-1.080	0.2369	1.470×10^{-3}	-7.822×10^{-5}
$i=1$	1.791×10^{-2}	4.053×10^{-2}	-3.750×10^{-3}	1.052×10^{-4}
$i=2$	2.412×10^{-4}	-4.078×10^{-4}	-1.284×10^{-5}	1.520×10^{-6}
$i=3$	-1.060×10^{-6}	9.418×10^{-7}	1.860×10^{-7}	4.419×10^{-9}
$a_n(t) < 0$				
$K_{i,j}$	$j=0$	$j=1$	$j=2$	$j=3$
$i=0$	-1.080	0.2085	2.193×10^{-2}	8.816×10^{-4}
$i=1$	2.111×10^{-2}	1.067×10^{-2}	6.550×10^{-3}	6.265×10^{-4}
$i=2$	1.630×10^{-5}	-3.230×10^{-5}	-9.429×10^{-5}	-1.008×10^{-5}
$i=3$	-5.832×10^{-7}	1.830×10^{-7}	4.473×10^{-7}	4.573×10^{-8}

11.3.3 交通流排放与协同生态驾驶

相比于传统的交通规划管理、改变出行结构以及开发新节能等方法,生态驾驶通过从根本上改变驾驶行为(如采用缓慢加减速、合理换挡以及保持车速平稳等),可以达到减少交通流排放的持续性效果。

传统的生态驾驶方式是在不改变已有车辆动力结构的前提下,通过采取辅助措施或驾驶培训等方式优化驾驶行为与车辆行驶轨迹,较少考虑与其他车辆、基础设施以及交通路网的信息交互,使得交通流排放的降低效果有限。近年来,通信技术和自动驾驶技术的迅猛发展加速了生态驾驶从传统方式向先进的智能网联车辆协同生态驾驶方式转变。

通过在车辆上搭载感知传感器、通信模块与自动控制器等,利用V2X(车对外界的信息交换)技术建立人-车-路之间的交互感知与信息共享,以降低交通流排放为最主要目标,对智能网联车辆的速度轨迹进行优化控制,实现智能网联车辆背景下的交通流协同生态驾驶。下面以信号交叉口的协同生态驾驶为例,进行介绍。

信号交叉口作为城市路网中连续交通流与间断交通流相互转化的关键节点,频繁的车辆启停及加减速行为极易引发交通流排放问题。事实上,交叉口延误造成车辆的加减速频繁,使得交通流排放增大。信号交叉口的协同生态驾驶是智能网联车辆通过V2X技术获取交叉口信号灯相位、配时和周围车辆的运动信息,并以交通流排放为主要目标,在交通环境的约束条件下优化车辆的速度轨迹,避免车辆急加减速以及减少车辆在交叉口的停车次数,从而有效降低交通流排放,如图11-9所示。

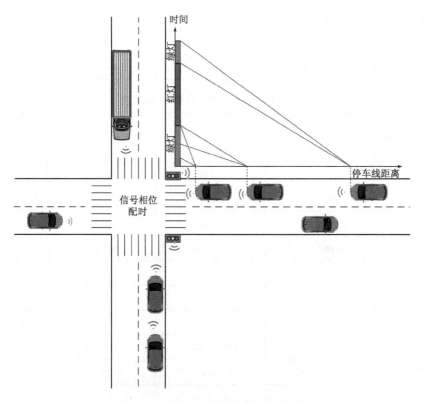

图11-9 信号交叉口协同生态驾驶示意图

11.4 交通流宏观动态特性分析

11.4.1 交通流波动特性

在高速公路和城市快速路等连续交通流设施上,经常能够观测到很多交通流的波动现象,如交通堵塞在车流中的蔓延,称为交通流波动特性。交通流波动特性是由交通波在交通流中传播产生的,如图11-10所示。从图中可以看出,车辆轨迹呈现出明显的波纹状图案,这些波纹是由车辆减速引起的,后车减速相对于前车减速具有滞后性,因此由车辆减速引起的轨迹曲折随着时间的推移朝着车流行驶的反方向上游传播,形成交通波效应。此外,还可以发现,交通堵塞以稳定的速度向交通流上游传播。

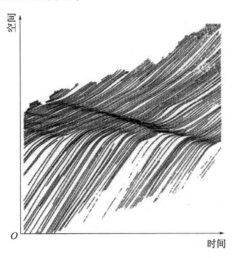

图11-10 交通堵塞的交通波传播(摘自文献[52])

11.4.2 交通流失效特性

交通流失效是现实交通系统中广泛存在的现象,是指当交通需求达到或接近路段通行能力时,车流速度出现急速下降的现象。对于交通流失效的内在产生机理至今仍不明朗,但多数研究者普遍认为,有关路段瓶颈失效并不是发生在稳定的流量状态,而是具有随机性。Bullen首次提出了交通流失效概率模型,认为失效概率是流量的一个增函数。Banks发现交通流失效在流量未达到通行能力时即可发生,并认为匝道流量是引起快速路交通流失效的主要原因之一。Elefteriadou等随后印证了Banks的结论,并对快速路匝道和交织区交通流失效进行了定义。进一步地,相关学者认为,由于交通流失效现象的存在,路段通行能力不应被定义为一个固定值,而应被定义为一个与交通流失效概率有关的概率函数。针对交通流失效概率的建模计算对于分析交通系统的稳定性和可靠性来讲至关重要,学者们也提出了不同的概率模型。

交通流失效的内在机理存在多种解释,目前尚未形成完全统一的认识,对于该问题的研究仍将持续深入。

11.4.3 通行能力下降特性

诸多研究发现,交通瓶颈在失效前的稳定流量大于瓶颈失效后的稳定消散流量,这种现象为瓶颈路段通行能力下降,如图11-11所示。通行能力下降现象中流量-密度数据往往呈现反λ的基本图形态。许多研究对瓶颈路段通行能力下降的平均值进行了实证研究,其取值为3%~18%。

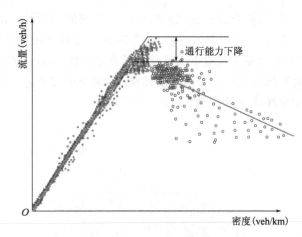

图 11-11 通行能力下降示意图

在通行能力下降的机理分析方面,相关研究表明,车道数量和车道流量的异质性特征与通行能力下降现象有关,发现通行能力下降与瓶颈区车道数量有明显负相关性,并且当匝道汇出比增加时,通行能力下降幅度有所减小。然而,对通行能力下降现象的内在机理依然存在多种解释,目前尚未达成共识。

11.4.4 交通流磁滞特性

磁滞现象是指交通流在拥堵状态变换过程中会存在一种延时效应。Treiterer 和 Myers 最早观测到快速路交通流磁滞现象,他们发现一组车队在受到干扰时的速度-密度曲线的变化呈现明显的环状曲线特征。后来,Maes 观测到受交通事件影响的交通流状态变化同样存在类似的环状曲线。这类现象称为交通流磁滞特性。

交通流磁滞特性存在的原因有两种常见的解释:第一种解释认为,该现象是由车流加速和减速过程的不对称造成的,该观点由 Newell 最早提出,后经 H. M. Zhang 加以理论证明;第二种解释认为,磁滞现象与驾驶员的驾驶行为各异性相关。当不同类型驾驶员遵循不同的平衡态速度-密度曲线时,会出现交通流磁滞现象。

11.4.5 交通流震荡特性

交通流震荡是指随着车流密度的增加,交通流失效后形成走走停停的现象。交通流震荡会导致道路通行能力下降,交通事故率增加,而且频繁地加减速也会导致交通流排放增加。Edie 首次在纽约林肯隧道观测到交通流震荡现象,随后许多学者对交通流震荡现象产生的原因和扩散机理进行了研究。

关于交通流震荡产生的原因,存在以下三种解释:第一种观点认为,交通流震荡是由车辆换道行为或者下游存在移动瓶颈而引发的;第二种观点认为,交通流加速与减速过程中的驾驶行为不对称性会引发交通流震荡;第三种观点认为,交通流震荡源于激进型驾驶员和保守型驾驶员的驾驶行为差异性。以上三种观点均可通过构建交通流模型进行交通流仿真加以验证,而交通流震荡现象真正的内在机制也许是以上三种认识的综合结果,有待于进行更深入的实验研究。

思考题与习题

1. 简述交通流局部稳定性和队列稳定性的区别与联系。
2. 对第 5 章相关跟驰模型的仿真结果进行稳定性的判别。
3. 图 11-12 所示的无信号全无控制交叉口,该交叉口由两条公路平面相交而成,试通过视距三角形分析交叉口视距能否满足安全行车的要求($\phi=0.35, i=0.0\%, t=1\text{s}$)。

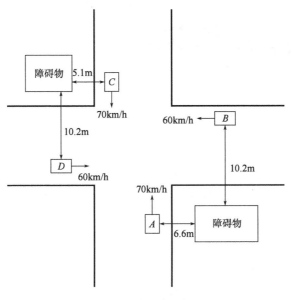

图 11-12 题 3 图

4. 简述交通流排放与交通流运行特性之间的内在联系。
5. 试分析交通流失效与通行能力下降之间的内在联系。

第 12 章 现代交通流理论

现代交通流理论是对现代交通流进行分析的理论方法。现代交通流理论从交通流车辆类型或者分析方法等方面区别于传统交通流的分析。现代交通流理论主要包括智能网联交通流、数据驱动交通流、三相交通流和城市立体交通流等内容,前三者仍然聚焦于道路交通流,而城市立体交通流则是从地面道路向城市立体空间进行展望。本章将分别予以介绍。

12.1 智能网联交通流

12.1.1 智能网联车辆概述

智能网联交通流是由智能网联车辆构成的新型交通流,智能网联新型交通流的发展必然经历由人工驾驶车辆和智能网联车辆构成的混合交通流。自适应巡航控制(Adaptive Cruise Control,ACC)车辆和协同自适应巡航控制(Cooperative Adaptive Cruise Control,CACC)车辆是两类主要的智能网联车辆。

ACC 车辆通过车载感知设备获得与前车的车间距及速度等信息,并应用加速度优化算法控制车辆与前车保持稳定的车间时距行驶。ACC 的研究始于 20 世纪 60 年代,并从 20 世纪 90 年代起逐步进入实用化阶段。ACC 控制系统仅关注车辆沿车道线方向的纵向行驶控制,其控制系统通常分为上层控制系统和下层控制系统,如图 12-1 所示。其中,上层控制系统根据车载感知设备获得的车间距和速度等行驶状态,负责输出下一时刻的目标加速度,下层控制系统负责调整车辆内部动力系统以实现上层控制系统的加速度优化目标。因此,ACC 下层控制系统主要研究车辆内部动力系统的具体机电控制过程,属于车辆工程领域的研究。交通工程领域则关注 ACC 上层控制系统。从交通流分析的角度看,研究重点为 ACC 车辆的微观交通流模型,以探讨 ACC 车辆对通行能力以及稳定性等交通流特性的影响。ACC 车辆车载感知设备在检测前车位移以及速度等行驶状态时,车载感知设备的内部处理过程存在一定的延时,若延时过大,易诱发交通流不稳定。此外,由车载感知设备检测得到的位移与速度信息在精度上也存在一定误差,不利于 ACC 车辆的稳定性。

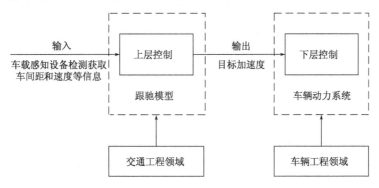

图 12-1　ACC 控制系统示意图

因此,为了有效缩短感知前车行驶状态的延时和提升感知精度,在 ACC 技术基础之上,CACC 控制技术得到发展。CACC 车辆不是通过车载感知设备检测前车行驶状态,而是应用车车通信(V2V)技术,由前车将其速度以及加速度等行驶状态发送至 CACC 车辆。与 ACC 车辆的车载感知设备相比较,CACC 应用 V2V 技术获取前车行驶状态,主要体现为两方面:一方面可有效缩短前车信息获取中的延时,另一方面能够获取精确度较高的前车加速度信息,使得 CACC 车辆可以保持比 ACC 车辆更小的车间时距。与 ACC 控制系统一致,CACC 车辆控制系统同样分为上层控制与下层控制,且与 ACC 车辆具有一致的控制功能。因此,从交通工程的角度来讲,仍然关注的是 CACC 上层控制的微观交通流模型。此外,CACC 车辆控制系统功能的实现具有一定的局限性,CACC 车辆控制系统的实现需要 V2V 环境,若 CACC 车辆的前车为传统人工驾驶车辆,则需要传统人工驾驶车辆安装 V2V 设备,而传统人工驾驶车辆 V2V 设备的安装是一个逐渐普及的过程。因此,在传统人工驾驶车辆安装 V2V 设备普及率较低的阶段,依据交通流车辆空间分布的随机性,CACC 车辆的前车出现传统人工驾驶车辆的概率较大,此时 CACC 车辆的系统功能将无法得以实现。

ACC 车辆和 CACC 车辆均是以保持稳定的车间时距为行驶目的,ACC 技术可使得车辆对前车的反应延时小于传统人工驾驶员,ACC 车辆车间时距可控制在 1.1～2.2s 的时间范围内。如前所述,V2V 技术使得 CACC 车辆比 ACC 车辆可进一步缩减对前车的反应延时,使得 CACC 车辆的车间时距可缩减至 1s 以内。加州大学伯克利分校 PATH 实验室通过实车试验,调查了传统驾驶员对 ACC/CACC 车辆车间时距的接受程度,见表 12-1。可以看出,对于 ACC 车辆而言,有超过 50% 的驾驶员接受 ACC 车辆具有 1.1s 的车间时距。同时,接受 CACC 车辆具有 0.6s 车间时距的驾驶员比例接近 60%。

ACC 车辆与 CACC 车辆的车间时距　　　　　表 12-1

车辆类型	车间时距(s)	接受比例(%)
ACC 车辆	1.1	50.4
	1.6	18.5
	2.2	31.1
CACC 车辆	0.6	57.0
	0.7	24.0
	0.9	7.0
	1.1	12.0

12.1.2　智能网联交通流分析

12.1.2.1　通行能力分析方法

针对由 CACC 车辆、ACC 车辆以及人工驾驶车辆构成的智能网联混合交通流,介绍不同 CACC 渗透率条件下的交通流通行能力分析方法。

在同质交通流中,所有车辆的平衡态速度与平衡态车头间距均相等;在混合交通流中,所有车辆的平衡态速度相同,但平衡态车头间距根据具体车辆类型而不同。假设,用 s_c、s_a 和 s_r 分别表示 CACC 车辆、ACC 车辆和人工驾驶车辆的平衡态车头间距,则三种类型车辆的平衡态速度-车头间距关系的一般性表达式如下:

$$\begin{cases} s_c = f_c(v) \\ s_a = f_a(v) \\ s_r = f_r(v) \end{cases} \tag{12-1}$$

式中:v——平衡态速度,km/h;

f——函数式;

c、a、r——CACC 车辆、ACC 车辆和人工驾驶车辆。

混合交通流中所有车辆以平衡态速度 v 行驶,当交通流中的车辆数足够多时,交通流所覆盖道路长度为所有车辆平衡态车头间距之和,即

$$D = Nb_c s_c + Nb_a s_a + Nb_r s_r \tag{12-2}$$

式中:D——交通流覆盖道路长度,km;

N——车辆数,veh;

b_c、b_a、b_r——CACC 车辆、ACC 车辆和人工驾驶车辆占比。

依据交通流密度的定义,可计算混合交通流的密度为

$$k = \frac{1}{b_c s_c + b_a s_a + b_r s_r} \tag{12-3}$$

式中:k——混合交通流密度,veh/km。

将公式(12-1)代入公式(12-3),得到混合交通流速度-密度平衡态模型为

$$k = \frac{1}{b_c f_c(v) + b_a f_a(v) + b_r f_r(v)} \tag{12-4}$$

在上述通行能力分析中,混合交通流中 CACC 车辆需要依赖前车提供的 V2V 功能,当

CACC 的前车为人工驾驶车辆时,该 CACC 车辆将退化为 ACC 车辆。因此,需对公式(12-4)中三种车辆类型在混合交通流中的比例进行进一步分析。

在混合交通流中,前后车辆的跟随情况如图 12-2 所示。用 p 表示混合交通流中 CACC 车辆的渗透率,则人工驾驶车辆的比例为 $1-p$。当且仅当 CACC 车辆跟随人工驾驶车辆行驶时,该 CACC 车辆才退化为 ACC 车辆,则 ACC 车辆出现的概率为 CACC 车辆与人工驾驶车辆比例的乘积 $p(1-p)$,即 ACC 车辆在混合交通流中的数学期望比例为 $p(1-p)$,那么 CACC 车辆在混合交通流中的数学期望比例为 $p - p(1-p) = p^2$,即

$$\begin{cases} b_c = p^2 \\ b_a = p(1-p) \\ b_r = 1-p \end{cases} \tag{12-5}$$

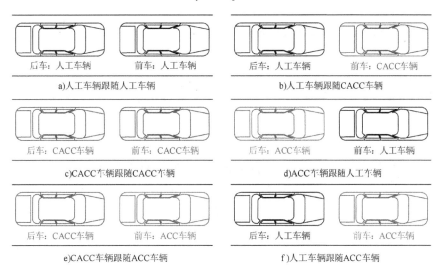

图 12-2 混合交通流中前后车辆的跟随情况

将公式(12-5)代入公式(12-4),得到混合交通流关于 CACC 渗透率 p 的速度-密度平衡态模型为

$$k = \frac{1}{p^2 f_c(v) + p(1-p) f_a(v) + (1-p) f_r(v)} \tag{12-6}$$

由公式(12-6)可知,在已知 CACC 车辆、ACC 车辆和人工驾驶车辆各自速度-密度平衡态模型的情况下,可计算得到混合交通流的速度-密度平衡态模型,从而可根据交通流恒等式计算不同 CACC 渗透率 p 下的混合交通流通行能力。

12.1.2.2 稳定性分析方法

针对由 CACC 车辆、ACC 车辆以及人工驾驶车辆构成的智能网联混合交通流,介绍不同 CACC 渗透率条件下的交通流稳定性分析方法。

根据跟驰模型的一般性表达式[公式(11-1)],在混合交通流中,CACC 车辆、ACC 车辆以及人工驾驶车辆的跟驰模型一般性表达式如下:

$$\begin{cases} a_n(t) = f_c[v_n(t), v_{n-1}(t) - v_n(t), g_n(t)] \\ a_n(t) = f_a[v_n(t), v_{n-1}(t) - v_n(t), g_n(t)] \\ a_n(t) = f_r[v_n(t), v_{n-1}(t) - v_n(t), g_n(t)] \end{cases} \tag{12-7}$$

式中： $a_n(t)$——跟驰模型的输出加速度，m/s²；

$v_n(t)$——速度，m/s；

$g_n(t)$——车间距，m；

$v_{n-1}(t)-v_n(t)$——速度差，记为 $\Delta v_n(t)$。

在公式(11-15)中，已经得到跟驰模型自身稳定性的判别条件，在此基础之上，可进一步推导得到混合交通流的稳定性判别条件，即

$$\sum_{n}^{N}\left\{\left[\frac{1}{2}(f_n^v)^2-f_n^{\Delta v}f_n^v-f_n^g\right]\left(\prod_{m\neq n}f_m^g\right)^2\right\}>0 \tag{12-8}$$

式中：n、m——混合交通流中的第 n 辆车和第 m 辆车。

f_n^v、$f_n^{\Delta v}$、f_n^g——跟驰模型表达式在平衡态对速度、速度差和车间距的偏微分可通过公式(11-4)计算。

将公式(12-5)代入公式(12-8)，得到：

$$N(1-p)\left[\frac{1}{2}(f_r^v)^2-f_r^{\Delta v}f_r^v-f_r^g\right]\left[(f_r^g)^{Nb_r-1}(f_a^g)^{Nb_a}(f_c^g)^{Nb_c}\right]^2+$$

$$N(1-p)p\left[\frac{1}{2}(f_a^v)^2-f_a^{\Delta v}f_a^v-f_a^g\right]\left[(f_r^g)^{Nb_r}(f_a^g)^{Nb_a-1}(f_c^g)^{Nb_c}\right]^2+$$

$$Np^2\left[\frac{1}{2}(f_c^v)^2-f_c^{\Delta v}f_c^v-f_c^g\right]\left[(f_r^g)^{Nb_r}(f_a^g)^{Nb_a}(f_c^g)^{Nb_c-1}\right]^2>0 \tag{12-9}$$

将公式(12-9)化简可得到 CACC 混合交通流稳定性判别条件为

$$\begin{cases}(1-p)F_R+(1-p)pF_A+p^2F_C>0\\[4pt]F_R=\dfrac{\frac{1}{2}(f_r^v)^2-f_r^{\Delta v}f_r^v-f_r^g}{(f_r^g)^2}\\[10pt]F_A=\dfrac{\frac{1}{2}(f_a^v)^2-f_a^{\Delta v}f_a^v-f_a^g}{(f_a^g)^2}\\[10pt]F_C=\dfrac{\frac{1}{2}(f_c^v)^2-f_c^{\Delta v}f_c^v-f_c^g}{(f_c^g)^2}\end{cases} \tag{12-10}$$

式中：F_R、F_A、F_C——人工驾驶车辆、ACC 车辆和 CACC 车辆的稳定性因子。

由公式(12-10)可知，CACC 混合交通流稳定性判别条件为 F_R、F_A 和 F_C 的权重之和，它们各自的权重分别是人工驾驶车辆、ACC 车辆以及 CACC 车辆在混合交通流中的期望比例。此外，当仅考虑一种车型车辆时，公式(12-10)中的混合交通流稳定性判别条件可转变为公式(11-15)中的同质交通流稳定性判别条件：①当 CACC 渗透率 $p=0$ 时，混合交通流稳定性判别条件转变为人工驾驶车辆同质交通流的稳定性判别条件；②当 CACC 渗透率 p 增加至 1 时，混合交通流稳定性判别条件转变为 CACC 车辆同质交通流的稳定性判别条件。

为方便表述，用符号 F 表示公式(12-10)中混合交通流稳定性判别条件不等式的左边项，即

$$F=(1-p)F_R+(1-p)pF_A+p^2F_C \tag{12-11}$$

从稳定性数值计算的角度，F 值的大小在一定程度上反映了混合交通流的稳定性程度，F 值越大，表明交通流越稳定。将公式(12-11)转变为关于 CACC 渗透率 p 的二次函数：

$$F = (F_C - F_A)p^2 - (F_R - F_A)p + F_R \tag{12-12}$$

因此，可将混合交通流稳定性分析问题转变为关于 CACC 渗透率 p 的二次函数 F 值的问题。根据加州大学伯克利分校 PATH 实验室的实车试验，CACC 车辆能够在所有平衡态速度下稳定，即 $F_C > 0$，而 ACC 车辆既存在稳定的情况（$F_A > 0$），也存在不稳定的情况（$F_A < 0$）。在 CACC 车辆稳定时（$F_C > 0$），关于 CACC 渗透率 p 的二次函数 F 的性质由 F_R 和 F_A 共同确定，具体分为以下六种情形。

(1) 情形1：所有车辆均稳定，即 $F_C > 0$、$F_R > 0$ 且 $F_A > 0$。

在公式 (12-11) 中，所有项的系数，即 $1-p$，$(1-p)p$ 与 p^2，分别为三种车型车辆在混合交通流中的期望比例，均不小于0。容易看出，二次函数 F 值大于0，表明此种情况下 CACC 混合交通流将处于稳定状态。

(2) 情形2：人工车辆稳定（$F_R > 0$），但 ACC 车辆不稳定（$F_A < 0$），且 $F_R + F_A \geq 0$。

该情形下，可以进一步推导二次函数 F 的计算公式，如下：

$$\begin{aligned} F &= (1-p)F_R + (1-p)pF_A + p^2F_C \geq (1-p)pF_R + (1-p)pF_A + p^2F_C \\ &= (1-p)p(F_R + F_A) + p^2F_C \geq 0 \end{aligned} \tag{12-13}$$

因此，该情形下混合交通流仍然可以在任意 CACC 渗透率 p 时保持稳定状态。

(3) 情形3：人工车辆稳定（$F_R > 0$），但 ACC 车辆不稳定（$F_A < 0$），且 $F_R + F_A < 0$。

在该情形下，当 $p = 0$ 时，由公式 (12-12) 可以看出，$F(p=0) = F_R > 0$；当 $p = 1$ 时，$F(p=1) = F_C > 0$。在该情形下，关于 CACC 渗透率 p 的二次函数 F 值的曲线示意图如图 12-3 所示。

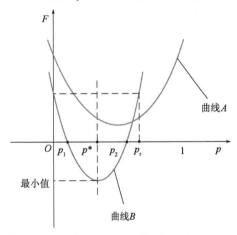

图 12-3　情形 3 的二次函数 F 值的两种类型曲线

在图 12-3 中，存在 2 种二次函数 F 值的曲线，即图中的抛物线 A 和抛物线 B。其中，抛物线 A 在 p 轴的上方，抛物线 A 上二次函数 F 的值均大于零，此时混合交通流处于稳定状态。而抛物线 B 与横轴 p 轴有两个交点，即二次函数的两个根 p_1 和 p_2。因此，p 轴上方抛物线的二次函数 F 值对应混合交通流的稳定状态，而 p 轴下方抛物线的二次函数 F 值对应混合交通流的不稳定状态。计算抛物线的对称轴 p^* 为

$$p^* = \frac{F_R - F_A}{2(F_C - F_A)} \tag{12-14}$$

根据公式 (12-14) 计算抛物线的最小值为

$$F|_{p=p^*} = \frac{4F_C F_R - (F_R + F_A)^2}{4(F_C - F_A)} \tag{12-15}$$

对于图 12-3 中曲线 B 而言,随着 CACC 渗透率 p 的逐渐增加,二次函数 F 值呈现出先降低,然后再上升的变化趋势,这意味着混合交通流稳定性随着 p 的逐渐增加先恶化再逐渐得到提升。此外,在图 12-3 中,交点 p_r 的含义是 $F(p=p_r)=F(p=0)=F_R$,即 p_r 表示恢复点,在 p 小于 p_r 时,混合交通流不能有效提升人工驾驶车辆同质交通流稳定性,p_r 的值可通过下式计算得到:

$$p_r = \frac{F_R - F_A + \sqrt{(F_R - F_A)^2 + 4F_R(F_C - F_A)}}{2(F_C - F_A)} \tag{12-16}$$

(4)情形 4:人工驾驶车辆不稳定($F_M < 0$),ACC 车辆稳定($F_A > 0$)。

一般而言,CACC 车辆的稳定性优于 ACC 车辆的稳定性,即 $F_C > F_A$。在该情形下,有 $F_C - F_A > 0$,$F_M - F_A < 0$,因此二次函数 F 值曲线的对称轴 $p^* < 0$,如图 12-4 所示。从图 12-4 中可以看出,$F(p=0) = F_R < 0$,$F(p=1) = F_C > 0$,并且在 CACC 渗透率 p 由 0 逐渐增大至 1 的过程中,二次函数 F 曲线单调递增,表明了混合交通流稳定性随着 p 的增加而逐渐提升。在这一过程中,当 p 超过临界值 p_c 时,混合交通流由不稳定状态转变为稳定状态,临界值 p_c 为二次函数方程 $F = 0$ 的正根,其计算公式如下:

$$p_c = \frac{F_R - F_A + \sqrt{(F_R + F_A)^2 - 4F_R F_C}}{2(F_C - F_A)} \tag{12-17}$$

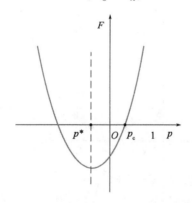

图 12-4 情形 4 和情形 5 的二次函数 F 值曲线

(5)情形 5:人工驾驶车辆和 ACC 车辆均不稳定,且满足 $F_R < F_A < 0$。

在该情形下,有 $F_C - F_A > 0$,$F_R - F_A < 0$。因此,情形 5 时的二次函数 F 值的抛物线示意图与情形 4 中的一致(图 12-4)。因此,该情形下的混合交通流稳定性分析与情形 4 中的分析相一致。

(6)情形 6:人工驾驶车辆和 ACC 车辆均不稳定,且满足 $F_A < F_R < 0$。

在该情形下,有 $F_C - F_A > 0$,$F_R - F_A > 0$。由公式(12-14)可以看出,二次函数 F 值的抛物线对称轴 $p^* > 0$,并且 $F(p=0) = F_R < 0$,$F(p=1) = F_C > 0$,如图 12-5 所

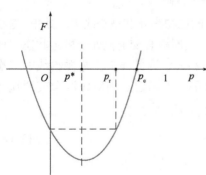

图 12-5 情形 6 的二次函数 F 值曲线

示。可以看出,二次函数 F 值在 CACC 渗透率 p 由 0 增加至 1 的过程中,先降低,后增加,在 p 增加至临界值 p_c 时,由负值变为正值。表明了在情形 6 下,当 p 由 0 增加至 p^* 时,混合交通流稳定性逐步恶化;当 p 超过 p^* 但低于 p_c 时,混合交通流稳定性能够得到逐步提升,但仍然处于不稳定状态;只有当 p 超过 p_c 时,混合交通流才能从不稳定状态转变为稳定状态。临界值 p_c 可通过公式(12-17)计算,恢复点 p_r 在临界点 p_c 之前到达,恢复点 p_r 可由公式(12-16)计算。

12.1.3 智能网联交通技术路线

总的来讲,智能网联交通技术的发展依赖于两个方面:一方面是智能网联车辆的自动化技术,另一方面是智能网联车辆与道路基础设施之间的车路协同技术。这两个方面对应着以下两条技术路线。

1) 基于智能网联车辆的技术路线

基于智能网联车辆的技术路线是指智能网联交通系统的发展主要依赖于智能网联车辆的智能化与自动化水平。在该技术路线下,智能网联车辆拥有多种类型的车载感知设备,并依托这些感知设备实时检测前方车辆运动状态以及路侧交通环境等,以此优化智能网联车辆自身的运动特性,实现智能网联车辆的自动驾驶。

2) 基于车路协同的技术路线

基于车路协同的技术路线是指智能网联交通系统的发展主要依赖车与路之间的网联化水平。在该技术路线下,路侧控制系统通过车路协同技术收集各智能网联车辆行驶信息以及道路交通环境信息,以此从全局层面做出优化控制决策,并通过车路协同技术将控制决策传递至智能网联车辆,而智能网联车辆则遵循决策指令行驶,实现交通流运行的整体最优。

无论是基于智能网联车辆技术路线,还是基于车路协同技术路线,各自拥有优缺点,因此,两条技术路线的融合,即自动驾驶与车路协同一体化的技术路线应运而生。值得注意的是,在智能网联交通系统发展的过程中,作为交通工程技术人员,应当加强从交通流运行的层面对智能网联顶层设计方案进行前瞻性分析,并将分析结果反馈至智能网联顶层设计方案,为顶层设计方案的科学性提供必要的理论支撑。

12.2 数据驱动交通流

12.2.1 交通流轨迹数据

在交通大数据时代,数据采集技术迅速提升,交通工程师可以获取高精度和大样本的瞬时车辆运动状态的轨迹数据,基于交通流轨迹数据,数据驱动的交通流模型应运而生。

21 世纪初,美国交通部联邦高速公路管理委员会启动了新一代仿真项目(Next Generation Simulations Program,NGSIM),NGSIM 交通流轨迹数据由此诞生,并成为各类数据驱动交通流模型构建的轨迹数据库。尽管 NGSIM 交通流轨迹数据满足了数据驱动模型构建的需求,但是 NGSIM 交通流轨迹数据存在的问题不容忽视。NGSIM 交通流轨迹数据仅来自美国 US-101 和 I-80 两条高速公路数百米路段的交通流拥堵情况下的行驶数据,总持续时间约为 2h。因此,NGSIM 交通流轨迹数据能够反映的交通流运行特征具有局限性,这将影响数据驱动模型的泛化能力。

随着无人机的普及和高精度视频采集技术的发展,近年来出现了诸多开源高精度轨迹数据。德国的 HighD 交通流轨迹数据包括采集于德国高速公路长度为 420m 的 4 个观测路段的 60 段轨迹数据,相比于 NGSIM 交通流轨迹数据,HighD 交通流轨迹数据具有样本量更多和数据精度更高等优点,同时存在交通流拥堵状态轨迹数据较少的缺点。日本的 ZenTraffic 交通流轨迹数据包含了 2 段空间长度分别为 1.6km 和 2km,时间长度约为 10h 的大时空车辆轨迹数据,且拥有较多交通流拥堵状态的轨迹数据。我国东南大学、同济大学以及相关科研院所也陆续公开了基于无人机视频的高精度车辆轨迹数据,这些轨迹数据更加符合我国驾驶员的驾驶行为特性,对于研究适合于我国驾驶员驾驶行为的微观交通流模型至关重要。

12.2.2 数据驱动交通流分析

对于数据驱动的交通流分析而言,通常包括数据驱动的跟驰行为分析和数据驱动的换道行为分析,是通过构建数据驱动跟驰模型和数据驱动换道模型来实现的。数据驱动跟驰与换道模型,分别以真实的车辆跟驰轨迹数据和换道轨迹数据为基准,利用数据科学与机器学习等理论和方法,通过样本数据的训练、学习、迭代与进化,挖掘跟驰行为和换道行为的内在规律。因此,大样本与高精度的交通流轨迹数据为数据驱动跟驰与换道模型的分析提供了基础数据支撑,同时,深度学习等各类机器学习算法为数据驱动模型提供了必要的分析工具。一般而言,数据驱动跟驰模型与换道模型的理论方法基本是一致的,差异在于前者以跟驰轨迹数据为基准,而后者是以换道轨迹数据为基准。

1) 神经网络类数据驱动建模方法

神经网络是一种仿照人的大脑结构建立的网络模型,将人的脑神经元抽象成不同的节点,各神经元节点赋予一定的阈值,并按照不同的连接方式组成不同的网络。早期的神经网络算法主要为人工神经网络算法,起源于 1943 年提出的 M-P 神经元模型。此后几十年,由于人工神经网络存在理论性质不明确、试错性强以及使用中充斥大量"操作性技巧"等缺点,人工神经网络的发展经历多次低潮期,直到 1986 年提出著名的 BP 神经网络,使得神经网络的发展再次兴起。

在 2010 年前后,随着计算机性能提升、算法改进以及大数据的提出,深度学习逐渐显露头角。深度学习是机器学习的分支,其核心来源于人工神经网络。典型的深度学习算法就是很深层的神经网络,因此,这一时期的神经网络算法主要以深度学习算法为主。与传统人工神经网络算法相比,深度学习算法通常含有多个隐藏层,各隐藏层包含了大量的神经元连接权重及相应的阈值,提高了算法的预测精度。常见的深度学习算法包括卷积神经网络(Convolutional Neural Network,CNN)、循环神经网络(Recurrent Neural Network,RNN)以及长短期记忆神经网络(Long Short-Term Memory Neural Network,LSTM)等。

2) 支持向量回归和 K 近邻的数据驱动建模方法

支持向量回归是在支持向量机的基础上引入回归算法,能够较好地应用于交通流轨迹数据的回归拟合,在理论上比人工神经网络具有更强的数据学习和泛化能力。K 近邻算法是经典的机器学习算法,基于 K 近邻的数据驱动模型具有更加贴近跟驰行为与换道行为的建模假设和更加清晰易懂的建模思想。

12.2.3 数据驱动与数学解析的对比

对于微观交通流跟驰模型和换道模型而言，传统数学解析类模型均是以目标车辆及周围车辆的运动状态为输入变量，并以目标车辆下一时刻的加速度或速度为跟驰模型的输出变量、以目标车辆是否换道的决策结果为换道模型的输出变量。分析现有数据驱动微观交通流建模研究成果，可以发现，绝大多数数据驱动跟驰模型和换道模型并未突破数学解析模型的上述框架。

数据驱动模型和数学解析模型具有优势互补的特性。数据驱动模型具有预测精度高的优点，并且不依赖于严格的数学推导和模型结构，其缺点是无法对实际交通流现象进行解释。相反，数学解析模型依赖于详细的数学推导和模型表达式，对交通流现象的解释性强，但是模型结构本身是对实际交通流运行的一种假设，使得模型的预测结果与实际存在相对较大的误差。因此，数据驱动模型的发展目标并非是取代数学解析模型，两类模型的建模思想不同，各有特色，数据驱动和数学解析相融合的建模思路将是未来的发展方向。

此外，数据驱动模型存在一些值得思考的问题。一是，不同的或相同的数据驱动模型在建模过程中，使用了不同来源的交通流轨迹数据，缺少统一的测试集和测试标准，使得数据驱动模型的泛化能力以及验证测试不够充分。二是，数据驱动模型目前只是停留在微观交通流建模，并未涉及宏观交通流模型的构建，在数学解析模型构建中，宏微观交通流之间存在紧密的相互关联性，而数据驱动模型能否体现这种宏微观交通流的关联性，值得深入探讨。三是，数据驱动模型的核心方法是各类机器学习算法，本质上是机器学习算法在微观交通流建模方面的方法应用，在采用现有成熟机器学习算法分析交通流相关问题时，交通流领域着重关注的应当是交通流的本质问题以及相应的机理分析；在使用各类方法工具进行分析时，应充分体现交通专业价值和交通流知识内容。

12.3 三相交通流

12.3.1 交通流状态的划分

从1997年开始，Kerner根据德国高速公路的交通流数据，提出了同步流的概念，并在2004年形成了三相交通流理论体系。三相交通流理论认为，交通流有三个独立的交通相，分别为自由流、同步流和堵塞。它的显著特点是在交通流基本图上，数据点呈现出二维散布，流量和密度之间没有一一对应的关系。

在同步流的概念提出之前，交通流通常被分为两种状态，即自由流和拥挤流。在自由流中，车辆以较高的速度行驶，流量随密度单调增加；在拥挤流中，车辆的行驶速度降低，但流量和密度仍然存在一一对应关系。

在Kerner的三相交通流理论中，是将拥挤流进一步划分为同步流和堵塞。在堵塞中，车辆速度等于或接近于零，堵塞本身占据的路段空间远远大于其上下游分界面占据的路段空间。通常情况下，堵塞下游分界面以大约15km/h的速度向上游传播，并且传播速度不受出入匝道等道路结构的影响。在基本图的流量-密度关系中，堵塞可以近似地以一条斜率为堵塞传播速度的堵塞曲线(简称 J 线)来描述,如图 12-6 所示。

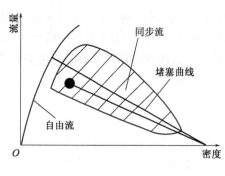

图 12-6　三相交通流的基本图(摘自文献[61])

在三相交通流基本图中,将属于堵塞的数据从流量-密度空间去除后,拥挤流呈现出十分复杂的特性,Kerner 将其命名为同步流。同步流最显著的特点是基本图中流量-密度数据会无规律地散布在一个宽广的二维平面内,即图 12-6 所示的平面区域。因此,在给定的密度状态下,并不存在唯一相关的流量状态和速度状态,即三相交通流认为交通流不存在唯一固定的基本图。此外,与堵塞不同,同步流的下游分界面往往固定于道路瓶颈处,且其传播速度不确定,易受到瓶颈的影响而改变状态。

12.3.2　持续的争论与发展

自三相交通流理论提出之后,以 Helbing 为代表的基本图理论和以 Kerner 为代表的三相交通流理论展开了长达十几年的争论,在此过程中双方不断地对结果进行完善和修正,但始终没有达成一致。

自 2000 年起,Helbing 等发表了大量文章,争论三相交通流理论的合理性。他们认为交通流存在唯一的基本图,同步流数据来源于其他因素的干扰,包括测量误差和不同的密度计算方法等,并且数据点的二维散布特性也可以通过调整现有交通流模型的参数来实现。在双方争论的上匝道堵塞模式方面,Kerner 的模拟结果显示,高匝道流量下出现时走时停的堵塞,低匝道流量下出现均匀稳定的同步流,而 Helbing 的模拟结果则正好相反。最终发现 Kerner 的模拟结果和实测数据相符,这成了三相交通流理论有效性的重要实测依据。

自 2012 年起,Helbing 等不再发表批评三相交通流理论的论文,逐渐退出了这一领域。Kerner 从 2013 年起,除了进一步总结高速公路拥堵理论之外,更将研究对象从高速公路交通流扩展到城市路网交通流以及智能网联交通流等领域,指出传统基本图的两相理论在这些领域的分析将遇到各种问题,只有使用三相交通流理论才能更好地解决这些问题。这些观点还需要通过更多的实测数据加以检验。

总而言之,随着时间的推移,Kerner 的三相交通流理论越来越完善,能够准确地描述各类交通流现象,但是,三相交通流理论相比传统基本图两相理论的正确性在业内仍然没有达成共识。三相交通流理论在未来的交通流领域仍是极具争议的话题。

12.4　城市立体交通流

12.4.1　城市空中交通流

城市空中交通(Urban Air Mobility,UAM)是指以轻型飞行器为载运工具,采取垂直起降的模式在城市与城郊低空域内实现人员或货物的运输。其目的是充分利用城市低空区域来缓解地面交通拥堵。城市空中交通并非是传统意义上的航空交通,二者在载运量、飞行空域以及飞行模式上存在较大差异:前者的载运量较小,而后者的载运量较大;前者的飞行空域为低空域,而后者的飞行空域为高空域;前者可以采取无固定的自主式飞行模式,而后者必须按照固定航线的飞行模式。因此,城市空中交通在未来将扮演"飞行汽车"或"空中巴士"等角色。

相比于道路交通流,城市空中交通流存在如下特点:①城市空中交通流是将平面的道路交通流扩展至立体空间的交通流;②地面道路交通流是由大量个体车辆在平面内的相互运动形成,而城市空中交通流则是由不同飞行器在立体空间内的相互运动形成,均具有交通流的相关特性。因此,为方便起见,将城市空中交通流的飞行器类比为道路交通流的车辆(以下均简称为车辆),则城市空中交通流同样存在交通流的流量、密度和速度的概念。

Cummings 和 Mahmassani 将道路交通流特征的广义定义拓展至城市空中交通流的四维空间(立体三维加时间维度),对城市空中交通流的流量、密度和速度进行了定义,并通过仿真的方式得到了城市空中交通流的基本图曲线,分别为速度-密度关系、速度-流量关系和流量-密度关系,如图 12-7 所示。

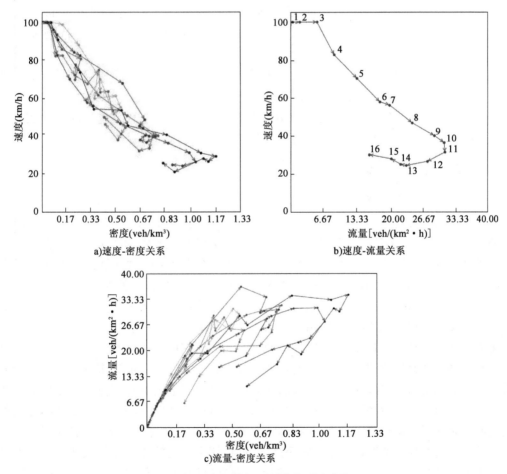

图 12-7　城市空中交通流基本图曲线(摘自文献[63])

由图 12-7 可以看出,城市空中交通流基本图曲线呈现出与道路交通流基本图曲线类似的形态。由于是将平面的道路交通流拓展至立体空中交通流,因此,城市空中交通流的流量单位由"veh/h"变为"veh/(km²·h)",其含义是在单位小时穿越立体空间单位平方千米平面的"车辆数"。类似地,密度的单位由"veh/km"变为"veh/km³",即将道路交通流中路段长度内的交通流密度转变为立体空间内的交通流密度,其含义是单位立体空间内的"车辆数"。就速度而言,城市空中交通流速度的单位与道路交通流速度的单位保持一致,均是单位时间内的行驶里程。

在城市空中交通流的速度-密度关系中,交通流的速度随密度的增大而降低,当空域内无车辆时,城市空中交通流的密度为零,而当速度达到自由流速度时,随着交通流密度的增大,城市空中交通流中车辆之间的行驶路线冲突增多,使得行驶速度降低,从而引发交通流速度的下降。因此,在未来城市空中交通流中,可以根据立体空域中的密度(由空域的体积和车辆数决定)分析空域中交通流的速度,并据此进行行程时间等方面的评估。

在城市空中交通流的速度-流量关系中,交通流速度在流量较小时可保持自由流速度,而当流量逐渐增大时,交通流速度呈现下降趋势,该趋势一直持续到最大流量的通行能力处,此时由非拥堵态转变为拥堵态。在拥堵态,交通流速度随流量的下降而降低,导致城市空中立体空间的服务水平下降。因此,在未来城市空中交通流中,是否仍然可以沿用道路交通流服务水平的概念,对城市空中服务水平进行划分并对交通流进行管理,还需要进一步研究。

在城市空中交通流的流量-密度关系中,在密度为零时,流量也为零,在达到通行能力之前的非拥堵态,随着密度的增大,流量呈现上升的趋势。在流量达到通行能力之后,交通流变为拥堵态,流量将快速下降,而此时的密度也随之降低。因此,城市空中交通流同样存在通行能力状态,这对于城市空中交通流的通行能力分析以及交通堵塞的控制具有积极作用。

12.4.2 城市轨道交通流

轨道交通包括城市内部的轨道(地铁与轻轨)、城郊的市域(郊)铁路以及城市之间的城际铁路等,将这些轨道上运行的列车流统称为城市轨道交通流。早期城市轨道交通采取的是固定闭塞控制系统,其含义是将轨道线路分成若干个固定位置的闭塞区间,每个闭塞区间内最多允许一列列车存在。因此,当一列列车行驶或静止于某个闭塞区间时,不允许这列列车后方的列车驶入该闭塞区间,只有前方列车驶出该闭塞区间,后方列车方可驶入,以确保列车的行驶安全性。与道路交通流相比较,固定闭塞控制下的城市轨道交通流中后方列车的运行受到前方列车的间接性影响,且影响的程度由具体的固定闭塞控制机制决定。

随着信息技术和人工智能技术的进一步发展,为了缩减城市轨道交通流列车之间的车间距,充分利用轨道线路的空间资源,提升轨道交通流的通行能力,目前越来越多的轨道交通系统升级为移动闭塞系统,移动闭塞系统逐渐成为现代轨道交通流的控制方式。在移动闭塞控制系统中,不存在固定位置的闭塞区间,取而代之的是列车运行过程中由制动距离决定的移动闭塞区间。从交通流运行层面来看,在移动闭塞控制下,后方列车跟随前方列车行驶,即后方列车运动状态由两列车速度以及车间距等确定,这种情况与道路交通流的跟驰行为特性紧密相关。因此,面向现代的城市轨道交通流,借鉴道路交通流的分析方法,分析城市轨道交通流运行特性和优化城市轨道交通的管理模式具有深远的意义。

相关研究表明,无论是固定闭塞控制系统还是移动闭塞控制系统,城市轨道交通流存在类似道路交通流的基本图现象。

对于固定闭塞控制系统而言,单一闭塞区间的长度为

$$L_B = \frac{S_D}{N-2} \tag{12-18}$$

式中:L_B——固定闭塞区间的长度,km;
  S_D——列车安全制动距离的设计值,km;
  N——信号机显示的信号数量($N \geq 3$)。

因此,前后两列车之间最少的闭塞区间数量 B 由实际安全制动距离和闭塞区间长度决定,即

$$B = \frac{S(v)}{L_B} \leq N-2 \tag{12-19}$$

式中:$S(v)$——在行驶速度 v 时的实际安全制动距离,km,它是关于行驶速度 v 的多项式函数,即

$$S(v) = \alpha_2 v^2 + \alpha_1 v + \alpha_0 \tag{12-20}$$

式中:α_2、α_1、α_0——系数,根据轨道线路纵坡坡度不同而取值不同。

在固定闭塞控制系统中,城市轨道交通流列车在线路最大速度 v_m 限制下的最小车头间距 H_{D1} 为

$$H_{D1} = (B+1)L_B + L_T \tag{12-21}$$

式中:L_T——列车平均车长,m。

受到固定闭塞区间的影响,在闭塞区间限速 v_r 的影响下,城市轨道交通流列车的最小车头间距 H_{D2} 可根据实际运行速度的安全制动距离决定,即

$$H_{D2} = S(v) + L_T \tag{12-22}$$

因此,在固定闭塞控制系统的城市轨道交通流中,根据列车不同的行驶速度,可计算对应的列车流密度 k 为

$$k = \begin{cases} \dfrac{1}{H_{D1}} = \dfrac{1}{(B+1)L_B + L_T} & (v_r < v \leq v_m) \\ \dfrac{1}{H_{D2}} = \dfrac{1}{S(v) + L_T} & (0 \leq v \leq v_r) \end{cases} \tag{12-23}$$

对于移动闭塞控制系统而言,城市轨道交通流中列车可在线路最大限速 v_m 的条件下,根据实际运行速度 v 决定安全制动距离 $S(v)$,以此确定相应的最小车头间距,此时城市轨道交通流的密度 k 为

$$k = \frac{1}{H_{D2}} = \frac{1}{S(v) + L_T} \quad (0 \leq v \leq v_m) \tag{12-24}$$

综上所述,建立了城市轨道交通流在固定闭塞控制和移动闭塞控制条件下的速度-密度基本图关系,类比道路交通流的恒等式,即可计算城市轨道交通流基本图曲线(如流量-密度曲线),如图 12-8 所示。由图可以看出,固定闭塞控制系统下城市轨道交通流列车受到闭塞区间的影响,存在不同的行驶速度区间,使得流量-密度曲线呈现分片的离散形态。而在移动闭塞控制系统下,城市轨道交通流列车可在线路最大限速条件下,根据实际安全制动距离行驶,得到的流量-密度曲线为完整闭合曲线。此外,图 12-8 中不同线形显示了轨道线路纵坡坡度对实际安全制动距离的影响,从而对流量-密度曲线的形态形成较大影响。

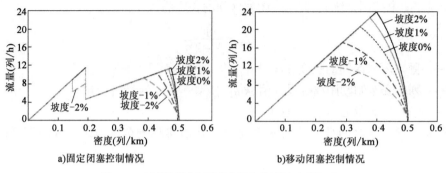

图 12-8　城市轨道交通流基本图曲线(摘自文献[64])

12.4.3　城市水运交通流

城市水运交通流是指在内河航道上由大量船舶构成的水上交通流。水运交通流的研究始于 20 世纪 50 年代因国际航运繁荣而发展起来的海上交通工程学,随着经济的发展和货运的流通,越来越多的船舶拥挤现象在内河航道发生。为了有效地疏解内河航道拥堵,合理地对船舶交通流进行组织管理,道路交通流相关分析方法逐渐被拓展至城市水运交通流的特性分析中。

将道路交通流与城市水运交通流进行比较,内河航道的水上空间可类比为道路的地面空间,并将水流的起伏类比为道路的坡度。因此,船舶在水上的航行类似于道路上车辆的行驶,即后方船舶需要根据前方船舶的速度以及船舶之间的间距调整自身的航行速度。更重要的是,城市水运交通流中船舶具有类似道路交通流的时空轨迹,使得道路交通流的流量、密度和速度等交通流特征可通过广义定义的方式扩展至城市水运交通流。

随着船舶自动识别系统(Automatic Identification System,AIS)的广泛应用,AIS 观测到的船舶轨迹数据为城市水运交通流特性的分析提供了数据支撑。大量的实测数据表明,城市水运交通流中船舶航速与船舶间距存在明显的函数关系,船舶航速随着船舶间距的增大而增大,并在船舶间距增大到一定程度后,船舶航速可达到最大航行速度,这一特性与道路交通流的车速-车头间距关系类似。因此,城市水运交通流存在类似道路交通流的基本图曲线,即速度-密度关系、速度-流量关系和流量-密度关系,如图 12-9 所示。由图可以看出,城市水运交通流具有道路交通流的普遍规律,与此同时,城市水运交通流也存在着自身特点,如船舶航行时所需的最低航速和最小安全间距等特性。

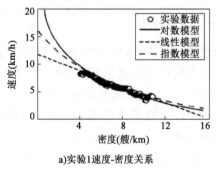
a)实验1速度-密度关系

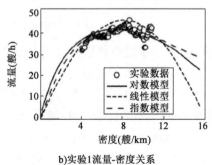
b)实验1流量-密度关系

图　12-9

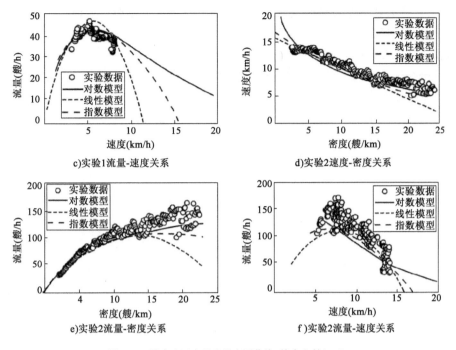

图 12-9 城市水运交通流基本图曲线(摘自文献[65])

12.4.4 立体交通流体系

在现代城市交通中,地面道路交通流、空中交通流、轨道交通流和水运交通流共同构成了现代城市交通流体系。现代城市交通流体系对促进城市交通与社会经济的发展具有重要作用。

从交通流分析层面来看,城市空中交通流、轨道交通流和水运交通流具有类似道路交通流的普遍特性,能够由交通流基本图特征进行统一描述,这对于充分利用城市立体空间资源和缓解地面交通拥堵具有理论及实践的可行性。

在智能网联环境下,道路交通流、空中交通流、轨道交通流和水运交通流将分别升级为智能化与网联化的自动驾驶交通流,从而形成未来智能网联的城市立体交通流体系。在智能网联城市立体交通流体系中,各立体空间层的交通流协同运行,共同构建智慧城市立体交通体系。

思考题与习题

1. 通过查阅文献,选择智能网联混合交通流中三类车辆的跟驰模型,分析智能网联混合交通流的通行能力特性和稳定性特性。

2. 采集城市快速路的交通流轨迹数据,基于交通流轨迹数据,构建数据驱动的快速路跟驰模型,并使用构建的数据驱动跟驰模型对城市快速路交通流的跟驰行为进行分析。

3. 对于三相交通流理论而言,交通流领域一直存在争议,在智能网联背景下,如何在实践中检验三相交通流理论的正确性?

4. 选择一个道路交通流跟驰模型,试将该跟驰模型分别拓展至城市空中交通流、城市轨道交通流和城市水运交通流。

5. 在智能网联城市立体交通流中,城市地面交通拥堵将会发生何种变化,如何提升城市立体交通流的通行能力等特性?试给出你的方案。

第13章 智慧交通案例

交通流分析理论广泛应用于交通领域的各个方面,为了实现理论分析与工程实践的有效结合,本章将从科学研究案例、仿真技术案例和工程应用案例三个层面,介绍智慧交通中的交通流分析案例。

13.1 科学研究案例

13.1.1 智能网联交通流通行能力分析

应用第12章智能网联交通流分析方法,开展智能网联混合交通流通行能力的案例分析。首先,选取CACC车辆、ACC车辆以及人工驾驶车辆的具体跟驰模型,进而推导不同CACC渗透率p时的混合交通流基本图平衡态模型;其次,计算不同p值下的通行能力并分析CACC车间时距t_c及ACC车间时距t_a对混合交通流通行能力的影响作用;最后,从交通流运行的角度为CACC和ACC的上层控制设计提供参考。

13.1.1.1 跟驰模型选择

1)人工驾驶车辆跟驰模型

选择IDM模型作为人工驾驶车辆跟驰模型。IDM模型表达式见公式(5-35),本案例分析中 IDM 模型的参数及取值见表 13-1。

IDM 模型参数及取值　　　　　　　　　表 13-1

参　　数	取　　值
A	1m/s^2
v_f	33.3m/s
δ	4
s_0	2m
s_1	0
T	1.5s
B	2m/s^2
l_{n-1}	5m

2）ACC 车辆跟驰模型

加利福尼亚大学伯克利分校 PATH 实验室通过实车试验，标定了恒定车间时距的 ACC 车辆跟驰模型，能够反映 ACC 车辆的实际跟驰特性，其模型表达式如下：

$$a_n(t) = k_1[s_n(t) - l - s_0 - t_a v_n(t)] + k_2 \Delta v_n(t) \tag{13-1}$$

式中：k_1、k_2——模型系数；

l——车长，m；

s_0——静止安全距离，m；

t_a——ACC 车间时距，s。

PATH 实验室对 ACC 跟驰模型的标定结果为 $k_1 = 0.23\text{s}^{-2}$，$k_2 = 0.07\text{s}^{-1}$，$l = 5\text{m}$，$s_0 = 2\text{m}$，$t_a = 1.1\text{s}$，并且 t_a 可在 1.1~2.2s 范围内调节。

3）CACC 车辆跟驰模型

加利福尼亚大学伯克利分校 PATH 实验室同样通过实车试验，提出并标定了 CACC 车辆的跟驰模型，能够反映 CACC 车辆的实际跟驰特性，其模型表达式如下：

$$\begin{cases} v_n(t + \Delta t) = v_n(t) + k_p e_n(t) + k_d \dot{e}_n(t) \\ e_n(t) = s_n(t) - l - s_0 - t_c v_n(t) \end{cases} \tag{13-2}$$

式中：Δt——控制步长，s；

k_p、k_d——控制系数；

$e_n(t)$——实际车间距与期望车间距的误差项，m；

t_c——CACC 车间时距，s。

PATH 实验室对 CACC 跟驰模型的标定结果为 $k_p = 0.45$，$k_d = 0.25$，$\Delta t = 0.01\text{s}$，$l = 5\text{m}$，$s_0 = 2\text{m}$，$t_c = 0.6\text{s}$，并且 t_c 可在 0.6~1.1s 范围内调节。

13.1.1.2　混合交通流平衡态模型

针对人工驾驶车辆的 IDM 模型，计算平衡态对应的车头间距函数式 $f_r(v)$ 为

$$f_r(v) = \frac{s_0 + Tv}{\sqrt{1 - \left(\dfrac{v}{v_f}\right)^4}} + l \tag{13-3}$$

同理，针对 ACC 和 CACC 跟驰模型，计算平衡态对应的车头间距函数式 $f_a(v)$ 和 $f_c(v)$，分别为

$$f_a(v) = vt_a + l + s_0 \tag{13-4}$$

$$f_c(v) = vt_c + l + s_0 \tag{13-5}$$

将公式(13-3)～公式(13-5)代入公式(12-6),得到案例分析中不同CACC渗透率p值下的混合交通流平衡态模型,即

$$k = \frac{1}{(1-p)\left[\dfrac{s_0 + Tv}{\sqrt{1-\left(\dfrac{v}{v_f}\right)^4}} + l\right] + p(1-p)(t_a v + s_0 + l) + p^2(t_c v + s_0 + l)} \tag{13-6}$$

13.1.1.3 通行能力计算与分析

根据公式(13-6)和交通流恒等式,在各CACC渗透率p值条件下,计算不同密度k值时的流量q值,得到流量-密度平衡态模型的解析曲线,如图13-1所示。由图可以看出,相比于纯人工驾驶车辆交通流,随着CACC渗透率p的增加,混合交通流通行能力逐步增加。当p增加至1时,纯CACC车辆交通流可将人工驾驶车辆交通流的通行能力提高2倍。

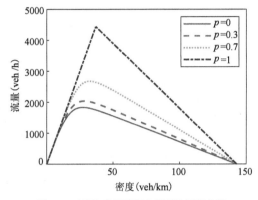

图13-1 流量-密度平衡态模型的解析曲线

1) t_a参数敏感性分析

针对t_a进行参数敏感性分析时,t_c取值0.6s。根据表12-1,t_a取值范围为1.1~2.2s,选取1.1s、1.6s与2.2s进行参数敏感性分析,其中t_a取值为1.1s的混合交通流通行能力分析结果如图13-1所示。令t_a取值分别为1.6s和2.2s,计算t_a参数敏感性分析下的混合交通流平衡态曲线,如图13-2所示。

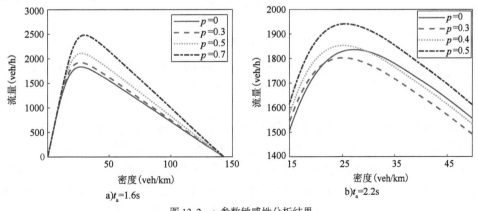

图13-2 t_a参数敏感性分析结果

由图可以看出,在 $t_a=1.6s$ 时,若 p 低于30%,混合交通流不能显著地提升传统人工驾驶车辆交通流的通行能力。在 $t_a=2.2s$ 时,若 p 小于40%,混合交通流的通行能力低于纯人工驾驶车辆交通流的通行能力,表明了随着CACC渗透率 p 的逐步增加,混合交通流通行能力呈现先降低然后逐步恢复并最终得以提升的变化趋势。通过对比图13-1与图13-2可知,在相同 p 取值下,t_a 取值越小,对应的混合交通流的通行能力越大,即 t_a 取值越小则越有利于混合交通流通行能力的提升。

2) t_c 参数敏感性分析

针对 t_c 进行参数敏感性分析时,t_a 固定为1.1s。根据表12-1,t_c 取值范围为0.6~1.1s,选取0.6s、0.7s、0.9s与1.1s进行参数敏感性分析,其中 t_c 取值0.6s时的情况如图13-1所示。计算不同CACC渗透率 p 值下,混合交通流的流量-密度平衡态曲线,如图13-3所示。

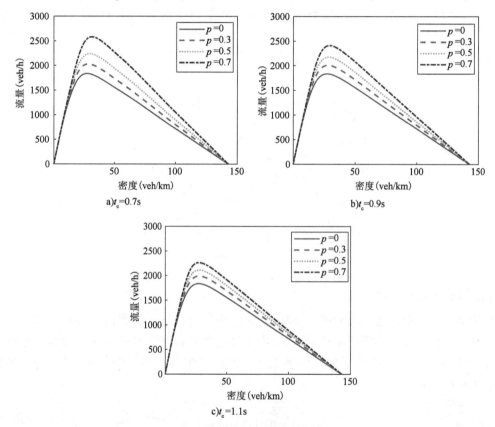

图13-3 t_c 参数敏感性分析结果

对比图13-1与图13-3可以看出,t_c 在0.6~1.1s的范围内取值时,均有利于混合交通流通行能力的逐渐提升,并且 t_c 取值越小,混合交通流通行能力的提升越显著。

3) 参数敏感性分析总结

t_a 参数敏感性分析与 t_c 参数敏感性分析均表明,t_a 与 t_c 取值越小,越有利于混合交通流通行能力的有效提升。因此,在 t_a 与 t_c 的取值范围内,混合交通流通行能力存在2个边界情况:①当 $t_a=1.1s$ 且 $t_c=0.6s$ 时,记为上边界情况,对应图13-1中的混合交通流解析曲线;②当 $t_a=2.2s$ 且 $t_c=1.1s$ 时,记为下边界情况。针对下边界情况,将 $t_a=2.2s$ 且 $t_c=1.1s$ 代入公式(13-6),计算得到下边界情况下混合交通流的平衡态曲线,如图13-4所示。

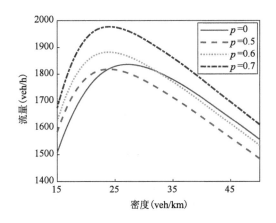

图 13-4 混合交通流下边界情况的解析结果

由图 13-4 可以看出,在 $t_a=2.2s$ 且 $t_c=1.1s$ 情况下,只有当 p 大于60%时,混合交通流的通行能力才能够大于传统人工驾驶车辆交通流的通行能力。当 $t_a=1.1s$ 时,对比图 13-1 与图 13-3 可知,随着 p 的逐渐增加,混合交通流的通行能力也逐步提升,同时 t_c 取值越小,混合交通流通行能力的提升幅度越大。当 $t_a=2.2s$ 时,对比图 13-2 与图 13-4 可以看出,若 p 小于40%,混合交通流的通行能力小于纯人工驾驶车辆交通流的通行能力,若 p 增大至40%以上,相比于纯人工驾驶车辆交通流通行能力,混合交通流通行能力逐渐恢复并得到提升,并且,t_c 取值越小,越有利于混合交通流通行能力的提升。此外,当 $t_a=1.6s$ 时,若 p 小于30%,相比于纯人工驾驶车辆交通流,混合交通流通行能力的提升幅度并不明显。

因此,随着 CACC 渗透率 p 的增加,混合交通流通行能力的变化趋势取决于 t_a 取值,通行能力的提升程度取决于 t_c 取值。

13.1.2 智能网联交通流稳定性分析

应用第 12 章智能网联交通流分析方法,开展智能网联混合交通流稳定性的案例分析。在稳定性案例分析中,人工驾驶车辆、ACC 车辆和 CACC 车辆的跟驰模型与上述通行能力案例分析保持一致。

13.1.2.1 同质交通流稳定性分析

同质交通流稳定性分析即跟驰模型的稳定性分析,针对人工驾驶车辆、ACC 车辆和 CACC 车辆的跟驰模型,计算跟驰模型在平衡态对速度、速度差和车间距的偏微分,分别为

$$\begin{cases} f_r^v = -\dfrac{4Av^3}{v_f^4} - \dfrac{2AT\left[1-\left(\dfrac{v}{v_f}\right)^4\right]}{s_0+vT} \\ f_r^{\Delta v} = \sqrt{\dfrac{A}{B}} \times \dfrac{v\left[1-\left(\dfrac{v}{v_f}\right)^4\right]}{s_0+vT} \\ f_r^g = 2A \times \dfrac{\left[1-\left(\dfrac{v}{v_f}\right)^4\right]\sqrt{1-\left(\dfrac{v}{v_f}\right)^4}}{s_0+vT} \end{cases} \quad (13\text{-}7)$$

$$\begin{cases} f_a^v = -k_1 t_a \\ f_a^{\Delta v} = k_2 \\ f_a^g = k_1 \end{cases} \quad (13\text{-}8)$$

$$\begin{cases} f_c^v = -\dfrac{k_p t_c}{\Delta t + k_d t_c} \\ f_c^{\Delta v} = \dfrac{k_d}{\Delta t + k_d t_c} \\ f_c^g = \dfrac{k_p}{\Delta t + k_d t_c} \end{cases} \quad (13\text{-}9)$$

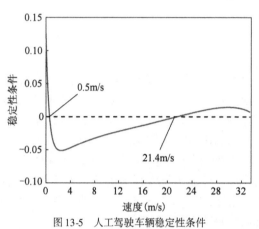

图 13-5 人工驾驶车辆稳定性条件

对于人工驾驶车辆而言,将公式(13-7)代入公式(11-15),计算人工驾驶车辆跟驰模型的稳定性条件,计算结果如图 13-5 所示。由图可以看出,当平衡态速度小于 0.5m/s 或者大于 21.4m/s 时,人工驾驶车辆处于稳定状态,而在 0.5~21.4m/s 的平衡态速度范围内,人工驾驶车辆不稳定。

对于 ACC 车辆而言,将公式(13-8)代入公式(11-15),计算 ACC 车辆跟驰模型的稳定性条件,计算得到:

$$\frac{1}{2}(k_1 t_a)^2 + k_1 k_2 t_a - k_1 < 0 \quad (13\text{-}10)$$

因此,ACC 车辆稳定性仅与跟驰模型参数有关,与交通流平衡态速度无关,在模型参数确定后,ACC 车辆的稳定性条件也是确定的。计算得到公式(13-10)左边项,即 ACC 车辆的稳定性条件为 -0.1803,ACC 车辆不稳定,这一分析结果与 PATH 实验室的实车试验结果相一致,这也反映了在目前控制水平下,PATH 实车试验中应用于真实车辆的 ACC 系统是不稳定的。

对于 CACC 车辆而言,将公式(13-9)代入公式(11-15),计算 CACC 车辆跟驰模型的稳定性条件为 1.2480,表明了 CACC 车辆在任意平衡态速度下均稳定,这与 PATH 实验室的实车试验结果相一致。

13.1.2.2 混合交通流稳定性分析

将公式(13-8)和公式(13-9)分别代入公式(12-10),计算得到 ACC 车辆与 CACC 车辆的稳定性因子分别为 $F_A = -3.4080$ 和 $F_C = 0.1578$。同时,由公式(13-7)和公式(12-10)可知,人工驾驶车辆的稳定性因子 F_R 的大小依赖于平衡态速度,因此,将自由流速度以内的速度范围分成 4 个区间,并对应三种稳定性情形,如图 13-6 所示。

1)分析速度区间Ⅳ情况下的稳定性

速度区间Ⅳ是指平衡态速度大于 23.4m/s,此时由图 13-6d)可以看出,$F_R + F_A > 0$,这种情况属于第 12 章 12.1.2 小节中讨论的稳定性分析情形 2,则混合交通流在平衡态速度大于 23.4m/s 时,可在任意 CACC 渗透率 p 下保持稳定。

2)分析速度区间Ⅱ情况下的稳定性

该情况下速度范围是 0.6~21.4m/s,由图 13-6b)可以看出,此速度区间下有 $F_A < F_R < 0$,

因此这种情况属于第 12 章 12.1.2 小节中讨论的稳定性分析情形 6。如前所述,在跟驰模型参数取值确定的情况下,F_R 取值依赖于平衡态速度,根据公式(12-12)可以看出,混合交通流稳定性条件 F 取值由 CACC 渗透率 p 以及平衡态速度 v 确定。因此,可计算得到关于 CACC 渗透率 p 与平衡态速度 v 的混合交通流稳定性条件 F 的分布情况,如图 13-7 所示。

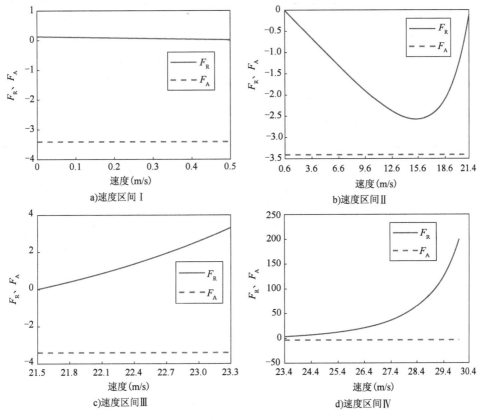

图 13-6　稳定性分析中的速度区间划分

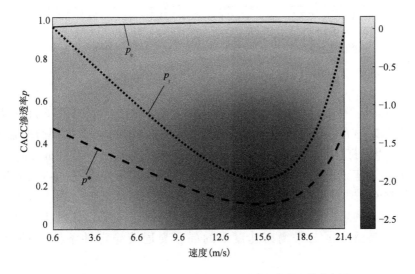

图 13-7　速度区间 Ⅱ 情况下混合交通流稳定性条件 F 值分布图

在图 13-7 中，速度范围为此速度区间的 0.6~21.4m/s，并且混合交通流稳定性条件 F 值越往下方区域越小，表明越不稳定。图中实线表示不同速度取值下的 p_c 情况，通过式(12-17)计算得到，实线上的 F 值为 0，实线上方的区域为混合交通流的稳定区域，实线下方的区域为混合交通流的不稳定区域。图中虚线和点线分别表示不同速度取值下的 p^* 与 p_r 值情况，分别通过公式(12-14)与公式(12-16)计算得到。可以看出，在 CACC 渗透率 p 的较低阶段，混合交通流存在恶化现象，当 p 超过 p^* 后，混合交通流稳定性逐渐得到提升，同时恢复点 p_r 曲线表明了只有当 p 超过 p_r 后，传统人工驾驶车辆交通流的不稳定性才能够得到有效改善。对于图中的大部分速度取值而言，只有当 p 大于 50% 时，才能够有效提升传统人工驾驶车辆交通流的稳定性情况，并且临界点 p_c 曲线均在 0.9 以上，表明了只有当 p 大于 90% 时，混合交通流才能够在全速度范围内，由不稳定状态转变为稳定状态。

3) 分析速度区间 Ⅰ 和 Ⅲ 情况下的稳定性

速度区间 Ⅰ 和 Ⅲ 情况对应的速度范围是 0~0.5m/s 和 21.5~23.3m/s，在该情况下有 $F_R + F_A < 0$，因此，这种情况属于第 12 章 12.1.2 小节中讨论的稳定性分析情形 3。相比于速度区间 Ⅱ 和 Ⅳ，速度区间 Ⅰ 和 Ⅲ 的速度范围相对较小。依据第 12 章 12.1.2 小节对稳定性分析情形 3 的讨论，该种情形存在两种混合交通流稳定性条件 F 值的抛物线曲线（图 12-3），这两种抛物线曲线的判断可通过抛物线最小值来判断，在速度区间 Ⅰ 和速度区间 Ⅲ 的情况下，通过公式(12-15)计算抛物线最小值关于速度的变化情况，如图 13-8 所示。

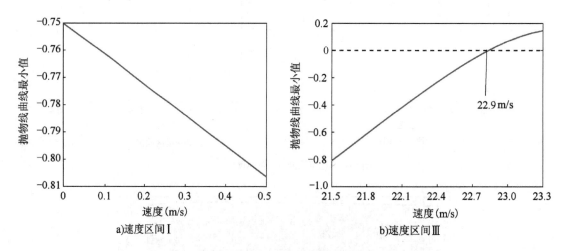

图 13-8　速度区间 Ⅰ 和 Ⅲ 情况下抛物线曲线最小值

由图 13-8b) 可以看出，当速度处于 22.9~23.3m/s 时，抛物线曲线最小值大于 0，对应于第 12 章 12.1.2 小节稳定性分析情形 3 中图 12-3 的抛物线 A，此时混合交通流可在任意 CACC 渗透率 p 下保持稳定。当速度处于 0~0.5m/s 以及 21.5~22.9m/s 时，抛物线曲线最小值均小于 0，对应于第 12 章 12.1.2 小节稳定性分析情形 3 中图 12-3 的抛物线 B，此时混合交通流仅在 CACC 渗透率 p 小于 p_1 或大于 p_2 时能够保持稳定，在其余 p 值下不稳定，p_1 和 p_2 由二次函数 F 的求根公式计算，且是关于速度的函数。在速度区间 Ⅰ 和 Ⅲ 情况下，计算得到关于 CACC 渗透率 p 与平衡态速度 v 的混合交通流稳定性条件 F 的分布情况，如图 13-9 所示。

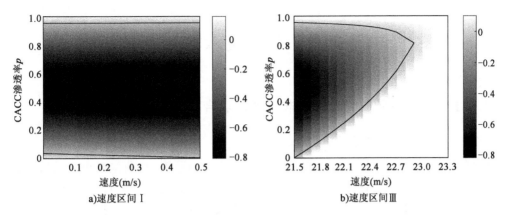

图 13-9 速度区间Ⅰ和Ⅲ情况下混合交通流稳定性条件 F 值分布图

在图 13-9 中,实线表示二次函数 F 值等于 0 时的情况,其中上方区域的实线表示临界点 p_2 关于速度的变化情况,而下方区域的实线表示临界点 p_1 关于速度的变化情况。图中,高于上方实线的区域以及低于下方实线的区域为混合交通流的稳定区域,而两条实线包围的中间区域为混合交通流的不稳定区域。此外,在图 13-9b) 中,当速度处于 22.9~23.3m/s 时,混合交通流可在任意 CACC 渗透率 p 下保持稳定。

4) 全速度范围内混合交通流稳定性总结

基于以上对不同速度区间划分情况的稳定性分析,可计算得到全速度范围内混合交通流关于 CACC 渗透率以及平衡态速度两个变量的稳定性情况,如图 13-10 所示。从图中可以看出混合交通流在整体速度区间内的分布情况,在大于 22.9m/s 的高速度区域,混合交通流可在任意 CACC 渗透率下保持稳定。但是在其余速度范围内,只有当 CACC 渗透率达到恢复点 p_r 后,混合交通流才能提升传统人工驾驶交通流的稳定性。当速度为 9~19m/s 时, p_r 的值低于 50% ;当速度小于 9m/s 时, p_r 的值却变得非常高。只有当 CACC 渗透率大于 90% 时,混合交通流才能在 0~22.9m/s 的速度区间内由不稳定状态转变为稳定状态。

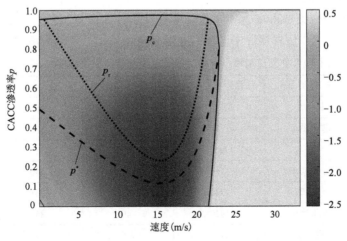

图 13-10 全速度范围内混合交通流稳定性条件 F 值分布图

13.2 仿真技术案例

13.2.1 城市交叉口机动车与非机动车混合交通流仿真

13.2.1.1 仿真场景选择

机动车与非机动车混合交通流(以下简称机非混合交通流)是我国城市交叉口的显著特征。具体而言,机非混合交通流具有下列特征:①机动车、非机动车(包括自行车、电动车、助动车等)以及行人混行严重,且交通需求量大;②交叉口几何尺寸过大,拥有很多进口道和出口道,内部行驶流线混乱,导致交叉口内部拥堵;③非机动车的交通组织复杂多样,尤其是左转非机动车流的交通组织;④过大的交叉口导致非机动车和行人过街的距离很长,慢行交通清空时间不足;⑤交叉口内部行人、非机动车和机动车之间的非严格优先权交互行为频繁发生,且非常复杂;⑥交叉口信号周期时间过长,导致行人和非机动车违章行为频发。

鉴于此,为了分析我国城市交叉口机非混合交通流的运行特性,为城市交叉口交通流组织管理提供理论支撑,通过国内微观交通流仿真软件 TESS NG 开展仿真案例分析。选择安徽省芜湖市银湖路与赭山西路交叉口作为仿真案例交叉口,该交叉口由两条主干道交叉而成,拥有以下典型的机非混合交通流特征:①交叉口进口道和出口道数量较多,最多时一个方向有 6 条进口道,信号周期较长为 150s。②交叉口的非机动车较多,超过 4000veh/h,并且 60% 的非机动车为电动自行车。③各进口车道组饱和度极不均匀,东进口道只有一个右转车道,其右转流量达到 1177veh/h,占该进口道总流量的比例为 55%。④非机动车由专用相位控制,各进口道机动车和非机动车的混行转向情况严重,并且右转机动车提前右转行驶,众多的右转机动车和非机动车混行交互。⑤行人二次过街没有设置安全岛。

13.2.1.2 仿真平台构建

1)交通流数据调查

调查该机非混合交叉口高峰小时各进口道流量及转向流量,见表13-2。同时,根据交叉口信号配时,在 TESS NG 仿真软件中设置机非混合交叉口信号控制方案,如图 13-11 所示。

机非混合交叉口高峰小时各进口道流量及转向流量(单位:veh/h)　　　表 13-2

进 口 道	车辆类型	总 流 量	左 转	直 行	右 转
东进口	机动车	2136	377	582	1177
	非机动车	1350	330	570	450
西进口	机动车	869	160	507	202
	非机动车	1560	500	540	520
南进口	机动车	1340	207	941	192
	非机动车	1920	440	840	640
北进口	机动车	2154	946	991	217
	非机动车	2340	468	1404	468

第13章 智慧交通案例

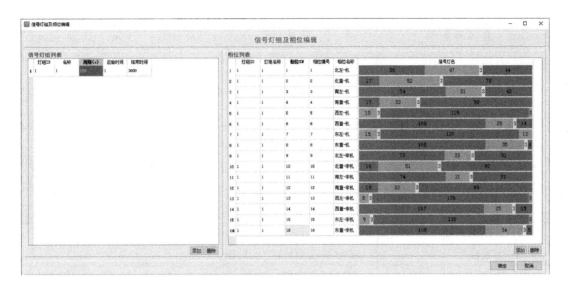

图 13-11 机非混合交叉口信号控制方案

2）基础模型构建

基础模型构建包含数据收集、交通元素建模和错误检查三个步骤。其中，机非混合交叉口的数据收集内容见表 13-3，交通元素建模内容见表 13-4，错误检查内容见表 13-5。基础模型构建过程中，TESS NG 仿真软件设置如图 13-12 所示。

机非混合交叉口数据收集内容　　　　　　　　　　表 13-3

数 据 类 型	具体数据名称	获 取 方 式
道路网络数据	道路类型、道路长度、车道宽度、车道数、展宽形式等	交叉口设计 CAD 图纸，百度地图结合现场测量
控制管理数据	信号控制方案、标志标线等	拍摄视频，结合现场调查
交通需求数据	交通流量数据、路径数据等	现场调查、拍摄视频、统计分析
驾驶员及车辆数据	车辆类别、交通组成比例、车辆期望速度等	现场统计
模型校正数据	排队长度、饱和流量、断面流量等	现场调查、拍摄视频、统计分析

机非混合交叉口交通要素建模内容　　　　　　　　　表 13-4

交 通 要 素	设 置 方 式	备　　注
车道数改变，展宽形式，进口道车道功能设置	Link-connector 链接形式	调整连接器换道距离
交叉口路径设置	路径决策点位置和流量比例，link-connector 路径选择	路径的 link-connector 组合
非机动车信号控制形式	非机动车进口道根据流量大小确定是否划分车道；非机动车信号灯设置位置	非机动车信号灯设置位置和进口道设置形式；避免直行和左转的非机动车互相阻挡

219

续上表

交通要素	设置方式	备注
右转车与非机动车交互行为	双向设置优先规则,合理确定右转车提前右转的形式	双向交互,避免冲突一方通行不畅或者碰撞现象发生
左转机动车控制形式	左转待行的信号设置形式	停车线处和交叉口内部两个信号灯的时间差
车辆期望速度分布设置	基础数据中设置速度分布	—
在冲突点设置冲突区以及优先规则	优先选择优先规则	提前右转车辆与非机动车之间的优先规则

机非混合交叉口错误检查内容　　　　　表 13-5

错误检查	具体关注事项
基础路网模型检查	无断头路,道路线形与地图匹配
控制管理检查	遵守信号控制方案
交通需求数据检查	路段断面流量,车辆期望速度
仿真动画检查	拥堵地点和严重程度与实际情况是否一致;有无异常拥堵;非机动车流运行是否合理;冲突车流、行人流或车道渐变段是否存在车辆碰撞现象

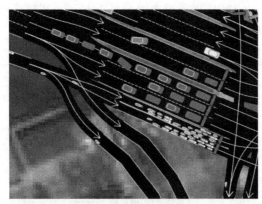

a) 优化非机动车进口渠化

b) 代理方式协调东进口机非冲突

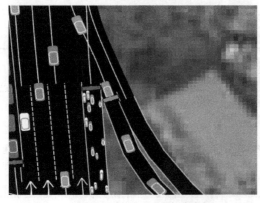

c) 代理方式协调北出口机非冲突

d) 优化交叉口机非交互行为

图 13-12　TESS NG 仿真软件设置

13.2.1.3 仿真结果分析

仿真结果的有效性依赖于仿真结果与实际交通流运行之间的校正对比。在本案例中,选取饱和流量作为校正指标,选取排队长度作为仿真结果的验证指标,并利用正交实验法对仿真模型进行校正。仿真模型校正前后饱和流量对比如图13-13所示。

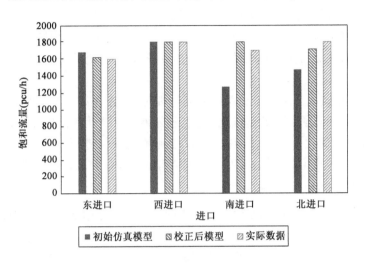

图13-13 仿真模型校正前后饱和流量对比

仿真模型校正前后排队长度误差对比见表13-6。由表可以看出,东进口和北进口直行与左转方向的排队长度得到了显著降低,仿真模型校正后的排队长度基本与实际值接近,相对误差均从校正前的363%和825%降低至50%以下。同时,在仿真模型校正后,其他进口道排队长度的相对误差也有所降低。

仿真模型校正前后排队长度误差对比　　　　表13-6

进口道	方向	平均最大排队长度(m)			相对误差(%)	
		仿真模型校正前	仿真模型校正后	实际数据	仿真模型校正前	仿真模型校正后
东进口	直行	370.00	63.90	80	363	20
	左转	370.00	47.87	40	825	20
西进口	直行	44.51	44.63	55	19	19
	左转	25.04	25.39	30	17	15
南进口	直行	57.49	59.47	70	18	15
	左转	47.94	48.83	45	7	9
北进口	直行	230.00	85.61	95	142	10
	左转	230.00	66.66	55	318	21

案例仿真结果表明,交叉口机非混合交通流仿真的关键在于如何协调机动车与非机动车之间的冲突干扰。当交叉口的机非流量高,并且各车道组的饱和流量非常不均匀时,机非间的冲突协调直接影响了交叉口的建模准确度及仿真精度。机非交互行为的合理模拟是实现交叉口机非混合交通流高精度仿真的关键,往往可用代理冲突区或通行能力的设置方式对机非冲

突以及非机动车道的进口道进行设置。

13.2.2 城市交叉口群干线协调交通流仿真

13.2.2.1 仿真案例背景

随着城市机动车保有量增加，城市交通拥堵问题日益加剧。为缓解城市交叉口区域的交通拥堵问题，需要基于道路交通流调查对交叉口进行渠化及交通优化控制。为评估优化方案的优劣，需要运用微观交通流仿真软件，仿真优化方案前后的相关交通流运行指标，从而进行比较分析。

本案例以重庆市黄山大道中段交叉口群为仿真对象，通过对交叉口群的道路现状进行交通调查，分析其存在的问题。在此基础之上，进行交通渠化设计和信号控制优化设计，确定该交叉口群的干线协调优化方案。使用 VISSIM 微观仿真软件进行现状和优化方案的模拟仿真，对比优化方案前后的仿真效果，从而制订能够有效改善该交叉口群交通拥堵的优化方案。

13.2.2.2 现状调查与优化设计

黄山大道中段全长 2.7km，为东西走向。沿路区域以工业用地为主，同时还有少部分居住和商业用地。由于周边产业高度发达并集中，造成了早晚高峰时期道路交通需求激增，车流人流较平峰时起伏较大，对于车流人流相互交织的交叉口，交通安全水平明显下降，车辆延误显著上升。

黄山大道中段共有 3 个信号交叉口，分别为嵩山南路交叉口、光电园交叉口和青枫北路交叉口。各交叉口现状信号配时如图 13-14 所示，调查得到的各交叉口高峰小时流量见表 13-7。

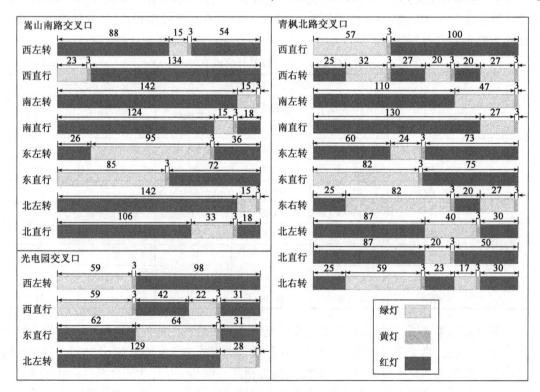

图 13-14 各交叉口现状信号配时

各交叉口高峰小时流量(单位:veh/h)　　　　表 13-7

进口道	左转	直行	右转	掉头
嵩山南路交叉口				
东进口	572	1312	68	68
西进口	68	284	20	0
南进口	92	148	888	0
北进口	104	192	100	0
光电园交叉口				
东进口	0	1420	132	0
西进口	156	1052	44	244
南进口	0	0	558	0
北进口	264	0	256	0
青枫北路交叉口				
东进口	288	1296	344	84
西进口	0	1644	188	0
南进口	312	92	420	16
北进口	184	108	128	0

根据现场交通调查及分析发现,黄山大道中段交叉口群主要存在交通设施布设不合理、信号配时不合理以及交叉口渠化较差等问题。

针对以上问题,对交叉口渠化、交通设施布设以及信号配时进行优化。其中,各交叉口渠化和交通设施优化结果如图 13-15 所示。

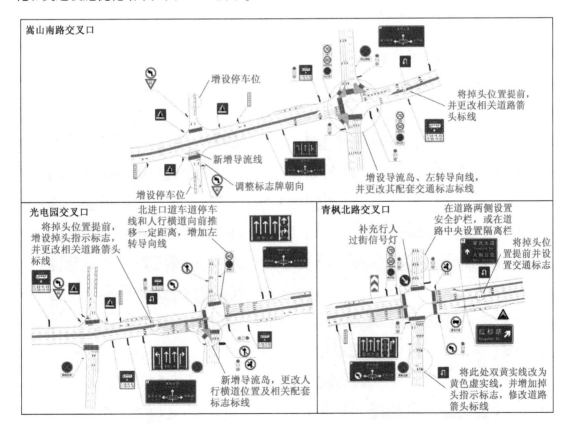

图 13-15　各交叉口渠化和交通设施优化

在现状交通流量、交叉口渠化和交通设施优化的基础上,对各交叉口信号配时进行优化,主要步骤如下:

(1)分析相位方案,判断是否需要设置左转保护相位。
(2)确定信号控制图。
(3)计算交叉口各车道组直行当量。
(4)流率比分析与关键车流计算。
(5)计算黄灯时间、全红时间和损失时间。
(6)确定信号周期时长(本案例采用最佳信号周期)。
(7)绿时分配。
(8)行人过街时间检验。
(9)获得信号配时图。

在进行单点信号控制优化后,嵩山南路交叉口、光电园交叉口和青枫北路交叉口的信号周期分别为60s、65s和130s,为获得交叉口群统一的信号周期,选择以最长周期130s为基准,然后通过公式(13-11),重新对嵩山南路交叉口和光电园交叉口进行绿时分配,即

$$g_E = (C - L)\frac{y}{Y} \tag{13-11}$$

式中:g_E——有效绿灯时长,s;
　　　C——信号周期时长,s;
　　　L——一个周期的总信号损失,s;
　　　y——相位的关键流率比;
　　　Y——各相位的关键流率比之和。

经过计算得到各交叉口干线协调控制下,信号配时如图13-16所示。

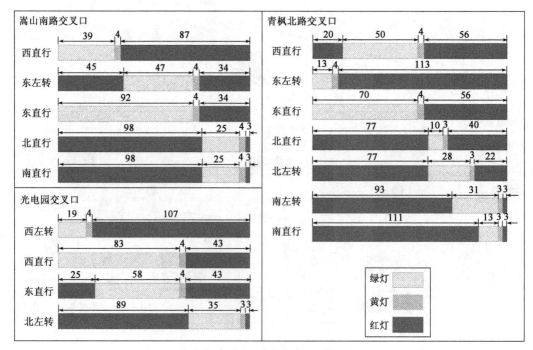

图13-16　各交叉口干线协调控制下信号配时

运用图解法,确定交叉口群干线协调控制的时差。首先暂定带速为70km/h,以青枫北路交叉口为关键交叉口,从起点引出一条相当于70km/h的直线。由于道路东西两个方向的直行信号配时不同,因此需要从东至西和从西至东两个方向,通过反复调整光电园交叉口与嵩山南路交叉口的信号起始位置,使之能在正反两个方向形成合理的通过带,如图13-17所示。

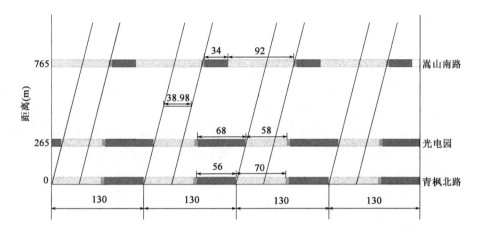

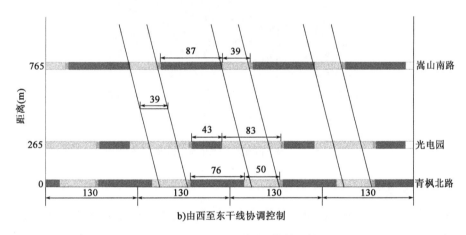

图13-17 交叉口群干线协调控制示意图

根据图解法获得的结果可知,在假定70km/h速度的情况下,光电园交叉口与青枫北路交叉口的相位差为11s,嵩山南路交叉口与青枫北路交叉口的相位差为11s。此外,路段由东至西方向的带宽为38.98s,由西至东方向的带宽为39s。由130s的信号周期可以得出,由东至西和西至东方向的效率为$39 \div 130 \times 100\% = 30\%$。

13.2.2.3 基础模型创建

在确定仿真方案的基础数据后,运用VISSIM微观仿真软件创建基础模型。其模型创建过程主要包含以下步骤:

(1)定义仿真参数、期望速度、车辆类型和车辆构成等数据。
(2)导入背景图片,并据此绘制车道和路段连接器等。
(3)输入路网端点上的车辆数据。

(4) 输入路径决策和相关路径。
(5) 定义带有信号灯组的信号控制机,并在适当位置添加信号灯头。
(6) 根据需要设置数据采集器。
(7) 激活评估,如出行时间、延误时间和排队计数器等。
(8) 开始仿真。

根据现状及优化方案,在 VISSIM 微观仿真软件中创建基础模型后的效果如图 13-18 所示。

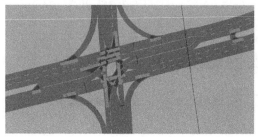

a)嵩山南路交叉口

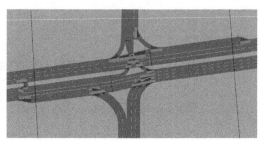

b)光电园交叉口

c)青枫北路交叉口

图 13-18 VISSIM 仿真软件中基础模型创建后的效果

13.2.2.4 模型参数校正

为了提高微观交通流仿真评价分析的精度和可信度,需要根据实际交通情况对微观仿真参数进行校正。

在 VISSIM 微观仿真软件中,安全距离的倍数影响值为 3.75,附加影响值为 2.75,对应饱和流率值为 1580veh/h;前视距离范围校正为 0~200m,后视距离范围校正为 0~120m,前视观察到的车辆数为 4;暂时走神持续时间校正为 0.8s,走神发生概率校正为 4.5%;平均停车间距为 1.8m。将校正后的参数输入 VISSIM 微观仿真软件中,进行交叉口群现状和干线协调方案的仿真对比。

13.2.2.5 方案评价

将交叉口群现状仿真结果和干线协调优化的仿真结果进行比较分析,以评价优化方案的优劣。下面从交叉口排队长度和车辆平均延误两个方面进行评估。

基于交通流仿真结果,分别得到现状以及干线协调方案下,主干道方向排队长度的对比情况,如图 13-19 所示。

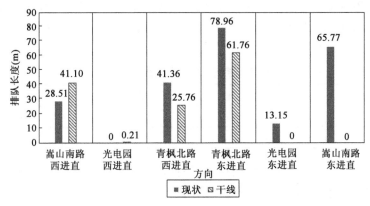

图 13-19 主干道方向排队长度对比

根据对比分析结果,可明显看出,除嵩山南路西进口道外,主干道方向上的其余各进口道干线协调优化结果均优于现状。尤其是对于嵩山南路东直行车道,优化效果极为显著,该位置排队长度最高可减少 65.77m。

统计得到各交叉口整体排队长度的对比结果,见表 13-8。由表可以看出,嵩山南路交叉口和光电园交叉口整体排队长度显著降低,最高可减少 14.85 - 2.74 = 12.11m。而青枫北路交叉口的排队长度则增加了 9.04 - 8.93 = 0.11m,属于可接受范围内。

各交叉口整体排队长度的对比结果(单位:m)　　　表 13-8

优化方案	嵩山南路交叉口	光电园交叉口	青枫北路交叉口
现状	14.85	1.50	8.93
干线协调	2.74	0.04	9.04

因此,从各交叉口排队长度方面来看,干线协调方案优化效果显著。

基于微观交通流仿真结果,统计得到现状和干线协调方案下,车辆平均延误的对比情况,如图 13-20 所示。由图可以看出,在交叉口群干线协调优化方案中,嵩山南路西直行车道的优化效果较差,该方向上的延误增加了 26.27s,此外,青枫北路和光电园西直行车道的延误也分别增加了 8.91s 和 1.96s。但是各交叉口东直行车道的平均延误减少了 37% 以上,尤其是嵩山南路,其东直行车道平均延误减少了 104.95s。

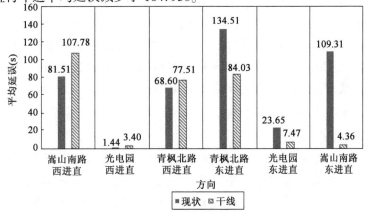

图 13-20 主干道方向平均延误对比

进一步统计各交叉口的整体平均延误,见表13-9。由表可以看出,嵩山南路交叉口和光电园交叉口车辆平均延误较之现状减少50%左右,优化效果明显;青枫北路交叉口车辆平均延误增加了1.96s,属于可接受范围内。

各交叉口整体平均延误对比(单位:s) 表13-9

优化方案	嵩山南路交叉口	光电园交叉口	青枫北路交叉口
现状	63.93	8.73	54.39
干线协调	30.52	4.39	56.35

综上所述,交叉口群干线协调优化方案的仿真效果明显,针对黄山大道中段交叉口群的优化方案,能够有效缓解信号交叉口的交通拥堵问题。

13.3 工程应用案例

13.3.1 高桥隧比条件下高速公路改扩建交通组织方案

13.3.1.1 重庆高速公路改扩建需求

从1990年西部第一条高速公路——成渝高速公路建设开始,重庆高速公路建设到2010年实现"二环八射"2000km,到2017年实现"三环十射"3000km。截至2020年底,高速公路通车里程已达3841km,基本形成"三环十二射多联线"的高速公路网布局。高速公路的快速发展有力支撑了重庆市国际性综合交通枢纽建设,在服务国家战略、支撑全市经济快速发展、保障和改善民生、方便群众便捷出行等方面发挥着十分重要的作用。

很多早期修建的高速公路,或因设计指标偏低导致通行能力受限,或因沿线交通流量快速增长导致服务水平下降,或因城市扩张原有功能性单一,已经无法满足现代交通发展的需求,造成通行效率的浪费和运输成本的提高,在一定程度上制约了区域经济的发展。2010年前通车的2000km高速公路也逐渐到了大修及改扩建的时间点。

在《重庆市高速公路网规划(2013—2030年)》的基础上,重庆市人民政府批复《重庆市高速公路网规划(2019—2035年)》。规划最终形成"三环十八射多联线"的高速公路网布局;到2025年,新增里程2550km,总里程达到约5600km;到2035年,新增里程600km,总里程达到约6200km。其中,原路加宽比例增大,到2025年,实施加宽项目350km;到2035年,实施加宽项目510km;远期展望至2050年,实施加宽项目875km。随着高速公路服役年限的增长和社会经济的持续快速发展,高速公路改扩建需求日趋迫切。

13.3.1.2 成渝高速公路改扩建概况

1)现有成渝高速公路现状

本案例主要依托工程为成渝高速公路原路改扩建工程(含谷至荣昌段),归属国家高速公路网G93成渝地区环线高速和G85银昆高速,是连接成渝之间重庆主城、永川、荣昌、内江、资阳、成都等主要经济节点的主要通道,但其现有道路通行能力已经不能满足日益增长的交通需求。

(1) 路线走向及主要控制点

成渝高速公路起于陈家坪,向西经二郎、西环立交后穿中梁山隧道至高新区,后经含谷并在走马与绕城高速公路交叉,继续向西穿缙云山隧道至璧山区青杠,向西南经来凤、丁家镇、马坊乡至永川小坎与九永高速公路交叉,继续向西经大安镇、过永川区城区后与三环高速公路交叉,向西至大足邮亭后,进入荣昌,过荣昌城区后与潼南至荣昌高速公路相交,向西至省界桑家坡进入四川境内,路线全长约114km。因陈家坪至含谷段交由市政,并已完成改扩建。本案例工程为成渝高速含谷段至荣昌段,路线长约101km。

本案例工程主要控制点包括含谷、走马、青杠、来凤、马坊、大安、永川城区、邮亭、荣昌城区、桑家坡(川渝界)。

(2) 技术标准及线形指标

技术标准:设计行车速度为80km/h(隧道为60km/h),路基宽度为24.12m(分离式路基宽12.00m),极限最小平曲线半径为400m,最大纵坡为5%。

(3) 路基、路面现状

现状成渝高速高新区至荣昌区(川渝界)按双向4车道山岭重丘区设计速度60~80km/h、路基宽度24.12m标准设计。路基横断面的组成为行车道宽2×2×3.75m,中央分隔带为1.5m,左侧路缘带宽为2×0.25m,两边硬路肩为2×3.0m(含右侧路缘带0.5m),土路肩为2×0.56m,路缘带及硬路肩路拱横坡为2%,土路肩横坡为3%。

现状路面整体使用状况尚好,但是局部路面存在不同的病害,主要以裂缝类的病害为主,其次有少量松散、龟裂等。

(4) 桥梁、涵洞工程现状

全线桥梁共53座,其中空心板桥44座、石拱桥6座、箱肋拱桥1座、T梁桥1座、箱梁桥1座。

(5) 隧道工程现状

原路共设置隧道1座(缙云山隧道),双向4车道,由左右两条平行直线隧道组成,中心间距为50m,竣工长度分别为2529m和2476m,左洞隧道纵坡为1.3%,右洞隧道纵坡为1.18%,纵向间距为500m设置紧急停车带,左右隧道对称布置,其间设人行横通道,隧道建筑限界净宽为9.0m,净高为5.0m。隧道进出口洞门均为端墙式洞门,洞身为复合式衬砌,路面为沥青混凝土,采用机械通风。

(6) 互通式立体交叉工程现状

全线共设互通14处,其中枢纽互通4处,一般互通10处。全线设置服务区4处,分别为青杠服务区、永川服务区、荣昌服务区、荣隆服务区;主线收费站1处,即九龙坡主线收费站。

2) 成渝高速公路改扩建方案

(1) 改扩建方案路线走向及主要控制点

起点接成渝高速公路含谷立交,路线沿既有成渝高速公路线位,经高新区至璧山区来凤街道后向西北方向新建新线从重庆第二机场规划区北侧绕过后再向南布线,在马坊回到既有成渝高速,再沿既有成渝高速经小坎枢纽互通、大安镇,在七一水库附近从成渝高速公路主线分出,按新建路线方案布线,经孙家口水库南侧、石梁桥水库北侧,在观音堂附近穿箕山,从韩家沟附近出洞后,在三环高速公路双石服务区南侧与三环高速公路相交,经双石镇南面上跨成渝铁路后回归既有G85高速公路,再沿既有G85高速公路经大足区邮亭镇、荣昌区,止于川渝界桑家坡,全长100.511km。其主要控制点包括含谷、走马、青杠、来凤、丁家、大安、永川城区、双石、邮亭、荣昌城区、桑家坡。

(2)技术标准

经综合论证,结合本案例项目功能定位、对旧路的利用、施工保通难度、交通流量及交通特征、地形地质条件、桥隧比例、互通设置条件、造价等因素,将既有高速公路全线双向4车道扩建成双向8车道,其中起点至青杠段采用设计速度80km/h、路基宽度40.5m,青杠至终点段采用设计速度100km/h、路基宽度41m。设计速度分段与主要技术指标见表13-10和表13-11。

设计速度分段表　　　　　　　　　　表13-10

划分段落	路线长度(km)	设计速度(km/h)	路基宽度(m)
含谷至青杠段	14.815	80	40.5
青杠至终点段	86.696	100	41.0

主　要　技　术　指　标　　　　　　　表13-11

项　目	单　位	技术指标	
		起点至青杠段	青杠至终点段
公路等级	—	高速公路	高速公路
设计速度	km/h	80	100
路基宽度	m	40.5	41
行车道宽度	m	2×4×3.75	2×4×3.75
硬路肩	m	2×3	2×3
土路肩	m	2×0.75	2×0.75
中间带宽度	m	3	3.5
圆曲线一般最小半径	m	400	700
最大纵坡	%	5	4
车辆荷载等级	—	公路-Ⅰ级	
桥梁宽度	m	与路基同宽	
设计洪水频率	—	特大桥1/300,大中桥、涵洞、路基1/100	

(3)推荐方案工程规模

推荐方案工程全长100.511km,全线共设置桥梁9629m/65座,其中大桥7970m/23座,中桥1052m/20座,小桥607m/22座;新建隧道6543m/2座,其中特长隧道3998m/1座,长隧道2545m/1座;互通式立交16座,其中枢纽互通6座,一般互通10座;分离式立体交叉20处,永久用地13226.7亩,其中既有高速占地5016.9亩(1亩=666.67m²),新增占地8209.8亩。

(4)改扩建总体方案

起点至绕城枢纽段采用两侧拼宽方式,绕城枢纽至走马互通段采用右侧整体拼宽,走马互通至缙云山隧道至青杠段采用右侧分离式新建,青杠至来凤段采用两侧拼宽,来凤至马坊段(重庆第二机场段)为新建段,马坊至七一水库段采用两侧拼宽,七一水库至双石段为永川城区北侧新建段,双石至终点桑家坡段总体采用两侧拼宽,其中双石互通段为局部整幅新建,开元枢纽互通段为右幅分离新建。

13.3.1.3 施工期间可承担的流量分析

1)保证4车道通行可承担流量分析

根据流量预测,施工期间保证4车道通行,主要路段各年日均流量见表13-12。

4车道保通时高峰小时交通流量预测结果　　　　表13-12

起点	终点	各年交通流量(pcu/h)			四级服务水平下通行能力(pcu/h)	交通流量分流比例(%)		
		2023年	2024年	2025年		2023年	2024年	2025年
主线收费站	绕城互通	4829	4973	5123	3840	20	23	25
绕城互通	走马	2882	2968	3057	3840	0	0	0
走马	璧山南	2586	2612	2638	3840	0	0	0
璧山南	天河	2213	2235	2258	3840	0	0	0
天河	马坊	1958	1978	1997	3840	0	0	0
马坊	大安	3493	3528	3563	3840	0	0	0
大安	永川	3380	3482	3586	3840	0	0	0
永川	双石	2807	2892	2978	3840	0	0	0
双石	邮亭	2947	3021	3097	3840	0	0	0
邮亭	荣昌东	3046	3107	3169	3840	0	0	0
荣昌东	开元	2706	2760	2816	3840	0	0	0
开元	荣隆	2583	2647	2713	3840	0	0	0

由通行能力及服务水平分析可知,在4车道通行条件下,在保证四级服务水平的基础上除主线收费站至绕城互通段需分流外,其余路段无须考虑分流,主线起点至绕城互通段有超过20%的交通需求要借助路网分流。因此,主要考虑九龙坡至绕城互通段的分流条件。

2)保证2车道通行可承担流量分析

根据流量预测,除璧山南—马坊之间为分离新建路段,这部分原路可保持4车道通行,剩余区间段施工期间保证2车道通行的条件下,主要路段各年日均流量见表13-13。

2车道保通时高峰小时交通流量预测结果　　　　表13-13

起点	终点	各年交通流量(pcu/h)			四级服务水平下通行能力(pcu/h)	交通流量分流比例(%)		
		2023年	2024年	2025年		2023年	2024年	2025年
主线收费站	绕城互通	4829	4973	5123	1920	60	61	63
绕城互通	走马	2882	2968	3057	1920	33	35	37
走马	璧山南	2586	2612	2638	1920	26	26	27
璧山南	天河	2213	2235	2258	3840	0	0	0
天河	马坊	1958	1978	1997	3840	0	0	0
马坊	大安	3493	3528	3563	1920	45	46	46
大安	永川	3380	3482	3586	1920	43	45	46
永川	双石	2807	2892	2978	1920	32	34	36
双石	邮亭	2947	3021	3097	1920	35	36	38
邮亭	荣昌东	3046	3107	3169	1920	37	38	39

续上表

起点	终点	各年交通流量(pcu/h)			四级服务水平下通行能力(pcu/h)	交通流量分流比例(%)		
		2023年	2024年	2025年		2023年	2024年	2025年
荣昌东	开元	2706	2760	2816	1920	29	30	32
开元	荣隆	2583	2647	2713	1920	26	27	29

由通行能力及服务水平分析可知,在2车道通行条件下,在保证四级服务水平的基础上全段分流比例均较大,几乎全线都要考虑分流。

为了降低路网的分流压力,最终确定4车道保通的作业区条件,仅需要考虑对主线到绕城段的交通流量进行分流,按照车流OD可将该段过境流量借助路网进行部分分流。

13.3.1.4 路网分流方案

通过前述流量预测和通行能力的比较分析,最终确定全线采用开放式交通组织方式,保证施工期间4车道通行,但是服务水平降到四级。为进一步提高路网通行服务水平以及减小施工路段保通压力及安全性,制订全路网交通分流方案。

1)分流路径方案

根据交通流量监测数据,交通流特征主要有以下特点:①以区间交通流量为主,主城至永川段区间交通流量占比约69%,主城至永川段区间交通流量又以主城至璧山南立交段为主,占比约44%。②主城至永川段货车占比约21%(中、大型以上货车占比约12%)。其中,主城至绕城互通段中30%货车交通流量分流至绕城高速,主城至永川段的过境货车交通流量占比约40%。③根据以上交通流特征,通过路网诱导分流含谷至小坎枢纽互通段过境交通,特别是主城至璧山南至永川段区间交通流,并合理分流既定车型车辆,通过路网帮助解决施工期间交通负荷。在分流本地及过境交通的基础上,由于各路段分流情况不同,对各路段分流路径进行分段研究。

(1)内环快速路往永川方向的交通分流

内环快速路往永川方向可供分流的道路有G93渝遂高速、G5001绕城高速、九永高速、大学城(西永大道、大学城南路、曾家大道、康家路)、九龙坡(高龙大道、新梧大道、高新大道)、省道S107(天赐路、白龙路、白欣路)、九永高速城市连接线、省道S108等,通过以上道路及周边国道、省道、县道、城市道路可通达成渝高速改扩建工程受影响的区域。内环快速路往永川方向交通分流路径方案见表13-14。

内环快速路往永川方向交通分流路径方案 表13-14

方案序号	分流点	分流路径	绕行距离	备注
1	高滩岩枢纽立交、绕城渝遂立交、绕城成渝立交	G93渝遂高速+G5001绕城高速+九永高速	约30km	—
2	高滩岩枢纽立交、西永立交、曾家立交、绕城成渝立交	G93渝遂高速+西永大道+大学城南路+曾家大道+康家路+G5001绕城高速+九永高速	约21km	—
3	含谷立交、金凤立交、绕城成渝立交	高龙大道+新梧大道+高新大道+绕城高速+九永高速	约7km	推荐
4	含谷立交、沙堡枢纽立交	S107(天赐路+白龙路+白欣路)+九永高速城市连接线+九永高速	约9km	备选

由表可知,方案 3 总体绕行距离较短,穿越城市道路里程较短,经过信号灯控制路口约 8 处,且该区域城市道路交通流量相对较小,有一定富余空间,总体通行能力较好,为推荐方案。此外,方案 4 可作为方案 3 的补充或备选方案。

(2)经 G5001 绕城高速往荣昌、内江方向过境交通分流

经绕城高速往荣昌、内江方向过境交通分流的道路有 G5012 渝蓉高速、三环高速铜梁至永川段(G8515)、九永高速、成渝高速(G85)等。分流路径方案见表 13-15。

经 G5001 绕城高速往荣昌、内江方向过境交通分流路径方案 表 13-15

方案序号	分流点	分流路径	绕行距离	备注
1	沙堡枢纽立交	(江津方向)G5001 绕城高速 + 九永高速 + 成渝高速	0km	(江津方向)推荐
2	渝西枢纽立交	(北碚方向)G5001 绕城高速 + G5012 渝蓉高速 + 三环高速 + 成渝高速	约 5km	(北碚方向)推荐
3	绕城成渝立交、沙堡枢纽立交	(北碚方向)G5001 绕城高速 + 九永高速 + 成渝高速	约 3km	—

江津方向推荐路径方案:从江津方向经绕城高速往荣昌、内江方向过境交通分流的道路且快速便捷的主通道基本唯一,建议银昆国家高速公路高新区至荣昌区(川渝界)段施工期间,经绕城高速往永川方向过境交通均通过沙堡枢纽立交引导至九永高速,无绕行距离,为推荐方案。

北碚方向推荐路径方案:从北碚方向经绕城高速往荣昌、内江方向过境交通经 G5012 渝蓉高速至三环高速(铜梁至永川段)绕行距离仅 5km,且全路段为高速公路,公众接受度高,为推荐方案。

(3)从荣昌、内江往绕城高速方向的过境交通分流

从荣昌、内江往绕城高速方向的过境交通分流方案与上述"经绕城高速往荣昌、内江方向过境交通分流路径方案"的逆向路线方案基本一致,分流路径方案见表 13-16。

从荣昌、内江往绕城高速方向过境交通分流路径方案 表 13-16

方案序号	分流点	分流路径	绕行距离	备注
1	双石枢纽立交、小坎枢纽立交	成渝高速 + 九永高速 + G5001 绕城高速(江津方向)	0km	(往江津方向)推荐
2	双石枢纽立交	成渝高速 + 三环高速 + G5012 渝蓉高速 + G5001 绕城高速(北碚方向)	约 5km	(往北碚方向)推荐
3	双石枢纽立交、小坎枢纽立交	成渝高速 + 九永高速 + G5001 绕城高速(北碚方向)	约 3km	—

(4)从永川往内环快速路方向的交通分流

从永川往内环快速路方向的过境交通分流方案与上述"内环快速路往永川方向交通分流路径方案"的逆向路线方案基本一致。从永川往内环快速路方向交通分流路径方案见表 13-17。

从永川往内环快速路方向交通分流路径方案　　　　　表 13-17

方案序号	分流点	分流路径	绕行距离	备注
1	小坎枢纽立交、沙堡枢纽立交、绕城成渝立交、渝西立交	九永高速 + G5001 绕城高速 + G93 渝遂高速	约 30km	—
2	小坎枢纽立交、沙堡枢纽立交、绕城成渝立交、曾家立交	九永高速 + G5001 绕城高速 + 康家路 + 曾家大道 + 西永大道 + G93 渝遂高速	约 21km	—
3	小坎枢纽立交、沙堡枢纽立交、绕城成渝立交、金凤立交、含谷立交	九永高速 + 绕城高速 + 高新大道 + 新梧大道 + 高龙大道 + 成渝高速	约 7km	推荐
4	小坎枢纽立交、沙堡枢纽立交、含谷立交	九永高速 + 九永高速城市连接线 + S107（天赐路 + 白龙路 + 白欣路）+ 成渝高速	约 9km	备选

(5) 重庆主城区—永川—荣昌及沿线区域的交通分流

在银昆国家高速公路高新区至荣昌区（川渝界）段改扩建工程施工期间，重庆城区、永川城区、荣昌城区及沿线区域的交通分流基本可通过绕城高速、渝遂高速、渝蓉高速、九永高速、潼荣高速、铜永高速进行，并通过与成渝高速公路同一走廊带的平行公路 S108 实现沿线区域的交通分流。

2) 分流点方案

设置三级路网分流点，分别为诱导点、分流点和管制点。

(1) 主要诱导点有 21 个，设置在银昆国家高速公路高新区至荣昌区（川渝界）段改扩建工程周边路网的节点和邻近工程入口处，通过电子信息屏与媒体宣传发布交通分流信息，诱导过境交通。

(2) 主要分流点有 13 个，设置在改扩建工程影响区域内路网主要交叉口前，实现关键路段、关键节点的分方向强制性交通分流。

(3) 主要管制点有 15 个，设置在改扩建工程沿线所有重要互通入口。在管制点处以强制性交通管制为主要手段，强制疏导主线与关键相交路段各方向车辆，全力保障互通出入口各方向分车型交通流有序顺畅。

13.3.1.5　交通组织方案

1) 交通组织总体方案

根据施工期间可承担交通流量分析，成渝高速公路改扩建交通组织总体采用"周边路网部分分流，边运营边施工"交通组织方案，交通组织方式采用开放式 4 车道保通交通的方式。4 车道保通施工路段路基宽度为 20（ = 1.5 + 2 × 3.75 + 2 + 2 × 3.75 + 1.5）m，小客车限速为 80km/h，货车限速为 60km/h。成渝高速公路改扩建交通组织总体方案分段表见表 13-18。

成渝高速公路改扩建交通组织总体方案分段表　　　　　表 13-18

序号	路段	分段长度(km)	改扩建方式	交通组织方式
1	起点至绕城枢纽段	8.734	两侧拼宽、右侧整体拼宽	分时间、分阶段进行交通分流；开放式交通组织，双向 4 车道保通

续上表

序号	路段	分段长度(km)	改扩建方式	交通组织方式
2	走马互通经缙云山隧道至青杠段	6.04	右侧分离增建2座4车道隧道	开放式交通组织,完全利用原有隧道通行
3	青杠至来凤段	3.9	两侧拼宽	开放式交通组织,双向4车道保通
4	来凤至马坊段	15.137	绕避新建全幅	开放式交通组织,完全利用原有公路通行
5	马坊至七一水库段	8.948	两侧拼宽	开放式交通组织,双向4车道保通
6	七一水库至双石段	16.511	绕避新建全幅	开放式交通组织,完全利用原有公路通行
7	双石互通至开元枢纽互通起点段	33.937	两侧拼宽	开放式交通组织,双向4车道保通
8	开元枢纽互通段	2.713	右幅分离新建	开放式交通组织,双向4车道保通
9	开元枢纽互通至桑家坡段	4.589	两侧拼宽	开放式交通组织,双向4车道保通

2)交通组织路段及关键点的组织方案

(1)路基、路面交通组织方案

路基、路面交通组织分段与总体设计方案分段对应,双石互通至开元枢纽互通起点段路段较长,可根据邮亭互通、邮亭服务区、荣昌东互通、荣昌互通位置细分为5段施工段。

(2)主线桥梁交通组织方案

扣除新建路段,原路加宽段主线桥共35座桥梁,其中23座为拆除重建,12座为旧桥拼宽。

(3)上跨桥梁交通组织方案

扣除新建路段,原路加宽段上跨分离式车行天桥共4座,上跨人行天桥共11座,采用原位先拆后建和移位先建后拆方案。

(4)隧道交通组织方案

隧道交通组织方案采用右侧新建2座4车道隧道方案,交通可完全利用原有隧道通行。

(5)互通式立交交通组织方案

共设置16处互通,其中枢纽互通5处、一般互通11处。新线新建互通6处,原路改扩建路段互通10处(枢纽互通4处、一般互通6处)。原位改建6处,移位新建4处。

(6)服务区交通组织方案

全线共设置3个服务区,其中来凤服务区和永川服务区均为新线新建服务区,荣昌服务区为移位新建。改扩建服务区交通组织可维持原有服务区运行,移位服务区建成后将服务区功能转移。

13.3.1.6 主要研究成果

以重庆高桥隧比下的高速公路就地改扩建需求为背景,全面地分析与预判了山区高速公路路网条件受限、施工距离远、影响范围广以及施工周期长的发展趋势和现实需求,在综合国内外理论实践研究的基础上,围绕高速公路在改扩建中的不同封闭施工组织形式开展研究。研究认为,依托区域路网转移施工路段的交通流,可以满足高速公路长距离部分封闭或者全封闭施工的现实需要,是在开放交通组织下保障作业区交通运行可靠性的重要手段,其研究成果可为类似高速公路施工的交通组织方案编制、优化和评价提供指导。本案例项目主要取得了以下研究结论和成果:

(1) 总结了三大类交通组织模式(全封闭交通、半幅封闭交通、开放交通),提出了各自的适用条件和优缺点。

(2) 针对高桥隧比条件下的高速公路就地改扩建项目,提出了交通组织方案编制需开展的交通特征、路网条件、沿线环境等调查内容及分析方法。

(3) 针对施工作业区和路网条件,基于服务水平保障要求构建了系统的交通分流方法体系。

(4) 根据高速公路改扩建施工中的不同基础设施类型,提出了针对性的交通组织策略。

(5) 总结提出了改扩建项目的交通安全设施布置方案设计要点。

(6) 提出了高速公路改扩建施工期间交通应急救援的原则和处置流程。

(7) 构建了基于安全、经济、服务水平和环境影响等因素的交通组织效果综合评价体系。

13.3.2 交通大数据背景下重庆高速公路网交通运行评估

利用交通大数据技术,全面获取重庆高速公路网的交通流运行状况,并对运行状况进行统计分析。下文以2021年重庆高速公路网运行状况的评估为案例,对评估结果进行介绍。

13.3.2.1 路网概况

1) 总体概况

重庆市高速公路通车里程3839km。其中,4车道里程3373km,占比88%;6车道里程468km,占比12%。高速公路面积密度466(km/10000km^2),全国排名第九。

2021年,重庆新开通渝长复线高速、三环高速合长段、张南高速石黔段、银百高速开州段和渝黔高速复线等7条高速公路,新增通车里程439km,如图13-21所示。

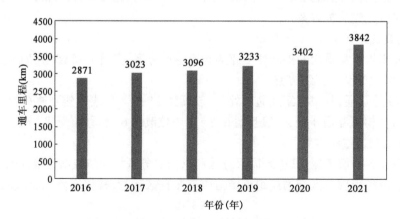

图13-21 2016—2021年重庆市高速公路通车里程

同时,现有省际通道27个,其中有川渝省际通道16个(在建4个)、渝黔通道6个、渝鄂通道4个以及渝湘通道1个。

2）规划建设

规划在建和拟建高速公路34条，共计1719km。规划至2025年，全市高速公路通车里程达到4600km，省际通道达到32个。

13.3.2.2 供需服务水平

1）交通流量

2021年全路网日均交通流量84.7万辆，同比增长25.1%，其中客车占73.3%，同比增长26.6%；货车占26.7%，同比增长19.6%，如图13-22所示。

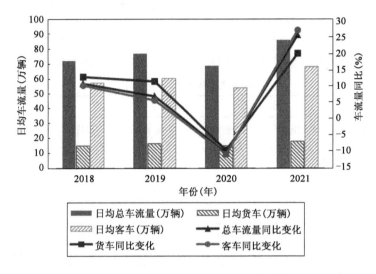

图13-22 历年日均交通流量及增长率分布

全路网高速公路断面流量分析中，渝长复线和渝黔复线的开通极大缓解了老路交通流运行状况。随着中心城区产业外移，绕城高速西南段交通流量持续增长，绕城高速高新立交至绕城成渝立交段的全日断面流量最大，达到6.7万辆，建议尽早启动绕城高速原路加宽方案研究。同时，通过对渝长复线开通前后交通流量分析发现，渝长复线开通前，原渝长路的平均交通流量为4.1万辆，开通后平均交通流量为2.6万辆，转移至复线比例约43.8%，但三林桥互通至长寿段交通流量仍较大，路网负荷度为0.69，接近三级服务水平，建议提前开展渝长复线互通至三林桥互通的原路加宽方案研究。

此外，全年收费站吞吐量最高的是G93沙坪坝收费站，其次是G93高新收费站和S7高新南收费站。

2）服务水平

全路网渝遂主线至铜梁东、渝武主线至合川段服务水平为三级，以上两条路段均已启动复线建设。其余路段服务水平高，三级及以下服务水平路段里程约66km，占比为1.7%。

3）交通出行

出省车辆去向省份为四川、贵州、湖北和湖南，占比分别为69%、19%、10%和2%。入省交通前五名分别为四川、贵州、湖北、湖南和陕西，占比分别为60%、13%、7%、3%和2%。

市域内交通出行以主城区与周边区县联系为主，中心城区是市域内交通出行产生的核心区域，其中九龙坡—江津、合川—北碚和巴南—綦江联系最为紧密，交通出行量日均超过

9000 辆。

四川—四川之间的过境交通最多,占过境出行总量的 28%,其次是四川—湖北、四川—贵州、湖北—四川、湖北—湖北和贵州—四川,分别占过境出行总量的 14%、10%、6%、6% 和 6%。

川渝省界在各省界流量中占比最高,通过 G65 草坝场省界站、G5013 大足省界站、G85 渝荣省界站和 G93 书房坝省界站进入省界的交通流量最大。

4)车型分布

对于全路网车型分布,小型客车占比最高为 57.5%,其次为中型货车和小型货车,占比分别为 19% 和 18%。客货比(客车/货车)为 1.44:1。

对于典型路段车型分布,取全日交通流量前 15 名的路段来分析车型分布,见表 13-19。由表可以看出,绕城高速公路、綦万高速公路和水界高速公路货车占比较高。

典型路段客货比(自然车)　　　　　　表 13-19

路段名称	客车			货车			客货比
	小型客车占比(%)	中型客车占比(%)	大型客车占比(%)	小型货车占比(%)	中型货车占比(%)	大型货车占比(%)	
绕城高速	61.3	0.2	1.1	21.2	15.1	1.1	1.67:1
渝遂高速	76.4	0.1	1.0	12.1	9.9	0.4	3.45:1
九永高速	77.1	0.1	0.1	16.2	6.1	0.4	3.41:1
成渝高速	83.1	0.3	2.0	10.8	3.6	0.2	5.86:1
渝合高速	76.3	0.2	1.8	11.6	9.3	0.9	3.59:1
涪丰石高速	71.6	0.2	1.6	8.4	16.8	1.3	2.77:1
渝蓉高速	67.4	0.1	1.2	18.2	12.0	1.1	2.19:1
水界高速	50.1	0.1	2.3	11.2	34.7	1.7	1.10:1
渝长复线	58.8	0.1	2.1	15.4	20.7	2.9	1.56:1
江合高速	70.4	0.4	1.6	16.9	9.3	1.4	2.63:1
渝长高速	78.9	0.1	1.7	10.3	7.4	1.6	4.19:1
长梁高速	72.1	0.5	1.7	13.6	10.6	1.5	2.89:1
沪渝高速	67.8	0.1	2.0	14.4	14.2	1.5	2.32:1
云万高速	64.3	0.2	1.9	19.5	11.9	2.2	1.98:1
綦万高速	55.8	0.2	1.9	11.3	29.5	1.3	1.37:1

13.3.2.3　驾驶行为

1)行程时间

全路网车辆平均行程时间为 58.7min,1h 以内的车辆行程时间占比为 78%。这说明高速公路的主要出行范围集中在 1h 车程范围内。全路网客车的车辆平均行程时间为 42.8min,1h 以内的车辆行程时间占比为 86.2%。全路网货车的车辆平均行程时间为 95.7min,1h 以内的车辆行程时间占比为 73.9%。

2)出行距离

全路网车辆平均出行距离为 68.1km,60km 以内的出行距离占比为 71.1%。全路网客车平均出行距离为 57.4km,60km 以内的出行距离占比为 74.1%。全路网货车平均出行距离为 93.4km,60km 以内的出行距离占比为 69.2%。

13.3.2.4 交通经济

1) 弹性系数

全路网交通流量弹性系数为 2.25,客车弹性系数为 2.38,货车弹性系数为 1.75,运输弹性系数均在 1 以上,说明国民经济发展带动了客货运输量快速增长,且增长速度在国民经济增速之上,如图 13-23 所示。

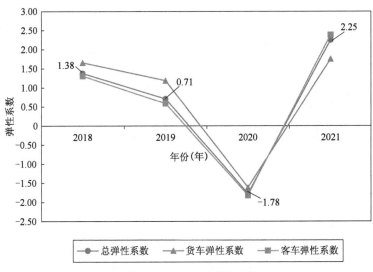

图 13-23 交通流量弹性系数

2) 高峰小时系数

全路网高峰小时系数为 0.08,高峰小时系数最大为 0.13,最小为 0.06。主要通道高峰小时系数见表 13-20。

主要通道高峰小时系数　　　　　表 13-20

高峰小时	通道名称	高峰小时系数	高峰小时	通道名称	高峰小时系数
9:00—10:00	沪蓉高速	0.13	15:00—16:00	渝武高速	0.08
17:00—18:00	永泸高速	0.12	15:00—16:00	江合高速	0.08
14:00—15:00	长寿湖高速	0.11	15:00—16:00	渝广高速	0.08
15:00—16:00	梓白高速	0.11	15:00—16:00	涪丰石高速	0.08
15:00—16:00	南两高速	0.10	14:00—15:00	万开高速	0.08
10:00—11:00	江习高速	0.09	15:00—16:00	渝合高速	0.08
15:00—16:00	忠万高速	0.09	9:00—10:00	绕城高速	0.08
15:00—16:00	南涪高速	0.09	10:00—11:00	成渝高速	0.08
9:00—10:00	潼荣高速	0.09	14:00—15:00	秀松高速	0.08
10:00—11:00	铜合高速	0.09	15:00—16:00	渝蓉高速	0.07
10:00—11:00	綦万高速	0.09	10:00—11:00	水界高速	0.07
9:00—10:00	万利高速	0.09	14:00—15:00	奉云高速	0.07

续上表

高峰小时	通道名称	高峰小时系数	高峰小时	通道名称	高峰小时系数
16:00—17:00	江綦高速	0.09	11:00—12:00	巫奉高速	0.07
17:00—18:00	永津高速	0.08	15:00—16:00	渝遂高速	0.07
10:00—11:00	铜永高速	0.08	15:00—16:00	南道高速	0.07
10:00—11:00	丰忠高速	0.08	10:00—11:00	石忠高速	0.07
15:00—16:00	南万高速	0.08	14:00—15:00	洪西高速	0.07
10:00—11:00	九永高速	0.08	14:00—15:00	梁万高速	0.07
15:00—16:00	渝黔高速	0.08	14:00—15:00	云万高速	0.07
10:00—11:00	梁忠高速	0.08	15:00—16:00	忠垫高速	0.07
15:00—16:00	开开高速	0.08	16:00—17:00	长梁高速	0.07
15:00—16:00	长涪高速	0.08	11:00—12:00	水武高速	0.07
15:00—16:00	渝长高速	0.08	14:00—15:00	渝邻高速	0.07
17:00—18:00	绕城高速	0.08	14:00—15:00	黔彭高速	0.07
13:00—14:00	西沿高速	0.08	14:00—15:00	西黔高速	0.07
16:00—17:00	黔恩高速	0.08	17:00—18:00	合安高速	0.07
15:00—16:00	安来高速	0.08	13:00—14:00	彭武高速	0.06

3) 方向不均匀系数

全路网方向不均匀系数为 0.54,89% 的通道方向不均匀系数在 0.60 以下,说明主要通道的双向交通流量较为均衡。主要通道方向不均匀系数见表 13-21。

主要通道方向不均匀系数　　　　表 13-21

通道名称	方向不均匀系数	通道名称	方向不均匀系数
梓白高速	0.96	江习高速	0.52
沪蓉高速	0.83	黔彭高速	0.52
水界高速	0.83	梁万高速	0.52
南两高速	0.74	奉云高速	0.52
南万高速	0.73	渝广高速	0.52
綦万高速	0.65	梁忠高速	0.51
南涪高速	0.58	西黔高速	0.51
涪丰石高速	0.58	渝武高速	0.51
南道高速	0.57	长梁高速	0.51
石忠高速	0.57	九永高速	0.51
铜合高速	0.57	渝遂高速	0.51
潼荣高速	0.55	永津高速	0.51
秀松高速	0.55	铜永高速	0.51
渝黔高速	0.55	沪渝高速	0.51
合安高速	0.55	成渝高速	0.51

续上表

通道名称	方向不均匀系数	通道名称	方向不均匀系数
西沿高速	0.55	开开高速	0.51
黔恩高速	0.55	丰忠高速	0.51
彭武高速	0.54	万开高速	0.51
水武高速	0.54	洪西高速	0.51
渝长高速	0.54	万利高速	0.51
江綦高速	0.54	渝合高速	0.51
安来高速	0.53	渝蓉高速	0.51
渝邻高速	0.53	云万高速	0.51
巫奉高速	0.53	长涪高速	0.51
渝长复线	0.53	江合高速	0.51
忠垫高速	0.52	忠万高速	0.50
绕城高速	0.52	永泸高速	0.50

4）货运特征

全路网货运量42450万吨，同比增长为8%，周转量为6525459万吨公里，同比增长为34%，如图13-24所示。

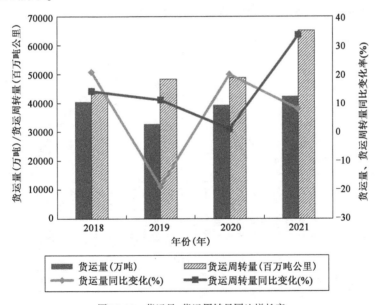

图13-24 货运量、货运周转量同比增长率

13.3.2.5 节假日交通流量

1）劳动节

2021年五一假期，重庆高速公路总车流量达到868.2万辆，相比2019年同比上涨18.9%，其中节假日期间日均车流量创历史高峰，达到173.6万辆。渝籍车流量达589万辆，占比68%；非渝籍车流量达278万辆。5月1日当天最高峰为205.1万辆，如图13-25所示。

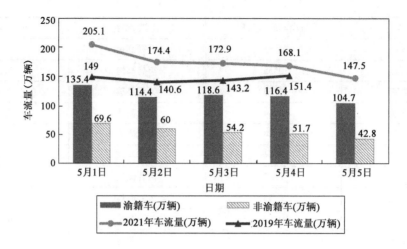

图 13-25　五一假期流量分布

出入车流量最繁忙的省界站分别为川渝 G5013 大足、川渝草坝场和川渝渝荣，分别为 27 万辆、23 万辆和 18 万辆。五一期间最繁忙的收费站依次为 G93 沙坪坝站、G93 高新站和 G75 北碚站。

高速公路网上下道出入省车流量最繁忙的时段为 9:00—11:00、14:00—15:00、17:00—18:00。5 月 1 日 9:00—10:00 为最高峰，如图 13-26 所示。

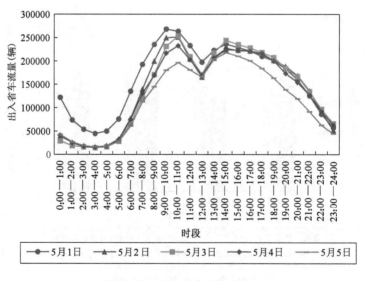

图 13-26　五一假期小时流量趋势

2）国庆节

2021 年国庆假期，重庆高速公路全路网总车流量为 1129.3 万辆，较 2020 年国庆同期上涨 14.9%。客车车流量达 1020.9 万辆，占比为 90.4%，货车占比为 9.6%，7 座及以下小型客车免费通行约 1009.2 万辆，日均约 144.2 万辆，占车流总量 89.4%。

10 月 1 日，国庆总车流达到最高峰值为 186.9 万辆，较 2020 年国庆最高峰上涨 2.9%。

国庆期间,最繁忙的收费站依次为 G93 沙坪坝站、G93 高新站和 G75 北碚站,主要出入境省份为四川、贵州和湖北。

思考题与习题

1. 针对 13.1 小节的科学研究案例,采用案例中的交通流模型及参数,选取典型高速公路或城市快速路,仿真计算智能网联混合交通流的安全风险特性。

2. 在上一小题基础之上,分析智能网联混合交通流的排放特性。

3. 针对高速公路施工作业区,根据交通流运行特征,制订交通组织方案,并采用微观交通流仿真软件进行组织方案合理性的仿真分析。

参 考 文 献

［1］ 王昊,金诚杰. 交通流理论及应用［M］. 北京:人民交通出版社股份有限公司,2020.
［2］ NI D. Traffic flow theory: characteristics, experimental methods, and numerical techniques［M］. Oxford, UK: Elsevier, 2015.
［3］ DAGANZO C F. Fundamentals of transportation and traffic operations［M］. Oxford, UK: Elsevier, 1997.
［4］ MAKIGAMI Y, NEWELL G F, ROTHERY R. Three-dimensional representation of traffic flow［J］. Transportation Science, 1971, 5(3): 302-313.
［5］ GREENSHIELDS B D, BIBBINS J R, CHANNING W S, et al. A study of traffic capacity［C］// Highway Research Board. Highway Research Board Proceedings. National Research Council (USA), 1935, 14: 448-477.
［6］ EDIE L C. Car-following and steady-state theory for noncongested traffic［J］. Operations Research, 1961, 9(1): 66-76.
［7］ CHENG Q, LIU Z, LIN Y, et al. An s-shaped three-parameter (S3) traffic stream model with consistent car following relationship［J］. Transportation Research Part B: Methodological, 2021, 153: 246-271.
［8］ NI D, HSIEH H K, JIANG T. Modeling phase diagrams as stochastic processes with application in vehicular traffic flow［J］. Applied Mathematical Modelling, 2018, 53: 106-117.
［9］ LIGHTHILL M J, WHITHAM G B. On kinematic waves I: flood movement in long rivers［J］. Proceedings of the Royal Society of London. Series A. Mathematical and Physical Sciences, 1955, 229(1178): 281-316.
［10］ LIGHTHILL M J, WHITHAM G B. On kinematic waves II: a theory of traffic flow on long crowded roads［J］. Proceedings of the Royal Society of London. Series A. Mathematical and Physical Sciences, 1955, 229(1178): 317-345.
［11］ RICHARDS P I. Shock waves on the highway［J］. Operations Research, 1956, 4(1): 42-51.
［12］ 李力,姜锐,贾斌,等. 现代交通流理论与应用:卷I—高速公路交通流［M］. 北京:清华大学出版社,2011.
［13］ DAGANZO C F. Requiem for second-order fluid approximations of traffic flow［J］. Transportation Research Part B: Methodological, 1995, 29(4): 277-286.
［14］ PRIGOGINE I, ANDREWS F C. A Boltzmann-like approach for traffic flow［J］. Operations Research, 1960, 8(6): 789-797.
［15］ CASTILLO J, PINTADO P, BENITEZ F. A formulation for the reaction time of traffic flow models［J］. Transportation and Traffic Theory, 1993, 12: 387-405.
［16］ MICHALOPOULOS P G, LIN J, BESKOS D E. Integrated modelling and numerical treatment of freeway flow［J］. Applied Mathematical Modelling, 1987, 11(6): 447-457.

[17] LEO C J, PRETTY R L. Numerical simulation of macroscopic continuum traffic models[J]. Transportation Research Part B: Methodological, 1992, 26(3): 207-220.

[18] GAZIS D C, HERMAN R, ROTHERY R W. Nonlinear follow-the-leader models of traffic flow[J]. Operations Research, 1961, 9(4): 545-567.

[19] GIPPS P G. A behavioural car-following model for computer simulation[J]. Transportation Research Part B: Methodological, 1981, 15(2): 105-111.

[20] NEWELL G F. Nonlinear effects in the dynamics of car following[J]. Operations Research, 1961, 9(2): 209-229.

[21] BANDO M, HASEBE K, NAKAYAMA A, et al. Dynamical model of traffic congestion and numerical simulation[J]. Physical Review E, 1995, 51(2): 1035-1042.

[22] JIANG R, WU QS, ZHU ZJ. Full velocity difference model for a car-following theory[J]. Physical Review E, 2001, 64(1): 7101.

[23] TREIBER M, HENNECKE A, HELBING D. Congested traffic states in empirical observations and microscopic simulations[J]. Physical Review E, 2000, 62(2): 1805-1824.

[24] NI D, LEONARDJ D, JIA C, et al. Vehicle longitudinal control and traffic stream modeling[J]. Transportation Science, 2016, 50(3): 1016-1031.

[25] KNOOP V. L. Introduction to traffic flow theory[M]. Delft: Delft University of Technology, 2016.

[26] RAHMAN M, CHOWDHURY M, XIE Y, et al. Review of microscopic lane-changing models and future research opportunities[J]. IEEE Transactions on Intelligent Transportation Systems, 2013, 14(4): 1942-1956.

[27] GIPPS P G. A model for the structure of lane-changing decisions[J]. Transportation Research Part B: Methodological, 1986, 20(5): 403-414.

[28] YANG Q, KOUTSOPOULOS H N. A microscopic traffic simulator for evaluation of dynamic traffic management systems[J]. Transportation Research Part C: Emerging Technologies, 1996, 4(3): 113-129.

[29] ZHENG Z. Recent developments and research needs in modeling lane changing[J]. Transportation Research Part B: Methodological, 2014, 60: 16-32.

[30] MORIDPOUR S, SARVI M, ROSE G. Lane changing models: a critical review[J]. Transportation Letters, 2010, 2(3): 157-173.

[31] AHMED K I. Modeling drivers' acceleration and lane changing behavior[D]. Cambridge, MA, USA: Massachusetts Institute of Technology, 1999.

[32] TOLEDO T, KATZ R. State dependence in lane-changing models[J]. Transportation Research Record, 2009, 2124(1): 81-88.

[33] KESTING A, TREIBER M, HELBING D. General lane-changing model MOBIL for car-following models[J]. Transportation Research Record, 2007, 1999(1): 86-94.

[34] SCHAKEL W J, KNOOP V L, VAN AREM B. Integrated lane change model with relaxation and synchronization[J]. Transportation Research Record, 2012, 2316(1): 47-57.

[35] 贺正冰. 微观交通模型:智能网联化转型与通用驾驶人模型框架[J]. 交通运输工程与信

息学报,2022,20(2):1-13.

[36] NI D. Signalized intersections[M]. Cham, Switzerland: Springer, 2020.

[37] DAGANZO C F. The cell transmission model: a dynamic representation of highway traffic consistent with the hydrodynamic theory[J]. Transportation Research Part B: Methodological, 1994, 28(4): 269-287.

[38] 王炜,陈峻,过秀成.交通工程学[M].3版.南京:东南大学出版社,2019.

[39] 孙剑.微观交通仿真分析指南[M].上海:同济大学出版社,2014.

[40] 姚荣涵.交通流理论[M].北京:人民交通出版社股份有限公司,2019.

[41] 程国柱,裴玉龙.道路通行能力[M].北京:人民交通出版社股份有限公司,2019.

[42] 周荣贵,钟连德.公路通行能力手册[M].北京:人民交通出版社股份有限公司,2017.

[43] TREIBER M, KESTING A. Traffic flow dynamics: data, models and simulation[M]. Cham, Switzerland: Springer, 2013.

[44] HOLLAND E N. A generalised stability criterion for motorway traffic[J]. Transportation Research Part B: Methodological, 1998, 32(2): 141-154.

[45] 鲁光泉,王云鹏,林庆峰.道路交通安全[M].北京:人民交通出版社股份有限公司,2018.

[46] MAHMUD S M S, FERREIRA L, HOQUE M S, et al. Application of proximal surrogate indicators for safety evaluation: a review of recent developments and research needs[J]. IATSS Research, 2017, 41(4): 153-163.

[47] GUIDO G, SACCOMANNO F, VITALE A, et al. Comparing safety performance measures obtained from video capture data[J]. Journal of Transportation Engineering, 2011, 137(7): 481-491.

[48] 陈峻,徐良杰,朱顺应,等.交通管理与控制[M].2版.北京:人民交通出版社股份有限公司,2017.

[49] 伍毅平,赵晓华,姚莹,等.生态驾驶行为特征识别与优化方法及应用[M].北京:中国建筑工业出版社,2021.

[50] LI X, CUI J, AN S, et al. Stop-and-go traffic analysis: theoretical properties, environmental impacts and oscillation mitigation[J]. Transportation Research Part B: Methodological, 2014,70:319-339.

[51] 杨澜,赵祥模,吴国垣,等.智能网联汽车协同生态驾驶策略综述[J].交通运输工程学报,2020,20(5):58-72.

[52] TREITERER J. Investigation of traffic dynamics by aerial photogrammetry techniques[R]. Technical Report No. PB 246094, Ohio State University, Columbus, 1975.

[53] 《中国公路学报》编辑部.中国交通工程学术研究综述·2016[J].中国公路学报,2016, 29(6):1-161.

[54] 秦严严,王昊,王炜,等.自适应巡航控制车辆跟驰模型综述[J].交通运输工程学报, 2017,17(3):121-130.

[55] SHLADOVER S E, SU D, LU X Y. Impacts of cooperative adaptive cruise control on freeway traffic flow[J]. Transportation Research Record, 2012, 2324(1): 63-70.

[56] 秦严严.智能网联环境下异质交通流特性分析方法研究[D].南京:东南大学,2019.

[57] 秦严严,王昊,王炜,等.混有CACC车辆和ACC车辆的异质交通流基本图模型[J].中国公路学报,2017,30(10):127-136.

[58] 贺正冰,徐瑞康,谢东繁,等.数据驱动跟驰模型综述[J].交通运输系统工程与信息,2021,21(5):102-113.

[59] 杨龙海,张春,仇晓赟,等.车辆跟驰模型研究进展[J].交通运输工程学报,2019,19(5):125-138.

[60] 刘志远,张文波.交通大数据理论与方法[M].杭州:浙江大学出版社,2020.

[61] KERNER B S. Three-phase traffic theory and highway capacity[J]. Physica A: Statistical Mechanics and Its Applications,2004,333:379-440.

[62] 李诚龙,屈文秋,李彦冬,等.面向eVTOL航空器的城市空中运输交通管理综述[J].交通运输工程学报,2020,20(4):35-54.

[63] CUMMINGS C, MAHMASSANI H. Emergence of 4-D system fundamental diagram in urban air mobility traffic flow[J]. Transportation Research Record, 2021, 2675(11): 841-850.

[64] DE RIVERA A D, DICK C T. Illustrating the implications of moving blocks on railway traffic flow behavior with fundamental diagrams[J]. Transportation Research Part C: Emerging Technologies, 2021, 123: 102982.

[65] 廖鹏,杨文章,褚明生,等.基于GM跟驰模型的内河限制性航道船舶交通流基本图[J].东南大学学报(自然科学版),2022,52(3):602-608.